U0521888

南京社科学术文库

地方法治建设研究

朱未易 ◎ 著

中国社会科学出版社

图书在版编目（CIP）数据

地方法治建设研究/朱未易著.—北京：中国社会科学出版社，2022.6

（南京社科学术文库）

ISBN 978 - 7 - 5227 - 0156 - 1

Ⅰ.①地… Ⅱ.①朱… Ⅲ.①地方政府—社会主义法治—建设—研究—中国 Ⅳ.①D927

中国版本图书馆 CIP 数据核字（2022）第 073036 号

出 版 人	赵剑英
责任编辑	孙　萍
责任校对	王佳玉
责任印制	王　超

出　　版	中国社会科学出版社
社　　址	北京鼓楼西大街甲 158 号
邮　　编	100720
网　　址	http://www.csspw.cn
发 行 部	010 - 84083685
门 市 部	010 - 84029450
经　　销	新华书店及其他书店
印　　刷	北京君升印刷有限公司
装　　订	廊坊市广阳区广增装订厂
版　　次	2022 年 6 月第 1 版
印　　次	2022 年 6 月第 1 次印刷
开　　本	710×1000　1/16
印　　张	18.25
字　　数	290 千字
定　　价	98.00 元

凡购买中国社会科学出版社图书，如有质量问题请与本社营销中心联系调换
电话：010 - 84083683
版权所有　侵权必究

《南京社科学术文库》编委会

主　编　曹劲松
副主编　石　奎　张石平　季　文
　　　　张佳利　张　锋　方　丹
编　委　邓　攀　黄　南　谭志云
　　　　周蜀秦　吴海瑾

目　　录

第一章　地方法治建设的宏观视野 …………………………（1）
　　第一节　法治中国的概念及其系统建构 …………………（1）
　　第二节　地方法治建设在法治中国建设中的地位与方位 ………（24）
　　第三节　法治中国建设对地方法治建设的影响 …………（26）

第二章　地方法治建设的实践探索 …………………………（34）
　　第一节　地方法治建设实践的系统梳理 …………………（34）
　　第二节　地方法治建设问题的检视 ………………………（50）
　　第三节　地方法治建设公众满意度评价 …………………（53）
　　第四节　地方法治建设优化的路径 ………………………（86）

第三章　地方法治建设的结构功能 …………………………（92）
　　第一节　地方法治建设的理念体系分析 …………………（92）
　　第二节　地方法治建设的制度体系分析 …………………（101）
　　第三节　地方法治建设的行为体系分析 …………………（106）
　　第四节　地方法治建设的能力体系分析 …………………（112）
　　第五节　地方法治建设的机制体系分析 …………………（123）

第四章　地方法治建设的纵横关系 …………………………（129）
　　第一节　中国地方权力配置法治化现状检视 ……………（129）
　　第二节　央地关系与地地关系法治化研究观点述评 ……（152）
　　第三节　央地关系与地地关系法治化的域外考察
　　　　　　——以美国为例的分析 ………………………（166）

第四节　中国央地关系与地地关系的法治化进路 …………（185）

第五章　地方法治建设的公民参与 ……………………（190）
第一节　地方法治建设的公民参与及其权利的正当性与
　　　　合法性 ……………………………………………（190）
第二节　法治建设中公民参与权研究的若干问题述评 ………（203）
第三节　地方法治建设公民参与的认知分析 …………………（208）
第四节　地方法治建设公民参与的实现路径 …………………（218）

第六章　地方法治建设的监测指标 ……………………（222）
第一节　地方法治建设监测数据指标体系构建背景 …………（222）
第二节　地方法治建设监测数据指标体系构建可能 …………（225）
第三节　地方法治建设监测数据指标体系构建原则 …………（234）
第四节　地方法治建设监测数据指标体系构建方式 …………（237）
第五节　地方法治建设监测数据模型的基础构造 ……………（240）

参考文献 ………………………………………………………（265）

后　记 …………………………………………………………（284）

第一章

地方法治建设的宏观视野

2012年党的十八大以来，习近平总书记曾就"法治中国"的命题作出了具有战略眼光的重要讲话和批示，特别是《中共中央关于全面深化改革若干重大问题的决定》（以下简称《三中全会决定》）、《中共中央关于全面推进依法治国若干重大问题的决定》（以下简称《四中全会决定》），以及《决胜全面建成小康社会 夺取新时代中国特色社会主义伟大胜利——在中国共产党第十九次全国代表大表上的报告》（以下简称《十九大报告》）关于全面推进依法治国的战略部署，形成了明晰的法治中国建设思想理论体系，创新了法治中国建设的新理念，确立了法治中国建设的新架构，明确了法治中国建设的新目标，提出了法治中国建设的新体系，阐明了法治中国建设的新关系，规定了法治中国建设的新路径，[①] 为未来若干年"法治中国"的建设提供了清晰、完整而系统化的指导思想、战略目标和实施路径。法治中国建设同时也决定并深刻地影响着地方法治建设的方向、内容和进程，并深刻影响着地方治理法治化的理念、思维和方式，地方法治建设也应该在法治中国的概念统领、重大任务和战略目标下有序推进。

第一节 法治中国的概念及其系统建构

法治中国是一个博大精深、内涵和外延极其丰富的系统性概念，不

[①] 参见朱未易《地方治理法治化的实践与路径研究——以城市管理执法体制改革与地方公建项目运行机制为例》，东南大学出版社2016年版，第1页。

但具有高屋建瓴的统领性功能，而且具有开拓创新的实践性功能。关于法治中国，在学术理论研究层面和政治设计层面形成了互动相长的局面，无论是成果还是影响都是史无前例的。

一 法治中国在学术理论层面的探讨

"法治中国"是于2001年首次作为学术概念提出来的，此后直到2012年的12年间都没有对"法治中国"概念进行过描述和论证，也没有形成此概念的理论研究体系。[①] 但是在2013年国家主要领导人首次提出"法治中国"的概念和十八届《三中全会决定》提出"建设法治中国"的命题并阐述其内涵后，法学理论界开始对"法治中国"的概念和内涵进行全方位的研究。直到2018年底的6年间，关于法治中国的研究才有了较为集中甚至是爆发式的研究成果和观点，下面按照年度对主要学术观点进行综述。

1. 2013年"法治中国"研究的主要观点

学界对于"法治中国"的研究以十八届《三中全会决定》为主要背景，研究的观点较为集中于阐释和解读"法治中国"命题的政治正确性，主要围绕"法治中国"的概念阐释、结构体系、核心要素等方面和视角进行研究，这一年研究成果的突出特征是具有很强的概念阐释性和体系建构性，主要研究观点集中在以下几个方面：

第一，提出了"法治中国"的体系建构观。有代表性的观点认为："法治中国"是"法治国家"的中国样式，是法治的普遍原理与中国法治实践特色的有机结合，在总体要求上强调党的领导、人民当家做主和

[①] 季卫东先生在2001年首次提出"法治中国"的学术命题，此后又有一些知名学者如刘武俊、陈云良、张晋藩、张国钧、李瑜青、吕晓杰等陆续提出了"法治中国"的概念，但都没有对这一概念进行过论证和阐述，只是文章标题上和行文中的一个提法。参见季卫东《法治中国的可能性——兼论对中国文化传统的解读和反思》，《战略与管理》2001年第5期；刘武俊《勾勒一个"法治中国"》，《南风窗》2002年第1期上；陈云良《法治中国 可以期待——2003年法治盘点》，《社会科学论坛》2004年第3期；张晋藩《综论百年法学与法治中国》，《中国法学》2005年第5期；张国钧《伦理豁免：法治中国的传统因子》，《浙江大学学报》（人文社会科学版）2010年第1期；李瑜青《传统文化与法治：法治中国特色的思考》，《社会科学辑刊》2011年第1期；吕晓杰《入世十年 法治中国——纪念中国加入世贸组织十周年访谈录》，人民出版社2011年版。

依法治国的有机统一，在发展载体上强调以人民代表大会制度为根本依托和推进社会主义法治与社会主义民主的有机结合，在动力机制上强调发挥政府在法治建设中的引导与推进作用和走政府推进型法治道路，在价值目标上强调以人权保障和公民的幸福生活为终极追求，在推进模式上强调中国的法治建设应走渐进式发展道路，在思维模式上强调从法律思维到法治思维的提升，在体系支撑上强调从法律体系到法治体系的提升，在文化内涵上强调从法律文化到法治文化的提升，在发展路径上强调从推进依法治国，向坚持依法治国、依法执政、依法行政共同推进，法治国家、法治政府、法治社会一体建设的提升。① 建设法治中国，应该将法治贯穿于我国建设和发展的"五位一体"的总体布局之中，进而实现法治经济、法治政治、法治文化、法治社会、法治生态文明的协调统一。② "法治中国"需要研究动力、结构和观念三大问题，法治中国的动力主要来源于官方、民间和职业共同体，法治中国的板块应该由国家法治、地方法治和行业法治组成，法治中国如果从司法视角看要解决法律效果、社会效果、政治效果的观念冲突问题。③ 法治中国建设的现实路径，"一个中心"就是从形成法律体系到建设法治体系，"两个基本点"就是坚持依法治国、依法执政、依法行政共同推进，坚持法治国家、法治政府、法治社会一体建设。④ "法治中国"可理解为是法治国家、法治政党、法治政府、法治社会四个方面的有机统一。⑤ "法治中国"是一个更广袤的概念，它涵盖法治国家、法治政府和法治社会，是一个与"法治世界"相对应、相衔接的大概念。⑥ "法治中国"是法治国家、法治政府、法治社会的上位概念，而法治国家、法治政府、

---

① 参见周叶中《关于"法治中国"内涵的思考》，《法制与社会发展》2013年第5期。
② 参见姜明安《以"五位一体"的总体布局推进法治中国建设》，《法制与社会发展》2013年第5期。
③ 参见孙笑侠《"法治中国"的三个问题》，《法制与社会发展》2013年第5期。
④ 参见付子堂《法治中国的"一个中心，两个基本点"》，《法制与社会发展》2013年第5期。
⑤ 参见黄文艺《对"法治中国"概念的操作性解释》，《法制与社会发展》2013年第5期。
⑥ 参见郭道晖《全面理解"法治中国"》，《检察日报》2013年12月4日；范进学《"法治中国"析》，《国家检察官学院学报》2014年第4期。

法治社会是"法治中国"的基本要素,而建设法治国家、法治政府、法治社会的统一,就是建设法治中国。① "法治中国"是对转型中国突出问题的理性分析和系统应对,是对"中国模式"的法治回应和方向牵引,是服务型政府建设合目的性的基本保障,是推进社会管理创新与法治化的互动发展的现实要求。② "法治中国"是人类法治文明的"继承版",是法治国家建设的"中国版",是中国法治建设的"升级版"。③

第二,提出了"法治中国"的宪法回归观。有代表性的观点认为:"法治中国"是从学术命题到政治命题,而"法治国家"是从政治命题到宪法命题,"法治中国"的提出在当下的中国有其政治与社会意义,但它毕竟不是法律命题,也不具有规范的依据,自然对国家生活的约束力是有限的,也不能夸大其界限与功能,推动"法治中国"的发展,必须回归宪法文本,以"法治国家"的宪法规范为基础,进行话语体系的转换,使之具有明确的法律与学术意义。④ 法治中国建设的四条捷径是,认真对待宪法并依宪执政,以公民意识取代臣民意识,司法改革回归司法的本源,以评估促建设。⑤ "法治中国"的首要意义就在于强调和坚持"国家的一切权力属于人民"的宪法原则,法治中国以对人权的充分尊重和切实保障为其根本性的价值追求,法治中国以权力的理性配置与合法运行为其重要的制度实践,法治中国尊崇宪法的最高权威性,奉行"依法治国,首先是依宪治国;依法执政,关键是依宪执政"的法治理念。⑥ 法治中国建设最基本的体现是,宪法法律具有最高地位和最大权威的中国,全体公民依法享有广泛权利和自由的中国,政治清

---

① 参见姜明安《论法治中国的全方位建设》,《行政法学研究》2013年第4期。
② 参见杨清望《"法治中国"提出的现实意义与理论意义》,《法制与社会发展》2013年第5期。
③ 参见江必新《以法治思维和方式推进法治中国建设》,《人民论坛》2013年第11期上;周叶中《关于"法治中国"内涵的思考》,《法制与社会发展》2013年第5期。
④ 参见韩大元《简论法治中国与法治国家的关系》,《法制与社会发展》2013年第5期。
⑤ 参见陈云良《加快建设法治中国可走的四条捷径》,《法制与社会发展》2013年第5期。
⑥ 参见苗连营《"法治中国"的宪法之道》,《法制与社会发展》2013年第5期。

明、经济富强、文化繁荣、社会和谐、生态文明的中国。①

第三，提出了"法治中国"的区域时空观。有代表性的观点认为："法治中国"是一个具有时空维度的概念，"法治中国"作为一个目标，意味着当下的中国社会正处于从人治走向法治的历史转型过程之中，在空间的维度上，"法治中国"又是一个具有国际比较意义的概念。②"法治中国"的当下意义既切合当下中国进一步推进法治的要求，又体现了强烈地解决中国实际问题的主体意识和问题意识，还是"中国梦"的重要组成部分，法治中国的全球价值在于提出了中国式的法治道路、法治模式、法治经验，法治中国的三个基本特质体现在自主性、国家推进性、反思性。③"法治中国"概念的提出具有鲜明的时代背景和紧迫的现实要求，它是地方法治建设的逻辑延伸，需要在理论上和实践上认真对待几个方面的问题。一是认真对待法治文化建设；二是认真对待人权保障；三是认真对待法治中国建设与地方法治建设之间的关系；四是认真对待法治中国建设与传统中国的历史文化积淀之间的关系；五是认真对待法治中国建设与其他中国建设（如"平安中国"建设等）之间的关系；六是认真对待法治中国建设与全球法治或者说世界法治、国际法治建设之间的关系，等等。④"法治中国"价值目标的标准或指标体现在，一是被批准或加入的国际法意义上的条约或协定应当成为中国特色法律体系的一个重要组成部分；二是"一国两制"意义下的港澳台地区都必须纳入"法治中国"的价值框架内；三是"法治中国"的实现状况是"国家法治"与"区域法治"及"地方法治"三个方面的有机结合；四是公民的"法治意识"的高要求成为"法治中国"价值目标的一项重要内容；五是"法治政府"作为"法治中国"的内在要素，是判定"法治中国"实现状况最重要和最有效的判断指标；六是可以建立各种法治指标体系来量化"法治中

---

① 参见袁曙宏《奋力建设法治中国》，《求是杂志》2013 年第 6 期；莫纪宏《论"法治中国"的价值目标》，《北京联合大学学报》（人文社会科学版）2013 年第 3 期。
② 参见郑成良《法治中国的时空维度》，《法制与社会发展》2013 年第 5 期。
③ 参见夏锦文《"法治中国"概念的时代价值》，《法制与社会发展》2013 年第 5 期。
④ 参见杨春福《法治中国建设的路径探寻》，《法制与社会发展》2013 年第 5 期。

国"的水平。①

第四，提出了"法治中国"的权力制约观。有代表性的观点认为："法治中国"的着力点在于认真地赋予个体维护自身权利的法律手段、社会力量和国家保障，个体必须具有自主活动的地位和能力，因此，国家的权力必须受到限制，公权力必须放进"笼子"里。②

第五，提出了"法治中国"的法治精神观。有代表性的观点认为："法治中国"的精神要素，一是法律信仰的理念，二是法律信仰的基础。法治中国的建设，存在一个资源取向的问题，应该以国际资源为主、以国内资源为辅，前者就是学界所谓的"法律移植论"，后者即"本土资源论"。③"法治中国"昭示着中国走向法治精神信仰的社会凝聚，法律信仰建设是"法治中国"建设的精神支撑与核心，道德信仰建设是"法治中国"建设的着力点和基础工程，道德信仰、法律信仰、法治信仰的建立，是"法治中国"得以实现的主体基础、精神保障和根本途径。④

2. 2014年"法治中国"研究的主要观点

学界对于"法治中国"的研究以十八届《三中全会决定》和《四中全会决定》为主要背景，研究的观点较为集中于内涵分析、问题分析、文化分析、目标与任务分析等研究视角，这一年研究成果的突出特征是具有很强的问题研究意识和实践操作功能，主要研究观点集中在以下四个方面。

第一，提出了对"法治中国"内涵进行深入理解和阐释的观点。有代表性的观点认为："法治中国"是指法治主体在法治信念与法治精神的引导下，以法治思维和法治方式制约法治的客体，实现全体人民平等参与、平等发展的权利，通过提升中国在全球的法治竞争力来实现国家发展的根本价值，"法治中国"是在借鉴吸收了人类共同法治文化遗

---

① 参见莫纪宏《论"法治中国"的价值目标》，《北京联合大学学报》（人文社会科学版）2013年第3期。
② 参见葛洪义《"法治中国"的逻辑理路》，《法制与社会发展》2013年第5期。
③ 参见王林敏《法治中国理想模式的思辨与记载——谢晖教授学术访谈录》，《甘肃社会科学》2013年第6期。
④ 参见熊英《"法治中国"的主体信仰维度》，《学习与实践》2013年第12期。

产的基础上结合中国现实国情民意进行创造性转换的产物，反映了法治发展规律、契合了法治普遍原理，法治中国的主体性强调人民的主体地位与主体力量对法治的意义与功能，法治之所"治"即法治中国的客体，其关键在于公共权力而非人民权利。[①]"法治中国"是一个涵盖法治国家、法治政府和法治社会以及与"法治世界"并立的大概念，"法治中国"在国际关系上是"法治世界"的一员。[②]"法治中国"概念是在新的时期，针对中国经济社会发展过程中所面临的新问题，在传统法治理论和实践基础上所提出的新概念，"法治中国"的法治由科学立法、严格执法、公正司法、全民守法四个环节构成，"法治中国"的时代特点是统一性、系统性、自觉性、责任性、渐进性、依托性、规范性和开放性。[③]"法治中国"以其无可比拟的包容性、凝聚力、感召力成为中国特色社会主义法治话语体系和法治理论体系的统领性概念，亦可视其为基石性范畴。[④]作为目标的法治中国建设，是"依法治国，建设社会主义法治国家"；作为过程的法治中国建设，是以法治的方式规范法治，是以法治的方式推行法治，是以法治的方式维护法治；作为效能的法治中国建设，是法律要被尊重，是人权受到保障，是权力应被驯化。[⑤]"法治中国"具有八大特征，人大科学民主立法、党依法依宪执政、政府依法行政、社会依法治理、法院独立公正司法、法律监督体系完善、法律服务机制健全、法治文化繁荣昌盛。[⑥]"法治中国"的本意，就是要在中国这片土地上"全面推进依法治国"，要让法治而不是人治成为中国的普遍治理方式和生活方式。[⑦]法治中国建设从治理主体看，明确政府和人民均为治理和受治主体，法治中国建设既要强调合法性，也要重视强制性，法治中国建设侧重良法依据，也蕴含了法治的合目的

[①] 参见汪习根《论法治中国的科学含义》，《中国法学》2014年第2期。
[②] 参见郭道晖《法治新思维：法治中国与法治社会》，《社会科学战线》2014年第6期。
[③] 参见杨小军等《法治中国的内涵与时代特征》，《社会主义研究》2014年第5期。
[④] 参见张文显《法治中国建设的前沿问题》，《中共中央党校学报》2014年第5期。
[⑤] 参见胡玉鸿《法治中国建设的三维解读》，《环球法律评论》2014年第1期。
[⑥] 参见李步云《法治中国八大特征——我看十八届四中全会〈决定〉》，《人民论坛》2014年第11期。
[⑦] 参见李德顺《关注法治中国的顶层设计》，《中国政法大学学报》2014年第2期。

性、正义性原则，表达出合法性的善治要求，法治中国是法治国家、法治政府、法治社会一体建设的中国，法治社会建设自身不仅有独立的诉求和丰富的内容，还是法治国家、法治政府深度有效推进的基石。法治中国建设的基本架构，一是为总任务提供服务和保障是法治中国的基本目标；二是党的领导是法治中国建设的政治保证；三是人民当家做主是法治中国建设的本质特征；四是依法治国是法治中国建设的核心内容；五是国家、社会、政府一体构建是法治中国建设的重大战略。① 法治中国是一个整体的战略构想，既包括将中国建设成为一个现代法治国家的价值追求，也包括不同层次的法治建设实践；既包括良善法治制度的历时性积累，也包括全面建设法治目标的战略构想，法治中国建设是价值目标、制度结构和基本进路在实践中有机统一的整体安排。② "法治中国"的实践原则是以人为本与科学发展相一致原则、实质理性与形式理性相融合原则、法治普适性与适应性相联系原则、整体谋划与循序渐进相结合原则、工具价值与目的价值相关联原则。③ "法治中国"的中国应该解释为一个历史、地理和文化的概念，"法治中国"作为政治话语，不应代替作为法律概念的"法治国家"，也不应削弱"法治国家"的规范意义，"法治中国"的实现要通过宪法治理，不能超越宪法，"法治中国"不是地方法治经验的升华与提炼。④ "法治中国"与"法治国家"的内涵是一致的、目标是相同的，"法治国家"是宪法载明的国家法治建设目标，具有根本法的效力，而"法治中国"仅是执政党的政治主张，属于学理概念。⑤

第二，提出了"法治中国"建设需要面对和解决的问题。有代表性的观点认为："法治中国"归根究底需要完成法治的中国化，而这一进程实际上就是法治的个别化，甚至只是法治个别化的一种模式，要实现"法治"的理想，中国很可能要先从建构法治的个别化模式开始出

---

① 参见江必新《热话题与冷思考——关于加快建设法治中国的对话》，《当代世界与社会主义》2014年第5期。
② 参见吴家清《法治中国建设的战略构想》，《江西社会科学》2014年第8期。
③ 参见汪习根《论法治中国的实践之维》，《江西社会科学》2014年第8期。
④ 参见韩大元《"法治中国"的宪法界限》，《环球法律评论》2014年第1期。
⑤ 参见范进学《"法治中国"析》，《国家检察官学院学报》2014年第4期。

发最终走向现代文明社会共通的法治社会，"法治中国"建设的"法治"主要还是源于"自上而下"的推动，而未获得"自下而上"的强大托力，其要义还未最终形成。① "法治中国"的构思应该有问题导向，只有明确了国家治理现代化的主要指标，找寻出国家治理现代化和法治由以确立的参照物或坐标轴及其据以推进的试金石和操作杠杆，并诊断出其中的问题所在，法治中国的构思才可能是有的放矢、切实有效的。② "法治中国"的首要问题是如何把权力关进制度的笼子，"法治中国"需要进行动力转换与路径选择，实施法治动力的转换与渐进平衡的路径。③ "法治中国"面临着"中国问题"的严峻挑战，是"左右"思潮的纷争撕裂及其风险，是自主法治发展道路的关键维度，"法治中国"建设应该的战略转向，是从"工具性"法治建设走向"工程性"法治建设，是从单元"统治"走向多元"治理"，是从简单"维稳"走向风险控制。④ "法治中国"建设战略促进了法治建设的重大转向，一是要实现国家力量与社会力量的两轮整合驱动；二是要形成既张力平衡又兼容互补的双重治理规则、机制和秩序；三是形成宪法法律至上的多元规则之治；四是要独立行使司法权与保障人权；五是要进行公民性品格塑造。⑤ "法治中国"建设面临的最大挑战，并不是要不要法治，而是如何处理好法治不同要求相互之间的关系，满足不同任务要求，法治必须具有最高权威，任何组织和个人都必须遵守法律这是法治的规范要求，法治必须体现公平、正义等基本原则，核心是权利保护，这是法治的价值要求，法治必须与经济、社会协调发展，不能与经济、社会脱节，这是法治的功能要求。⑥ "法治中国"建设所面临的核心问题是，中国社会具有几千年的人治传统，全面推进法治是一次深刻的制度重构，我国社会转型产生的一些新的社会现象对法治提出了更为严峻的挑

---

① 参见林来梵《法治的个别化模式》，《环球法律评论》2014 年第 1 期。
② 参见季卫东《问题导向的法治中国构思》，《法制与社会发展》2014 年第 5 期。
③ 参见马长山《"法治中国"建设的问题与出路》，《法制与社会发展》2014 年第 3 期。
④ 参见马长山《"法治中国"建设的战略转向与自主发展道路的探索》，《浙江社会科学》2014 年第 6 期。
⑤ 参见马长山《"法治中国"建设的转向与策略》，《环球法律评论》2014 年第 1 期。
⑥ 参见周汉华《法治中国建设的三大要求》，《环球法律评论》2014 年第 1 期。

战，我国社会发展所固有的内在矛盾也在某种程度上削弱了法治魅力并阻碍了其推进，在共产党作为唯一执政党的国度内，如何建立法治国家，如何在人民代表大会制度的金字塔式政治体制下建立行之有效的权力制约和监督体制，也是一个尚无先例的问题。① "法治中国"建设过程中迫切需要解决的重大问题是，中国的法学理论研究要形成自己独立、成熟的理论体系，从而为法治中国建设提供成熟的法学理论引领，必须克服在法学理论研究中存在的不足。② "法治中国"所面对的是以各国的国家法、国与国的国际法和区域一体化的超国家法为三种法律形态，从"法律1.0时代"到"法律3.0时代"三重任务的叠加，在具体到每一个"版本"的任务都需要增量发展的同时，及时地完成较低阶段的任务，适时地升级到较高版本，建立起高一阶段的法律和制度的结构平台，打造"升级版"的法律体系，是"法治中国"拉动过去、牵引今天和触发未来的关键。③ 法治中国建设要处理好五对关系：法治建设与中国建设的关系、普适法治与具体法治的关系、形式法治与实质法治的关系、国家法律与党内法规的关系、传统资源与外来资源的关系。④

第三，提出了"法治中国"的法治文化机理及其文化传承。有代表性的观点认为："法治中国"意味着整个政治共同体、社会共同体将形成以法律为核心的文明秩序，形成一种法治文化，法治中国建设的进一步推进，需要汲取各方面的文化资源，既包括西方法治文化资源，也包括中国传统优秀法律文化遗产，法治中国建设不可能脱离中国自身历史传统的影响，而必须建设优秀原生法律文化传承体系，法家的尚法思想更契合"法治中国"的当代使命。⑤

第四，提出了"法治中国"建设目标与任务的解读性研究观点。

---

① 参见王晨光《建立权力制约和监督机制是法治中国建设的关键》，《环球法律评论》2014年第1期。
② 参见蒋传光《法治中国建设需要成熟法学理论的引领》，《环球法律评论》2014年第1期。
③ 参见鲍禄《"法律3.0时代"背景下的"法治中国"》，《政法论丛》2014年第1期。
④ 参见喻中《法治中国建设进程中的五大关系》，《学习与探索》2014年第7期。
⑤ 参见付子堂《论法治中国的原生文化力量》，《环球法律评论》2014年第1期。

有代表性的观点认为：法治中国建设的战略升级源于国家与社会的双重治理机制和治理体系的宏伟建设目标，核心任务是维护宪法法律权威，把权力关进制度的笼子里，关键环节是建立公正高效权威的司法制度，司法原则是人权司法保障，基本制度是立足中国特色、接轨国际社会的法律体系。① 法治中国建设的改革战略目标应当与国家的整体发展战略相适应，与"两个一百年"的中国梦战略目标相配合，从法律体系走向法治体系，从法律大国走向法治强国，应当确立建设法治中国"两步走"的战略目标。② 法治中国建设的实践思路是必须始终坚持中国共产党的领导，坚持法治文明基本规律和法治原则的人类普适性与法治模式和法律制度架构的具体特殊性的统一，与民主中国建设协调统筹共同推进，以法治政党建设为统帅，以法治国家建设为目标，以法治政府建设为核心，以法治社会建设为基础，以坚持宏观与微观、整体与部分协调统一为行动策略，以党政官员法律意识和法治思维及其能力培育为抓手，以树立司法权威为根本保障，以社会公正为着力点，以社会道德建设为精神助力，高度重视国家智库建设，高度警惕并坚决杜绝法治大跃进的思想和行动。③

3. 2015—2018 年 4 年间"法治中国"研究的主要观点

学界对于"法治中国"研究的重点少有概念内涵式的逻辑研究，而是具有了很强的法治中国建设理论与实践研究的双向视野，观点较多地集中在法治中国建设的问题导向、体系建构、道路选择、本土特色、规范体系、法治文化、权利拓展、矛盾关联、发展理念等实证研究的视域上。这 4 年来的研究成果其主要观点集中体现在以下 9 个方面：

第一，提出了法治中国建设必须直面中国当下存在的问题。有代表性的观点认为："法治中国"是其遵循现代法治发展的一般规律，立足于中国实际，着力于解决中国问题，致力于加速中华民族的伟大复兴和

---

① 参见何勤华《法治国家建设战略的全面升级与关键性突破》，《环球法律评论》2014年第 1 期。

② 参见李林《推进法制改革　建设法治中国》，《社会科学战线》2014 年第 11 期。

③ 参见姚建宗《法治中国建设的一种实践思路阐释》，《当代世界与社会主义》2014 年第 5 期。

增进中国人民的福祉，是世界的法治共性与中国具体国情相结合的产物，是指在中国建设社会主义法治国家。① "法治中国"的理论逻辑以中国法治的实践（问题）为前提和中心，首先是一种历史与实践统一的逻辑，隐藏着"实现主权结构与治权结构双重法治化"的线索；其次是一种价值与实践统一的逻辑，"法治中国"要实现的治理格局必然具有明确的价值目标，包含特定的价值意象，是一种经过法律治理而呈现的现代"价值中国"，寄托着国人对正派国家与良序社会的道义期望。② 法治中国建设以法治方式所能解决的或者能够纳入法律关系予以调整的问题为出发点，划定了法治战略的范围和领域，法治中国建设要解决的是当今中国社会的官与民、官与官、民与民之间的基本矛盾与冲突，在法学术语层面就是权力与权利、权力与权力、权利与权利之间的矛盾。③ 法治中国建设要解决三个似是而非的假定，一是中国或历史中国是没有法治的或没有法治传统的；二是似乎有一种终极的、稳定的、持久的法治理想状态；三是通过拷贝外国法治经验就可以完成中国的法治。其次面对21世纪的中国来思考法治，不能总是停留在20世纪80年代或90年代对于中国法治秩序的想象，也不能用18—19世纪西方学者的法治理论来航标今天的中国。④ 法治中国建设是中国特色的法治建设，一是需要解决将西方契约本位社会的法治规则移植到中国关系/伦理本位和差序格局社会中，去除所带来的水土不服和矛盾冲突问题；二是需要解决"法治中国"建设究竟是在保持中国社会属性的本土文化基础上借鉴西方的法治文化成果，还是在改变中国社会属性的基础上移植西方法律文化借鉴本土文化的成果问题。⑤ 法治中国建设需要解决两个方面的问题，一是依法治国与深化改革之间的矛盾；二是国家法治发

---

① 参见陈柳裕《法治中国、法治体系与法治国家的关系———项关于依法治国"总目标"的文案整理》，《浙江学刊》2015年第4期。
② 参见王旭《"法治中国"命题的理论逻辑及其展开》，《中国法学》2016年第1期。
③ 参见陈金钊《"法治中国"所能解决的基本矛盾分析》，《学术月刊》2016年第4期。
④ 参见苏力《"法治中国何以可能"背后：伪假定VS真命题》，《探索与争鸣》2016年第10期。
⑤ 参见郭星华《纠纷解决机制的变迁与法治中国的转型》，《探索与争鸣》2016年第10期；易益典《差序格局的变迁与法治公共性建设》，《探索与争鸣》2016年第10期。

展统一性与区域法治差异性之间的矛盾。化解这些矛盾，必须立足于当下中国民众的权利诉求进行社会资源的公正分配。①

第二，提出了许多视角独特、理解深刻和逻辑自洽的法治中国建设体系性和战略性建构路径。有代表性的观点认为，"法治中国"的概念本身甚为模糊，"中国"在这一概念中是一个地理的指涉、时空的指涉、文化价值的指涉，甚或是民族国家的指涉，本身就非常模糊，需要加以分析；"法治中国"概念可能内在蕴含重大冲突，普遍性和特殊性之间可能存在矛盾；"法治中国"是一个表征变迁的概念，预设了价值和制度层面的变迁；多元现代性可以为"法治中国"提供一个规范性、包容性、参与性和实验性的分析框架。② "法治中国"是法治国家、法治政党、法治社会三个方面的有机统一，它符合中国政治界对法治中国概念的内涵的理解，反映了中国法治建设的特殊性；法治中国概念是一个更具包容性的概念，丰富了中国梦的话语体系，更有利于扩大中国法治的开放性；法治中国建设应该有八项工程：宪法全面实施工程、立法质量提升工程、依法执政推进工程、法治政府建设工程、司法权威塑造工程、法律共同体建设工程、解纷体系构建工程、法律消费激励工程。③ 法治中国建设的时代特征突出体现在渐进主义取向、官民互动推进、多元规则秩序，"法治中国"应该按照治理型法治的建设思路，首先是公权力和私权利的平衡，其次是权力运行之间的动态平衡，再次是多元规则与治理秩序的平衡，最后是法治要素之间的平衡，构筑起"法治中国"的社会根基。④ "法治中国"是一个关系性命题和价值性命题，作为关系性命题的法治中国意味着法治国家、法治政府和法治社会三者之间存在逻辑理路上的高度耦合和同构；作为价值性命题的法治中国意味着在本国范围内，法治通过维系保障公民权利、卫护人权、规范政府权力、激活社会权力等价值

---

① 参见王彬《法治中国建设中的矛盾样态与应对策略》，《河北法学》2018年第4期。
② 参见刘小平《法治中国需要一个包容性法治框架——多元现代性与法治中国》，《法制与社会发展》2015年第5期。
③ 参见黄文艺《法治中国的内涵分析》，《社会科学战线》2015年第1期。
④ 参见马长山等《"法治中国"建设的时代使命与渐进路径》，《上海师范大学学报》（哲学社会科学版）2015年第3期。

以确立其至高无上的殊荣。① "法治中国"的一个中心，即在中华人民共和国的全领域、各方面推进、实行和实现法治；二组重点，即推进依法治国、依法执政、依法行政和建设法治国家、法治政府、法治社会；三者统一，即党的领导、人民当家做主、依法治国的有机统一；四项方针，即推进科学立法、严格执法、公正司法、全民守法；五大体系，即法律规范体系、法治实施体系、法治监督体系、法治保障体系、党内法规体系等构成的完整和严密的结构体系。② "法治中国"的基石是全民守法，从主体看，党委依法执政和政府依法行政是法治中国守法的关键；从内容看，遵守宪法法律是法治中国守法的重要内容；从境界看，被动的消极守法、主动的积极守法和超验的尊法信法是法治中国守法的三重境界。③ 坚持党的领导是建设法治中国的政治保证，巩固人民主体地位是建设法治中国的价值内核，维护宪法权威是建设法治中国的首要任务，"新十六字方针"是建设法治中国的实施方略，注重统筹推进是建设法治中国的现实路径，强化改革取向是建设法治中国的时代要求，发挥领导干部模范作用是建设法治中国的关键举措，树立法治思维和法治方式是建设法治中国的必要方法，健全党内法规体系是建设法治中国的重要支撑，实行法德并举是建设法治中国的务本之策。④ 法治中国战略的提出源于对中国未来社会发展道路的思考，法治中国是一个长期的战略部署，目标在于实现国家的长治久安；实施法治中国战略的思想资源包括中外治理的成功经验，最终要实施法治中国战略必须真诚地对待法治，把法治作为治国理政的基本方式，用法治思维和法治方式化解社会矛盾；法治中国战略不是在某一个"点"上，而是要在国家、社会和政府三个领域全面实现法治。⑤ 法治中国建设应该从宪法出发，突出

---

① 参见邢鸿飞等《法治中国：中国法治的高级形态》，《河海大学学报》（哲学社会科学版）2015 年第 5 期。

② 参见史浩林《法治中国结构解析》，《长白学刊》2015 年第 2 期。

③ 参见刘爱龙《全民守法是法治中国的基石》，《苏州大学学报》（哲学社会科学版）2015 年第 1 期。

④ 参见谢明敏《习近平同志建设法治中国思想探析》，《毛泽东思想研究》2015 年第 4 期。

⑤ 参见陈金钊《实施法治中国战略的意蕴》，《法商研究》2016 年第 3 期。

宪法对全面推进依法治国的统帅作用，以宪法精神和规范驾驭法治中国建设过程，重在完善以宪法为核心的国家法律制度体系、以党章为核心的党内法规制度体系、以章程为核心的社会规章制度体系，逐步形成党内法治联动国家法治、带动社会法治的社会主义法治建设新常态。① 法治中国建设的逻辑起点是树立尊法意识，方向引领是坚定法治信仰，必要方法是培养法治思维，核心理念是坚持以民为本，价值追求是促进社会公正，务本之策是坚持法德并举，基础工程是从青少年抓起。② 法治中国建设需要用法治之理打量中国，为中国社会主义法治体系建设提供符合实际的理论支撑，是以实现公平正义、权利自由、和谐秩序为目标，以法治思维、法治方式和法律方法为手段的政治行为之理，它也是一种尊重法律规则和程序，理性运用和有效制约权力，并根据法律进行思维的法治意识形态。③ 法治中国建设的政治、司法与社会逻辑体现在，一是强化政治行为法治化，包括政党行为法治化、政府行为法治化、党务与政务公开等；二是维护司法的有效权威，包括确保司法审判公开、切实落实审判独立、完善人民陪审员制度；三是夯实社会的法治基础，包括着力推进行业协会建设、加强社会仲裁机构建设、发挥人民调解独特优势。④ 行政法治是法治中国建设的破局，立法法治是法治中国建设的纵深发展，政党法治是法治中国建设的根本突破，宪法法治是法治中国建设的核心目标。⑤ 法治中国是习近平法治思想的逻辑源点，而法治体系、法治道路、法治理论、依法治国、法治文化等都是由法治中国逻辑推演出来的下位概念，法治中国是根本、是"一体"、是长远目标，法治体系和法治国家则是实现这个根本而长远

---

① 参见肖金明《法治中国建设从宪法出发》，《法学论坛》2016年第3期。
② 参见田玉敏等《十八大以来中国共产党法治中国建设理念研究》，《理论月刊》2017年第7期。
③ 参见陈金钊《法治中国建设需要"法治之理"》，《西南民族大学学报》（人文社会科学版）2016年第9期。
④ 参见吴传毅《法治中国建设的政治、司法与社会逻辑》，《中国党政干部论坛》2017年第11期。
⑤ 参见叶海波《法治中国的历史演进——兼论依规治党的历史方位》，《法学论坛》2018年第4期。

目标的"两翼"。①

第三，提出了法治中国建设应该选择本土化的道路和方式。有代表性的观点认为，法治中国建设必须对西方制度文化秉持清醒的反思批判意识，吸收和融通其中优秀的、符合时代要求且与现代意识相适应的制度文化资源，在中国建立起以基本法律价值为基础、贯彻规则主义、体现公民精神的现代政治法律制度。②法治中国化工程包括两方面的含义，一方面是法制中国化或本土化，即自国外移植的法律制度必须进行中国化（民族化）改造；另一方面是法治中国化（本土化），亦即探索"法治"的中国道路或中国模式。③法治中国建设要坚持自主型法治发展道路，探索具有中国特色的法治发展模式，立足于中国特色社会主义法律制度的自我完善与发展，关注国际社会以及国家内部的社会公正问题，关注国际规则的本土化问题，坚定地捍卫国家的法律主权。④

第四，提出了社会新矛盾分析及新发展理念与法治中国建设的关联性论证。有代表性的观点认为，法治中国建设与社会主要矛盾具有的关联性体现在，一是对社会主要矛盾的新认识，必然成为执政党在很长时期内看待和处理法治中国建设的思想基础；二是对社会主要矛盾的新认识，不仅关注国民的权利的需求，同时也关注这些权利实现的相应物质条件或实际保障能力；三是对社会主要矛盾的新认识，能够扩展民主法治建设的新内容，即经济（物质）、文化、社会、民主、法治、公平、正义、安全、生态、环境十个方面满足人民美好生活的新需要。⑤新发展理念作为对经济社会发展规律的新认识，引领着法治中国的建设，"市场经济就是法治经济""公共秩序和公共利益维护的目标统一""'以人民为中心'与'权利保障'的价值趋同"三个方面的逻辑连接

---

① 参见陈驰《习近平新时代法治中国思想的内在逻辑》，《四川师范大学学报》（社会科学版）2018年第1期。

② 参见魏治勋等《"法治中国"如何吸收和融通西方制度文化资源》，《西北大学学报》（哲学社会科学版）2016年第6期。

③ 参见范忠信《传统法治资源的传承体系建设与法治中国化》，《学习与探索》2016年第1期。

④ 参见公丕祥《全球秩序重构进程中的法治中国建设》，《法律科学》（西北政法大学学报）2016年第5期。

⑤ 参见童之伟《社会主要矛盾与法治中国建设的关联》，《法学》2017年第12期。

点，为"引领"提供了可能性。①

第五，提出了法治中国建设的四大规范体系如何衔接的问题。有代表性的观点认为，在法治中国的结构下，目前有四大规范体系，即法律规范体系、国家政策规范体系、政党规范体系及政策、社会规范体系，法治中国下规范体系的核心是法律规范体系，政党规范体系及政策尤其是执政党规范体系及政策是重点难点，也是创新点，党规与国法的关系、衔接问题关系到中国特色社会主义法治体系建设的成败。②

第六，提出了法治中国建设的法治文化建构的必要。有代表性的观点认为，"法治中国"的文化建构应当从规则文化、程序文化、民主文化、共和文化、人权文化、自由文化、正义文化、和谐文化、理性文化、普适文化等方面着手。③

第七，提出了法治中国建设的新兴（新型）权利保障问题。有代表性的观点认为，法治中国建设需要对新兴（新型）权利进行研究，新兴（新型）权利产生于转型时期社会发展的现实需求，其根源于既有法律体制对社会转型的迟缓应对，即现行法律无法及时满足变动中的社会需求，无法充分保护不断增长的多元利益诉求，如人格权、数据权与信息权、社会权、环境权、新兴财产性权利等。④

第八，提出了法治中国建设多元主体共建共享的时代变革特征。有代表性的观点认为，法治中国建设正呈现从"国家构建"走向"共建共享"的变革轨迹，法治中国建设应采取共建共享的建设路径，这既是化解转型风险的迫切需要、社会主义国家性质的客观要求、传统文化与本土国情的最优选择，也是共享经济时代的必然反映和世界变革趋势的

---

① 参见周佑勇《逻辑与进路：新发展理念如何引领法治中国建设》，《法制与社会发展》2018年第3期。

② 参见支振锋《规范体系：法治中国的概念创新——"法治中国下的规范体系及结构"学术研讨会综述》，《环球法律评论》2016年第1期。

③ 参见张文显《法治的文化内涵——法治中国的文化建构》，《吉林大学社会科学学报》2015年第4期。

④ 参见魏治勋等《新兴（新型）权利研究的最新进展——以首届"新兴（新型）权利与法治中国"研讨会入选论文为分析对象》，《东北师范大学学报》（哲学社会科学版）2017年第1期。

重要体现。①

第九，提出了法治中国建设坚持党的领导和社会主义立场的必然性与必要性。有代表性的观点认为，法治中国建设必须坚持党的领导，一是客观规律与历史发展的必然，党的领导与依法治国本质内在一致的必然，党在掌握执政规律基础上转变执政方式的必然，改革开放以来中国法治建设取得伟大成就的必然；二是本质主义与功能主义的必要，确保人民民主专政的国体、维护人民当家做主地位的必要，坚持和完善作为根本制度的社会主义制度的必要，发挥党推进国家治理现代化之结构性功能的必要，多元社会背景下凝聚法治共识与形成法治合力的必要。②法治中国建设作为一个重构法治体系的历史性过程，应在特有的价值系统引领下强化一种社会主义立场，法治中国建设的政治逻辑是党的领导与群众路线，法律逻辑是制约权力与人权保障，制度行动是法治经济与社会正义；法治国家是法治中国建设的首要任务，法治政府是法治中国建设的关键，法治社会是法治中国建设的基本定位。③

二　法治中国在政治决策层面的系统阐释

在2012年十八大到2017年十九大的6年中，"法治中国"在国家主要领导人和中央的重大政治文件中一共提出过九次。按照时间先后依次为：一是2013年1月，习近平总书记在就如何做好新形势下政法工作问题上的一个重要批示中首次提出"全力推进平安中国建设、法治中国建设、过硬队伍建设"④。二是2013年11月，党的十八届《三中全会决定》提出"建设法治中国，必须坚持依法治国、依法执政、依法

---

① 参见马长山《法治中国建设的"共建共享"路径与策略》，《中国法学》2016年第6期。

② 参见周叶中等《论党领导法治中国建设的必然性与必要性》，《法制与社会发展》2016年第1期。

③ 参见姜涛《法治中国建设的社会主义立场》，《法律科学》（西北政法大学学报）2017年第1期。

④ 《全国政法工作电视电话会议召开　习近平作出重要指示》，《人民法院报》2013年1月8日。

行政共同推进,坚持法治国家、法治政府、法治社会一体建设"①。党的十八届《三中全会公报》中有两处提出:"推进法治中国建设,强化权力运行制约和监督体系。""建设法治中国,必须深化司法体制改革,加快建设公正、高效、权威的社会主义司法制度,维护人民权益。"② 三是2014年6月,习近平总书记提出"努力建设法治中国,以更好发挥法治在国家治理和社会管理中的作用"③。四是2014年9月,习近平总书记在庆祝全国人民代表大会成立60周年大会上提出"我们必须坚持把依法治国作为党领导人民治理国家的基本方略、把法治作为治国理政的基本方式,不断把法治中国建设推向前进"④。五是2014年10月,党的十八届《四中全会决定》两处提出:"全党同志必须更加自觉地坚持依法治国、更加扎实地推进依法治国,努力实现国家各项工作法治化,向着建设法治中国不断前进。""积极投身全面推进依法治国伟大实践,开拓进取,扎实工作,为建设法治中国而奋斗!"⑤ 六是2017年10月,党的十九大报告中提出:"成立中央全面依法治国领导小组,加强对法治中国建设的统一领导。"⑥ 可以说,"法治中国"是中国法治建设的一个上位概念和统领性命题,主导着中国法治建设的方向、道路、结构、方位、战略与目标,并由"法治中国"生发出中国法治建设的新思想与新体系。

1. 法治中国的问题导向

"法治中国"的提出除了具有重大理论建构的价值外,更重要的还体现了解决中国问题的使命与担当,体现出非常鲜明的问题意识和问题

---

① 《中共中央关于全面深化改革若干重大问题的决定》,《求是》2013年第22期或《党建》2013年第12期。
② 《中国共产党第十八届中央委员会第三次全体会议公报》,《党的生活》2013年第11期。
③ 《习近平总书记系列重要讲话读本》,学习出版社、人民出版社2014年版,第80页。
④ 习近平:《在庆祝全国人民代表大会成立60周年大会上的讲话》,《中国人大》2019年第19期。
⑤ 《中共中央关于全面推进依法治国若干重大问题的决定》,《求是》2014年第21期或《党建》2014年第11期。
⑥ 《决胜全面建成小康社会 夺取新时代中国特色社会主义伟大胜利——在中国共产党第十九次全国代表大会上的报告》,人民出版社2017年版,第38页。

导向，具有很强的现实针对性和解决问题域，是一个重大的实践性命题。中国法治建设面临的问题可以分为两大类：一类是法治建设观念层面的问题，正如习近平总书记在十八届四中全会第二次全体会议上讲话所指出的，"现在，一些党员、干部仍然存在人治思想和长官意识，认为依法办事条条框框多、束缚手脚，凡事都要自己说了算，根本不知道有法律存在，大搞以言代法、以权压法"①。另一类是法治建设行为层面的问题，正如十八届《四中全会决定》所指出的，主要表现在三个方面：一是有的法律法规未能全面反映客观规律和人民意愿，针对性、可操作性不强，立法工作中部门化倾向、争权诿责现象较为突出；二是有法不依、执法不严、违法不究现象比较严重，执法体制权责脱节、多头执法、选择性执法现象仍然存在，执法司法不规范、不严格、不透明、不文明现象较为突出，群众对执法司法不公和腐败问题反映强烈；三是部分社会成员尊法信法守法用法、依法维权意识不强，一些地区工作人员特别是领导干部依法办事观念不强、能力不足，知法犯法、以言代法、以权压法、徇私枉法现象依然存在。② 观念层面的问题是根本性问题，而行为只是观念的外部呈现，有什么样的观念形态，就会有什么样的行为方式，建设法治中国所面临的两大类问题的概括，深刻揭示了中国法治建设使命的紧迫性与任务的艰巨性，这些问题既体现在立法的观念与行为上，也体现在行政与执法的观念与行为上；既体现在司法的观念与行为上，也体现在守法的观念与行为上。

2. 法治中国的创新逻辑

"法治中国"的提出本身就是一个富于创新的概念，"法治中国"的创新逻辑集中体现在三个方面：首先是"法治中国"的思想创新。"法治中国"命题的提出，本身就蕴含法治建设中国化的思想创新逻辑，"法治中国"的思想创新既立足于当下这个伟大的时代，同时又深深地扎根于中国法律制度发展史的纵向时空之中，也汲取了世界法治理

---

① 《习近平总书记重要讲话文章选编》，中央文献出版社、党建读物出版社2016年版，第209页。

② 《中共中央关于全面推进依法治国若干重大问题的决定》，《求是》2014年第21期或《党建》2014年第11期。

论与实践的丰富营养。"法治中国"的思想创新既源于古代中国"法家"思想及其制度设计,也源于近代中国为强国而进行的法制变革,又源于中华人民共和国成立初期进行的社会主义法制建设与探索,还源于党的十五大报告中提出的"依法治国,建设社会主义法治国家","形成有中国特色社会主义法律体系",① 以及其后 20 年特别是中共十八大以来中国对于法治国家、法治政府和法治社会建设的理论与实践探索。而且,"法治中国"的理论与实践创新既是对世界法治理论与实践发展成果的吸纳,也是对全球化世界治理法治化实践体系的贡献。其次是"法治中国"的理论创新。"法治中国"的内涵既是新时期中国特色社会主义思想的重要内容和有机组成部分,也是新时期中国特色社会主义法治理论的重要命题和统领性概念。"法治中国"的理论创新主要体现在三个方面:一是"法治中国"理论创新的独立性与自主性,新时期中国特色社会主义的法治理论是基于中国话语与中国国情,具有鲜明的自主创新和独立创制特征的法治中国建设的阐释体系;二是"法治中国"理论创新的时代性与建构性,新时期中国特色社会主义的法治理论是基于社会发展与理论前瞻,体现时代特色和系统建构的法治中国建设的融贯体系;三是"法治中国"理论创新的开放性与包容性,新时期中国特色社会主义的法治理论是基于国际视野与兼收并蓄,具有不断吸收、完善和创新功能的法治中国建设的结构系统。最后是"法治中国"的制度创新。"法治中国"从规则层面看是由一整套系统性的制度构建而成,党的十八大以来,"法治中国"的制度创新在"四个全面"的战略布局中,形成与完善了一整套更完备、更稳定、更管用的制度体系,为未来的中国积累了宝贵的"制度财富",如在中央深改组总共 38 次会议的新闻通稿中,"制度"出现了 297 次,是仅次于"改革"的高频词,② 随着党内制度的严密与完善、国家制度的成熟与完备、法律制度的健全与完整、社会规范的衔接与补充,逐步形成了具有中国特色的全方位和全领域的"中国制度"创新体系。

---

① 《高举邓小平理论伟大旗帜,把建设有中国特色社会主义事业全面推向二十一世纪——在中国共产党第十五次全国代表大会上的报告》,《党建研究》1997 年第 10 期。
② 参见《制度创新继往开来》,《人民日报》2017 年 10 月 17 日。

3. 法治中国的系统结构

从执政党的重要文件和国家主要领导人的重要讲话可以看出，法治中国的理论命题与依法治国、执政和行政，与法治国家、政府和社会，以及与司法制度、国家治理、社会治理、党的领导等有着密切的内在逻辑和建构体系，形成了以"法治中国"为战略统领的中国特色社会主义法治建设的理论与实践体系。一是法治中国建设的理念，十八届《三中全会决定》中对法治中国建设提出了依照宪法进行治国与执政的原则和理念，那就是"坚持依法治国首先要坚持依宪治国，坚持依法执政首先要坚持依宪执政"①。二是法治中国建设的目标，就是"建设中国特色社会主义法治体系，建设社会主义法治国家，促进国家治理体系和治理能力现代化"②。三是法治中国建设的路径，十八届《三中全会决定》和《四中全会决定》都对法治中国建设提出了具有战略性的实现路径，那就是"坚持依法治国、依法执政、依法行政共同推进，坚持法治国家、法治政府、法治社会一体建设"③。四是法治中国建设的体系，是要形成完备的法律规范体系、高效的法治实施体系、严密的法治监督体系、有力的法治保障体系，完善的党内法规体系④五个方面系统和完整的法治中国建设结构体系。五是法治中国建设的任务，十八届《四中全会决定》为今后一个时期法治中国建设的重大任务进行了全新的概括，就是要深入推进"科学立法、严格执法、公正司法、全民守法"⑤。六是法治中国建设的保障，十八届《四中全会决定》及其《起草决定说明》首次将法治与党的领导关系进行了全面清晰的阐述，那就是"党

---

① 《中共中央关于全面深化改革若干重大问题的决定》，《求是》2013年第22期或《党建》2013年第12期。

② 《中共中央关于全面推进依法治国若干重大问题的决定》，《求是》2014年第21期或《党建》2014年第11期。

③ 《中共中央关于全面深化改革若干重大问题的决定》，《求是》2013年第22期或《党建》2013年第12期；《中共中央关于全面推进依法治国若干重大问题的决定》，《求是》2014年第21期或《党建》2014年第11期。

④ 《中共中央关于全面推进依法治国若干重大问题的决定》，《求是》2014年第21期或《党建》2014年第11期。

⑤ 《中共中央关于全面推进依法治国若干重大问题的决定》，《求是》2014年第21期或《党建》2014年第11期。

的领导是中国特色社会主义最本质的特征，是社会主义法治最根本的保证"；"中国特色社会主义制度是中国特色社会主义法治体系的根本制度基础，是全面推进依法治国的根本制度保障"；"中国特色社会主义法治理论是中国特色社会主义法治体系的理论指导和学理支撑，是全面推进依法治国的行动指南"。[①]"必须坚持党领导立法、保证执法、支持司法、带头守法，把依法治国基本方略同依法执政基本方式统一起来，把党总揽全局、协调各方同人大、政府、政协、审判机关、检察机关依法依章程履行职能、开展工作统一起来，把党领导人民制定和实施宪法法律同党坚持在宪法法律范围内活动统一起来。"[②]

三 结语

从"法治中国"命题的提出，到"法治中国"概念和内涵的诠释，再到"法治中国"体系的研究，可以看出，2013年以来的"法治中国"研究成果是在两个向度上展开的，一是关于"法治中国"的本体论研究，二是关于"法治中国"的关系论研究。本体论视角的研究主要就"法治中国"的概念、内涵、结构、体系、原则、特征等从法哲学层面进行探讨，表征了"法治中国"的命题既是一个区域性和空间性概念，又是一个动态性和过程性概念，也是一个包容性和发展性概念，还是一个理论性与实践性概念。关系论视角的研究主要就"法治中国"派生和关联的概念所进行的体系构建性研究，表征了"法治中国"的命题既是一个高位性和整合性概念，又是一个生长性和派生性概念，也是一个体系性和系统性概念，还是一个统领性和统摄性概念。

"法治中国"在中央决策层面的宣示和体系性建构虽然晚于理论界对"法治中国"这个命题的提出和研究，但是与学界关于"法治中国"的学理性研究在方向上获得了高度的统一和契合，十八届《三中全会决

---

① 《关于〈中共中央关于全面推进依法治国若干重大问题的决定〉的说明》，《理论参考》2014年第12期。

② 《中共中央关于全面推进依法治国若干重大问题的决定》，《求是》2014年第21期或《党建》2014年第11期。

定》和《四中全会决定》为学界进一步对"法治中国"的深入研究提供了方向性、框架性和体系性的指引，使"法治中国"的概念与内涵获得了全面的提升和丰富，形成了世界法治理论中国化的法治话语和理论体系，为中国特色社会主义法治思想和法治理论[①]的系统性建构提供了重要的纲领性支撑。

第二节 地方法治建设在法治中国建设中的地位与方位

"法治中国"既是法治的中国，又是中国的法治，无论是地域空间还是法治方式都具有中国特色，因此法治中国自然包括地方法治，也自然包括地方治理法治化的创新和实践，也就是说，地方法治建设只有在法治中国建设的大视野中才能获得证成，地方法治建设是法治中国建设的题中应有之义。因此，地方法治建设在法治中国建设中的地位与方位可以从以下几个方面予以阐明。

1. 地方法治建设为法治中国建设提供最基本的动力

地方法治建设作为国家法治建设的对称，承担着国家法制统一实施的单元和地方治理创新的先行者这一双重角色，一方面地方要在中央法治（或法制）主义的统领下实施国家法律法规，维护国家法律的有效、统一和完整；另一方面地方需要根据本地实际和需要进行符合立法法规定的法制创新和治理法治化先行先试。这种结构体系的形成使得地方法治建设肩负着两种重大的责任担当——法制的实施功能与法治的创新功能，担负着法治中国建设体系的重要基础支撑和空间地域构成，也可以说地方法治建设是法治中国建设的动力之源、成功之基、发展之根。

2. 地方法治建设为法治中国建设提供最前沿的场域

中央层面的重大法治建设战略部署与政策制度，必须首先通过

---

① 参见张文显《新时代全面依法治国的思想、方略和实践》，载《中国法学》2017年第6期。

地方才能获得有效施行，中央与地方的关系具有非常强的传递性、承接性、执行性和反馈性，同时也是国家政治、经济、社会、文化生态发展最直接的反映。地方是所有的社会矛盾、冲突与纠纷以及各类突发性和群体性事件的承接者，地方也是所有的社会发展与经济建设困难与挑战的面对者，地方也是所有的民众最直接的栖息地和生活与交往的场所。因此，地方法治建设是贯彻法治中国建设战略部署的最前沿的场域，而且地方法治建设还是法治中国建设最直接的阵地。

3. 地方法治建设为法治中国建设提供最直接的体现

地方法治建设是法治中国建设的一个个缩影，法治中国建设的现状和成效如何，并不主要由国家层面的制度建设来决定，而是在一定程度上由地方法治建设的现状和成效来体现，评价一个国家的法治建设状况如何，实际上是在考量一个国家地方的治理能力和治理效果，国家治理能力和治理体系如何是需要地方治理法治化来背书的，地方法治建设的好坏与否是中国法治建设成效最直接的体现，也是依法治国、依法执政和依法行政成效最直接的体现。

4. 地方法治建设为法治中国建设提供最生动的样本

法治中国建设的中国经验与中国方案往往来自地方法治建设的探索性和创新性实践，中国的区域广大、情况复杂、类型多样，可以说，每个地方都好像是整个中国庞大躯体上的重要组成部分。作为地方，不但要承担维护整体正常运转和良性运行的制度规制功能，更要承担地方法治建设的实践探索和治理创新的功能，地方要为法治国家建设提供区域法治样本，也要为法治政府建设提供依法行政样本，还要为法治社会建设提供基层治理样本。因此，地方负有为法治中国建设的实践探索新路、积累经验、提供样本的功能。

5. 地方法治建设为法治中国建设提供最典型的实践

法治中国建设的理论与构想只有回到如火如荼的地方法治建设实践中才会获得无穷的生命力，并在其实践中得到检验与完善，地方法治建设本身也在法治中国建设的伟大实践中获得检验与完善，可以说，地方在这场恢宏浩大的法治中国建设征程中既扮演着一个法治建设的实践者，同时也在检验并完善着法治中国建设的理论与构想，地方与国家都在这场史无前例的法治建设伟大实践中获得相长。

第三节 法治中国建设对地方法治建设的影响

法治中国建设既是一个系统性的结构体系,解决"是什么的问题",又是一个实践性的操作体系,解决"做什么的问题"。这两个方面的理论与实践对地方法治建设的影响可以从其理念、规则和行为三个层面来审视。

1. 法治中国建设对地方法治理念的影响

"法治中国"这样一个统领性的概念,集中蕴含着中国法治建设理念的"一个中心"与"两个基本点",所谓"一个中心"就是"全面推进依法治国总目标是建设中国特色社会主义法治体系,建设社会主义法治国家";"两个基本点"就是"坚持依法治国、依法执政、依法行政共同推进,坚持法治国家、法治政府、法治社会一体建设"①。这一法治中国建设的核心理念,集中体现在以下五个方面:一是阐明了法治中国建设的新十二字方针,这就是"科学立法、严格执法、公正司法、全民守法"②。二是阐明了法治中国建设的新法治体系,这就是"在中国共产党领导下,坚持中国特色社会主义制度,贯彻中国特色社会主义法治理论,完备的法律规范体系、高效的法治实施体系、严密的法治监督体系、有力的法治保障体系、完善的党内法规体系"③。三是阐明了法治中国建设的新任务,这就是"三个共同推进"和"三个一体建设",促进国家治理体系和治理能力现代化。四是阐明了法治中国建设的新目标,这就是"建设中国特色社会主

---

① 参见《中共中央关于全面深化改革若干重大问题的决定》,《求是》2013 年第 22 期或《党建》2013 年第 12 期。

② 参见《中共中央关于全面推进依法治国若干重大问题的决定》,《求是》2014 年第 21 期或《党建》2014 年第 11 期。

③ 参见《中共中央关于全面推进依法治国若干重大问题的决定》,《求是》2014 年第 21 期或《党建》2014 年第 11 期。

义法治体系，建设社会主义法治国家"①。五是阐明了法治中国建设的新方法，这就是要坚持用"法治思维和法治方式"来治理国家和社会。以上五个方面共同构成了新时期中国特色社会主义法治思想的战略架构和目标定位，决定了建设社会主义法治国家的方向与未来，同时也决定着地方法治建设的方向、内容和路径，对地方法治建设的影响深远。

2. 法治中国建设对地方法制规则的影响

"法治中国"这样一个统领性概念在规范层面而言，也就是十八届《四中全会决定》中提出的要形成"完备的法律规范体系"，这个"法律规范体系"至少应该包括两个方面的内容：第一，法律法规层面的硬法规范，这一层面应该包括国家法与地方法两大结构体系，国家法包含宪法、法律、行政法规、规章以及最高司法机关的司法解释等；而地方法则包含地方性法规、政府规章等；完备的法律规范体系应该是作为国家层面纵向的法律制度与地方层面横向的法规制度"十字形"的分工、互治和衔接的法制体系。第二，国家与社会治理层面的软法规范，在中国特色社会主义法治体系中除了国家和地方的法律法规等硬法规范外，还包含大量的软法规范，一是国家立法中的指导性、号召性、激励性、宣示性等非强制性规范，在中国现行法律体系中，此类规范占有一定比例；二是国家机关制定的规范性文件，它们通常属于不能运用国家强制力保证实施的非强制性规范；三是政治组织创制的各种自律和行为准则规范，如执政党的"党内法规体系"以及其他党派的党内规范制度等；四是社会共同体创制的各类自治规范，这些软法既包括传统国家硬法文件中的软法，也包括国家机关制定的行政法规、规章以外的规范性文件，还包括大量的政治组织和其他社会组织的自律、自治规范等。② 比如主要有政策操作层面的制度及其规范性文件、区域合作的协议与规则、政党的规章与制度、行业的技术性标准、社会组织和行业组织的自

---

① 参见《中共中央关于全面推进依法治国若干重大问题的决定》，《求是》2014年第21期或《党建》2014年第11期。

② 参见韩春晖《社会主义法治体系中的软法之治——访著名法学家罗豪才教授》，《国家行政学院学报》2014年第6期。

治规范、单位和城乡社区的自治制度等面广量大的软法规范，这些软法规范对国家、区域、地方和社会治理的重要作用不可忽视，起到了辅助法律法规实施、弥补法律法规不足和不完善的重要补充作用，特别是在我国的少数民族地区和面广量大的基层或农村，自治规则或乡规民约发挥了非常重要的规制和引导作用。

截至 2020 年 1 月，中国现行有效的法律共 274 部。① 自党的十八大以来，国家层面的立法工作在以下几个层面展开：一是加强重点领域立法，如制定民法总则等。二是为相关领域改革提供法治保障，如依法作出改革决定和授权决定等。三是推进科学立法、民主立法和依法立法。四是行使全国人大常委会的监督工作。国家层面的立法将对地方法制建设产生三个方面的影响和变化：首先是地方立法的主导性趋势逐步加强。地方治理过程中，政策文件逐步失灵，政策的系统协调性越来越差，特别是一些与法律法规相抵触和冲突的政策制度，实施和执行的风险将会越来越大，因此，地方性法规和政府规章建设的立法导向将逐步取代政策导向；政策制度的制定也必须遵循"于法有据"的原则，特别是地方政府的行政行为，都要以法律法规、规章和规范性文件为主要依据，贯彻依法行政与依法执法的法治规则，在未来的 10 年中，地方性法规和政府规章制定的总量和频率、范围和内容都将有所增加和扩大。其次是地方立法的扁平化趋势逐步强化。《立法法》的修订将进一步扩大授权立法的地方数量，该法第 72 条第二款规定，设区市的人民代表大会及其常务委员会根据本市的具体情况和实际需要，在不同宪法、法律、行政法规与本省、自治区的地方性法规相抵触的前提下，可以对城乡建设与管理、环境保护、历史文化保护等方面的事项制定地方性法规。② 也就是说，全国有地方立法权的市由原来的 49 个，扩大到了现在的 284 个，新增 235 个较大的地级市。③ 立法权限从以往的 49 个市猛增到现在的 284 个市，标志着地方立法的扁平化和普遍化立法格局发

---

① 《法工委发言人：我国现行有效法律共 274 件》，《中国人大》2021 年第 1 期；《我国现行有效法律共有多少件? 274 件!》，《法治日报》2021 年 1 月 19 日。
② 《中华人民共和国立法法》，《人民日报》2015 年 3 月 19 日。
③ 《地方立法权拟扩至 284 个设区的市》，《成都商报》2015 年 3 月 1 日。

生了从量到质的变化，也标志着地方设区市立法将普遍形成权力与责任、权力与风险的双重机制。最后是地方立法的不平衡趋势逐步凸显。授权所有设区市制定地方性法规，将形成不同级别、不同条件和不同能力城市间在立法水平、立法技术、立法质量等方面的差异，这种不平衡现象将随着立法授权的扩张而在未来的地方立法中显现出来，并可能在较长时期内存在，一是纵向的国家法与地方法之间可能产生的不协调和冲突；二是纵向的省级地方性法规和政府规章与设区市级地方性法规和政府规章之间可能产生的不协调和冲突；三是横向的不同行政区域的地方性法规与政府规章之间可能产生的不协调和冲突等，因此需要对可能产生的立法风险早有预警并进行制度性防范，同时要对面广量大的地方立法进行规范。

"法治中国"对构建"完备的法律规范体系"的理念与要求，将对国家与地方层面的法制建设产生全方位的深远影响，要求地方法制建设一是要从以政策性制度调整为主向以法规性制度调整为主转型；二是要从地方性法规和政府规章的单一性硬法制度建构向硬法与软法二元协同性制度建构转型；三是要从实施国家法的配套型地方法规制定为主向自主创新与先行先试型地方法规建设为主转型；四是要从以实体规范建设为主向程序规范建设为主转型；五是要从体制内封闭型制度创制为主向公众参与型制度创制为主转型；六是要从无评估的规则与制度建设向有评估的规则与制度建设转型；七是要从非体系化和碎片化式的地方立法向系统化和标准化的地方立法转型。

3. 法治中国建设对地方依法行政的影响

自党的十八大以来，中国政府坚持依法全面履行政府职能，着力加强和创新社会治理，依法行政工作取得新成效。首先，在行政立法方面：2012 年至 2018 年（截至 11 月 1 日）国务院共制定和修改行政法规 92 部，[①] 涉及面非常广泛，进一步强化了对于国家经济、社会和文化教育运行与发展的规制作用。其次，在依法行政方面：一是推进政府职

---

① 中国政府法制信息网：http://www.chinalaw.gov.cn/col/col12/index.html? uid = 1648&pageNum = 1。

能转变。如依法取消和下放行政审批项目，严格控制新设行政许可，改革注册资本登记制度，启动新一轮的相对集中行政许可权改革，规范职业资格许可和认定，深化行政审批制度改革，推动新一轮财税体制改革，推进社会治理和信用体系建设。二是强化法治政府建设。如强化法规规章及规范性文件的清理备案审查，开展行政强制相关规定的清理；制定并贯彻落实《法治政府建设实施纲要（2015—2020年）》；推进行政执法"三项制度"试点，推进重点领域的政府信息公开工作；推进以"集中行政复议职责"为中心的行政复议体制改革和行政复议法修订工作；进行重大改革政策出台前的法律审核，确保相关改革决策权限合法、程序合法、内容合法，确保各项改革始终在法治轨道上全面推进；进一步完善仲裁制度建设。三是推进行政执法体制机制深层次改革。如完善推进城市管理综合行政执法相关制度，规范行政执法行为，加强行政执法监督。

　　这些国家层面行政立法与依法行政的系统性和全方位性的深层次改革，毫无疑问将深刻影响地方政府在行政法制、行政程序、行政行为以及行政体制和行政机制的各个方面。在地方治理过程中，地方政府的行政权力的行使将会受到更为严格的程序和实体规制，对行政权力行使的制约与监督的力度将不断加大，将权力关进制度的笼子里已经从理念和口号转变为看得见的制度约束。主要体现在三个方面：一是权力设定法定。政府公共行政的权力来源、主体和设定都必须来自法律法规的实体和程序规定，不得法外行权，比如实施公共行政的权力清单制度、中央和地方政府事权法律制度、推行政府法律顾问制度、行政执法和审批权相对集中行使制度等。二是权力运行法定。比如将要求行政程序法定，包括了行政主体、行政决策、行政执法、行政管理、行政听证、行政公开、行政监督、行政问责等程序法定，并建立健全行政裁量权基准制度等。三是权力监督法定。无论对行政权力的体制内监督还是体制外监督都将依法进行，比如建立重大决策终身责任追究制度及责任倒查机制、严格执行重大执法决定法制审核制度，"加强党内监督、人大监督、民主监督、行政监督、司法监督、审计监督、社会监督、舆论监督等监督制度建设"①。四是权力责任法定。有权力必有责任，行政权力行使的风险往往在于责任承担的风险，不当行使公权力或滥用公权力将承担行政责任、民事责任，甚至是刑事责任，而且将承担终身受到追诉的风险。

4. 法治中国建设对地方司法改革的影响

法治中国视野下的司法改革自党的十八大以来发生了巨大的变革和深远的影响，特别是对我国地方现有的司法体制和机制的影响尤为剧烈和深刻。仅2015年5月全国各级法院共登记立案113.27万件，同比增长29%，其中立案数量超过8万件的省份为江苏省、浙江省和山东省。② 2015年5月全面实施立案登记制度以来，全国法院行政案件增幅同比增长221%。③ 其中，重庆市行政起诉登记立案1190件，同比增长155%；辽宁省行政起诉登记立案1401件，同比增长242%；浙江省行政起诉登记立案1598件，同比增长296%；北京市行政案件同比增加897件，增幅达到268.5%。④ 2015年全国地方法院审结一审的行政案件达到24.1万件，⑤ 分别比2012年、2013年和2014年增长86.8%、99.2%和84%，法治中国建设带来的深刻影响可见一斑。

首先是在司法综合改革层面。一是国家监察体制的创制性变革全面展开，将对各省市区县监察与检察机构职能改革与转隶调整产生影响。二是司法体制综合配套改革正从局部试点向全局推进，将对地方各级司法机关现有的体制和机制产生影响。三是强化经济犯罪案件办理的规范与程序，将对提升地方公安机关的执法水平、执法理念、执法方式和执法程序等都产生影响。四是司法责任制进一步落实和完善，将对地方各级司法机关完善审判监督管理机制产生影响。五是进一步规范和完善非法证据排除规则，将对地方各级司法和公安机关树立合法获取证据的理

---

① 《中共中央关于全面推进依法治国若干重大问题的决定》，《求是》2014年第21期或《党建》2014年第11期。

② 《江苏法制报》2015年6月11日。

③ 《江苏法制报》2015年6月11日。

④ 《人民法院报》2015年6月11日；参见《人民法院报》2015年6月12日；《人民法院报》2015年6月13日。

⑤ 数据来源于《中国法治建设年度报告（2015）》，法律出版社2016年版，第18页。

念和意识产生影响。

其次是在司法专项改革层面。一是推进诉讼制度改革,如中央提出的"推进以审判为中心的刑事诉讼制度改革,确保侦查、审查起诉的案件事实证据经得起法律的检验"①,将对地方各级法院、检察院和公安机关的地位和关系产生影响。二是全面开展庭审实质化改革的"三项规程"试点工作,将对地方各级法院如何构建和完善精密化、规范化、实质化的刑事审判制度,提高刑事审判质量和效率产生影响。② 三是进一步推进执行机制改革,将对地方各级法院进一步规范执行及其相关行为、创新执行方法和手段等产生影响。四是加强专业化审判建设,将对地方各级法院如何科学确定专业化审判主题、配置专业化司法资源、设置专业化审判程序、储备专业化司法人才、提高专业化审判能力等产生影响。五是完善国家赔偿监督程序,将对地方各级法院健全赔偿监督程序启动机制、完善多方联动机制、树立正确监督理念、纠正错误赔偿决定、保障公民申诉权利等产生影响。六是完善检察官以案释法制度,将对地方各级检察机关提高对以案释法的重要性认识、鼓励诉讼参与人和社会公众的参与、建立畅通的沟通渠道、吸取参与意见和建议等产生影响。七是加强检察法律文书说理,将对地方各级检察机关检察官办案责任制改革、培育正确的司法理念、探索检察法律文书改革、加强检察人员说理能力的培训和考核等产生影响。八是检察机关加大产权保护的力度,将对地方各级检察机关准确把握政策界限、加强部门之间的联系与衔接、建立信息共享机制、强化司法监督和社会监督等产生影响。

最后是在司法行政改革层面。一是保障律师会见在押罪犯的权利,将对地方各级司法机关如何进一步建立和完善保障律师和犯罪人员权利制度和程序等产生影响。二是强化律师行业的保障与监管,将对全国各地执业律师人身权利保障、豁免权利保障、执业权利保障等产生影响。

---

① 参见《中共中央关于全面推进依法治国若干重大问题的决定》,《求是》2014 年第 21 期或《党建》2014 年第 11 期。

② 参见徐昕等《中国司法改革年度报告(2017)》,《上海大学学报》(社会科学版) 2018 年第 2 期。

三是建立律师专业水平评定试点，将对全国各地执业律师的专业化、精细化执业水平产生影响。四是开展律师调解试点，将对全国各地推进律师专业化与市场化调解、建立以律师为主的民间调解机构、形成律师与调解对接机制、提高律师调解技能等产生影响。五是推进刑事案件律师辩护全覆盖试点，将对地方各级司法机关保障刑事案件犯罪嫌疑人权利、提高刑事案件辩护率等产生影响。六是深化公证机构体制改革，将对地方各级公证机构体制和运行机制等产生影响。

第二章

地方法治建设的实践探索

中国的地方法治建设作为一种独特的法治现象，始终与国家法治同步生长，尤其自"依法治国，建设社会主义法治国家"的基本方略确立以来，地方法治的地位逐渐愈益显现，日趋构成中国社会转型期逐步走向整体法治的一条主线。① 但在国家整体主义法治观中，地方法治话语一直处于"被遮蔽"的状态，曾有学者感慨，地方法治在学术研究和法治实践中呈现双重的边缘化。② 随着我国法治发展和研究范式的转换，地方法治必将逐步从法治发展的边缘走向中心，地方法治也必将成为当前和今后一个时期中国法学理论研究的重要对象。③ 本部分在法治中国的视野下来考察和检视地方法治建设的实践，以期能够探寻地方法治建设运行与发展的客观规律性，并在梳理与检视地方法治建设实践与问题的基础上，给地方法治的未来发展提供一个可能的方案与路径。

第一节 地方法治建设实践的系统梳理

美国著名人类学家克利福德·格尔茨认为，法律作为一种规范来源于地方知识，它是根植于地方的对于事实行为所产生的一种通俗性的

---

① 参见付子堂、张善根《地方法治建设及其评估机制探析》，《中国社会科学》2014年第11期。
② 参见黄文艺《认真对待地方法治》，《法学研究》2012年第6期。
③ 参见周尚君《地方法治试验的动力机制与制度前景》，《中国法学》2014年第2期。

"可以或不可以"的规则观念。① 地方法治具有很强的地方性特征和地方性元素，而且必然以多种多样的符合地方文化需要的方式运行，并在此基础上提炼出富有地方特色的法治发展模式，可以说，地方作为与中央相对应的概念，其治理的空间和范围十分宽泛，根据我国现有的地方法治建设实践，如果以地方法治建设的内在运行为逻辑，其实践模式大致可以分为体制回应型、先行先试型与自生自发型三种。

一 地方法治建设的体制回应型

在中国的地方法治实践中一个最为突出的特点是：中央出台政策文件主导各地方法治建设的具体进程，将法治建设作为一项国家任务，自上而下地部署和推进，地方党政部门通过制定贯彻意见，落实中央和国家的有关决定，并辅助以调查研究、公众参与、专家建议等多种途径和方法，汇集推进地方法治建设的意见和建议，形成在国家法治统一性和指导性之下的地方法治实践创新，从而及时地响应国家层面法治建设的号召和目标，这时地方法治建设的组织领导、内容方式、范围程序、推进步骤、考核评价等都由中央和国家层面进行具体的部署，我们将这种地方法治的实践称为"体制回应型"模式。这种模式的运行有两个基本特征：一是党政管理层自上而下的层层推进，从国家层面、省级层面、市级层面、区县级层面，再到乡镇级基层党政部门层层贯彻落实、检查考核；二是党政管理层自下而上的层层回应，从最基层的乡镇开始逐级向上一级党政管理机关层层报送法治建设推进的情况与绩效，不断总结地方法治建设的经验和教训，并在完成工作任务后接受上一级党政部门的检查与考核。这种运作模式最大的特点是形成了党政部门一体化的从上而下再从下而上的闭合环路，具有严密的体制内运作的逻辑。可以看出，这种地方法治建设的模式是在我国科层制结构体系内部运行的，效果如何，完全取决于运行体系内部各级党政部门领导的主观能动性，由于地方经济、社会和文化发展的差异，从而导致各地法治建设的不平衡，尽管如此，地方法治建设自上而下和自下而上的运行回路也是

---

① 参见［美］克利福德·格尔茨《地方知识——阐释人类学论文集》，杨德睿译，商务印书馆 2014 年版，第 250 页。

畅通的。另外，如果地方党政部门不能将法治建设持之以恒地一直深入做下去，那么很可能会形成运动式、形式化、过程性的效果，而举国体制下的层层回应的运作优势将在轰轰烈烈的过场中消解，这也是不得不需要关注的问题。

　　作为体制回应型的地方法治实践模式，如果从时间维度看，从1997年党的十五大提出"依法治国，建设社会主义法治国家"开始，一直到2014年十八届《四中全会决定》发布，再到2017年十九大报告再次明确提出"全面推进依法治国"的20多年间，我国地方法治建设经历了一个从被动性体制回应到主动性体制回应、从适应性体制回应到探索性体制回应的发展历程，从2000年前后地方各级省市及以下行政区域相继提出"依法治省""依法治市""依法治区"和"依法治县"的目标要求，这一时期的地方法治建设具有被动性和适应性的特点，各个地方所谓的法治建设基本路径主要是贯彻中央的方针政策，并结合地方实际做一些初步的探索。如果从空间维度看，从党的十八大报告到四中全会关于全面推进依法治国的重大决定，形成了明晰的法治中国建设思想理论体系，就全面推进依法治国提出了一系列新概念、新思想、新理论，中央对于"法治中国"的顶层设计和战略部署，也为地方法治建设指明了方向和路径，各地方党委和政府纷纷出台了本地区法治建设意见或法治政府建设规划，作为对中央部署的回应迅速而又密集，地方党委的回应侧重于对本地区法治建设进行全方位的战略部署，涉及地方立法、执法、司法、宣教、队伍和组织领导等各个方面，而地方政府则就法治政府建设进行专项部署。可以看出，无论是在形式层面，还是在内容层面，全国各级地方党委和政府的这些法治建设、意见或规划都是在中央的"法治中国"的战略部署和国家宪法法律的统摄下，地方各级党委与政府以形式相似和内容相近的方式出台相关法治建设意见或法治政府建设规划，作为一种体制内的响应和回应，一方面体现出国家法治自上而下的有序推进，另一方面体现出地方法治自下而上的有序回应，形成了上有顶层制度设计下有组织落实保障的互动机制，国家法治与地方法治同处于一个上下贯通的完整系统结构之中，因此，这种体制回应型法治建设模式确实有着自身的鲜明特点,并有别于其他法治建设模式的独特性和统一性的特征。

如果我们从体制回应型的具体事例来看也许会更加容易理解,如十八届《四中全会决定》发布后,全国各省、自治区和直辖市以及大部分的省会城市和计划单列的大城市都相继出台了"全面推进依法治省、治市、治区实施意见"或"全面深化法治×省建设的决定"等贯彻落实文件,这些地方性的法治建设文件无一例外都是要快速响应中央《决定》的号召,将中央关于法治建设的重大战略部署在第一时间落实到地方。从回应的时间上看,根据对各省份出台文件先后的时间统计,一般在6个月以内。从回应的形式上看,对于贯彻落实中央出台的文件则由地方党委发文响应,对贯彻落实国务院出台的文件则由地方政府发文响应,而对于贯彻落实中央与国务院共同出台的文件则由地方党委与政府共同发文响应。从回应的内容上看,主要由旨在贯彻落实中央文件精神的总体要求、各项任务、组织领导等内容构成。从回应的体系上看,中央与地方形成了上有战略部署下有总体要求、上有目标方向下有具体任务、上有推进部署下有贯彻落实的统一性安排。这种上下的体制性回应体现了时间上的有效性、形式上的对应性、内容上的衔接性、行动上的一致性和系统上的整体性特点。

二 地方法治建设的先行先试型

地方法治建设的先行先试前后经历了近20年的历程,是在国家没有出台相关的法律法规和顶层政策设计,地方治理和发展又迫切需要的情形下,地方率先进行的具有探索性和实验性的地方治理法治化实践。可以说,先行先试型法治实践是贯穿于我国社会主义法治建设始终的,其实,地方先行先试型法治实践的兴起和发育是与内在制度的生成逻辑基本吻合的,制度的生成复杂多变,任何制度的形成都不得不强调复杂的、无止境的试错过程。而且,这种过程发生于"历史性时间"里,出现在具有不确定性的、"发展中的"环境里。[1] 学术

---

[1] 参见周尚君《地方法治试验的动力机制与制度前景》,《中国法学》2014年第2期。

界通常将这一现象称为转型期部分地区的"先行法治化"①。"先行法治化"的法理逻辑是：先发地区的法治先行，即中国东部地区在其经济与社会"先发"的基础上，在国家法制统一的原则下，率先推行区域法治化。② 地方法治建设先行先试的实践具体包括三个层面：

1. 在地方法治建设的理念构建层面

许多省市率先提出了"法治××"的地方法治建设理念和主张。如2004年江苏省率先提出"法治江苏"的理念，然后自江苏省提出"法治江苏"以来的十余年间，相继有四川、宁夏、浙江、云南、海南、广东、湖北、山西、吉林、湖南、安徽、天津、西藏、陕西、内蒙古等近20个省、市、自治区提出"法治××"的主张。其中，影响最大的是"法治浙江""法治深圳""法治广州"等长三角和珠三角区域内发达地区的省市法治建设实践。另外，北京市和上海市主要是通过法治城市的提法确立地方法治建设的理念，提出"法治××"的理念和命题是基于地方或区域法治建设的探索性实践，以及地方治理法治思维和法治方式的需要，而这种需要又是基于地方社会治理过程中不断出现的社会矛盾和冲突以及由此带来的社会治理风险，因此，这是一种由社会存在决定社会意识的回应性表现。

2. 在地方法治建设的制度构建层面

先行先试的制度建设主要以行政程序、行政决策程序、生态保护、城市治理、区域合作等地方性法规和政府规章建设最为典型。

一是在行政和决策程序法制建设方面，2008年湖南省政府率先制定了《湖南省行政程序规定》，这一试图"给行政权力定规矩"的法治试验，立刻获得了法学界的普遍赞誉，该规定无疑以地方政府规章的形式填补了中国行政法制梦寐以求的目标之一。③ 实践证明，这一先行性的法治政府建设的探索完全符合我国行政法治化的价值取向和发展方

---

① 孙笑侠：《局部法治的地域资源——转型期"先行法治化"现象解读》，《法学》2009年第12期。

② 参见孙笑侠、钟瑞庆《"先发"地区的先行法治化——以浙江省法治发展实践为例》，《学习与探索》2010年第1期；付子堂、张善根《地方法治建设及其评估机制探析》，《中国社会科学》2014年第11期。

③ 王万华：《统一行政程序立法的破冰之举》，《行政法学研究》2008年第3期。

向。截至 2018 年 8 月的统计，我国地方层面的省市县三级先后已经出台了 17 部地方行政程序规定。如省级的有 5 个：《湖南省行政程序规定》《山东省行政程序规定》《江苏省行政程序规定》《宁夏回族自治区行政程序规定》《浙江省行政程序办法》，省会城市有 3 个：《西安市行政程序规定》《海口市行政程序规定》《兰州市行政程序规定》，地级城市有 8 个：《凉山州行政程序规定》《汕头市行政程序规定》《酒泉市行政程序规定（试行）》《蚌埠市行政程序规定》《海北藏族自治州行政程序规定》《邢台市行政程序规定》《嘉峪关市行政程序规定》《丽江市行政程序规定》，县级有 1 个：《永平县行政程序规定》。再如截至 2019 年 5 月的统计，在国家层面出台《重大行政决策程序条例》之前，① 全国至少已经有重庆、黑龙江、江西、天津、青海、贵州、福建、湖北、广西、甘肃、辽宁、内蒙古、四川、浙江、山西、云南、安徽、上海、广东等 19 个省（自治区和直辖市）出台了"重大行政决策程序规定"，占据我国全部省份的 55.9%，而且有许多省会城市和计划单列城市以及中小城市和县级行政区域都制定出台了重大行政决策程序方面的制度。这些行政程序和重大行政决策程序的地方先行先试的制度设计，将为国家层面制定出台"行政程序法""重大行政决策程序条例"等提供丰富的立法经验和地方样本。

二是在生态环境保护法制建设方面，2014 年贵州省出台了我国首部省级生态文明建设的地方性法规，即《贵州省生态文明建设促进条例》，该条例成为我国地方首个生态文明建设的基本法，在生态文明建设和环境保护等诸多方面体现了规制的创新性和地方的特色性。

三是在城市治理法制建设方面，在全国尚未制定城市治理的国家法规和省级地方性法规的情况下，南京市 2012 年出台了全国首部城市治理条例的地方性法规，即《南京城市治理条例》，并首创城市治理委员会制度，制定了《南京市城市治理委员会章程》。2013 年广州市政府将该市同德围地区老城改造过程中创新的政府与民众协商互动（简称"政民互动"）的城市治理法治化创新模式向全市推广，成立了广州市

---

① 国务院《重大行政决策程序暂行条例》征求意见稿于 2017 年 6 月 9 日由国务院法制办公室对外公开发布，现已征求意见完毕，已于 2019 年 5 月颁行。

公众咨询委员会，出台了《广州市重大民生决策公众意见征询委员会制度》，这一探索性实践由此产生示范效应，让广州迅速在垃圾焚烧、东濠涌整治等领域也成立了各自的公咨委，公咨委制度已经成为广州城市治理法治化的先试模式。

四是在区域合作法制建设方面，就国家范畴内的区域合作而言，目前我国区域合作的中央立法缺失，地方的区域合作治理都采取探索性的立法模式，目前具有典型性分析价值的区域发展地方性法规有3个：2006年由广东省人大常委会通过并颁布实施的《广东省珠江三角洲城镇群协调发展规划实施条例》、2008年由湖南省人大常委会通过并颁布实施的《湖南省长株潭城市群区域规划条例》和2009年由湖北省人大常委会通过并颁布实施的《武汉城市圈资源节约型和环境友好型社会建设综合配套改革试验促进条例》。这只是省级行政区域内地方间合作的法治建设尝试，鲜有跨省级行政区域合作的法制建设探索，即使如此，这对中国的地方法治而言，也已经是一个具有创新地方立法的有益尝试。

3. 在地方法治建设的实践操作层面

各地省市在法治建设的具体操作层面，创造了各种形式多样、内容各异的实施办法，其中以地方法治建设的评估与监测指标体系、法治政府建设的清单制度、区域合作发展的软法规制体系等较为典型。

一是在地方法治建设的评估或监测指标操作方面，如2008年杭州余杭区在全国率先制定了我国第一个县域一级法治指数——杭州市"余杭法治指数"正式对外发布，为全国城市法治建设的绩效考评指标体系探索出了先行先试的样本。后来全国的许多省份或城市也相继制定出台了符合各地需要的法治建设绩效测评指标体系。比较有代表性的有《广东省法治政府建设指标体系》（2013）、《法治江苏建设指标体系（试行）》（2015）、《法治湖南建设评估指标体系》（2016）、《江苏省法治城市（县、市、区）考核标准》（2016）等。随着监测与评估指标的进一步完善和发展，2016年上海首创政府"法治GDP"指标体系，由6个二级指标和20个左右的三级指标构成的"法治政府依法行政状况测评指标"，具有客观性、典型性、可测性和可比性的特点，6个二级指标分别为"制度健全度、公众参与度、信息透明度、行为规范度、高效便民度、行为可问责度",每个二级指标由3—5个客观数据和社会满意度数据的三级指标构成。① 2016年南京市出台了《法治南京建设监测指标（试行）》,由9个一级指标和50个二级指标构成的"法治南京建设监测指标",在全国15个副省级城市中率先构建了动态监测数据与模型,通过全面、客观、实时的监测数据,对法治南京建设的现状进行较长时间的实时监视而掌握其动态的变化,准确测算和评估南京地方法治建设的绩效与问题。

二是在法治政府建设的权力清单制度建设方面,2004年河北省出台了《关于开展推进行政权力公开透明运行试点工作的意见》,在全国首开行政权力清单制度建设之先河。② 再如2009年四川省成都市人民政府办公厅发布《关于推进行政权力网上公开透明运行工作的意见》,率先在全国进行行政权力运行网上公开工作。③ 河北和四川等省市较早实施的权力清单制度是在国家层面没有制度设计和战略部署的情况下先行先试的结果,进行了有效的制度探索,并积累了宝贵的实践经验,为2015年中办和国办制定和出台《关于推行地方各级政府工作部门权力清单制度的指导意见》,以及相应的制度规范提供了试点经验和问题导向。

三是在区域合作发展的软法规制方面,如2006年东北三省签订的《东北三省立法运作框架协议》,开启了区域法治建设的软法规制新路径。④ 这种区域立法合作的实践表明,"地方法治现象可以存在于某个特定行政区域,也可以存在于不同行政区划间,其以地缘、经济、生态、社会文化及社会治理需求为纽带发展形成法治共同体,目的在于通过建立超越行政区划的广域行政和跨域治理,解决既有行政区划导致法治治理存在盲区的弊端"⑤。我国当下的区域软法型治理实践可谓是地

---

① 参见《沪首创政府"法治GDP"指标体系》,《解放日报》2016年1月15日。
② 参见《［热点解读］"权力清单"公布之后……》,《人民日报》2006年1月16日。
③ 参见《法治城市创建的成都方式》,《成都日报》2010年8月22日。
④ 《东北三省政府立法协作框架协议正式签署》,《城市晚报》2006年7月18日。
⑤ 付子堂、张善根:《地方法治建设及其评估机制探析》,《中国社会科学》2014年第11期。

方先行先试型法治实践的一种新的发展样式，上无国家法的规范和参照，下无地方法的规制和保障，完全是基于区域合作的内在需求和发展驱动，根据有关数据统计，2008—2018 年的 10 多年间列入国家战略层面区域发展的规范性文件、发展规划、行政协议等具有软法属性的就有近 50 个，包括国家层面出台的全国范围内各区域发展的意见、纲要、规划、协议等具有软法属性的规范性文件和技术性规则。如以长江三角州地区为例就有《长江经济带发展规划纲要》（2016）、《国务院关于进一步推进长江三角洲地区改革开放和经济社会发展的指导意见》（2008）、《长三角地区贯彻国务院〈指导意见〉共同推进若干重要事项的意见》（2008）、《长江三角洲地区区域规划》（2010）、《长江三角洲城市群发展规划》（2016）、《长江三角洲地区城市合作协议》（2004）等。这些省际区域合作与发展的软法涉及多个省级行政主体之间的协调，如"促进中部地区崛起规划"就涉及山西、安徽、江西、河南、湖北和湖南 6 个省份；"长三角地区区域规划纲要"就涉及长江三角洲区域内的上海、江苏、浙江和安徽三省一市；"京津冀都市圈区域规划"就涉及京津冀都市圈的北京、天津和河北两市一省；"东北地区振兴规划"就涉及东北地区的辽宁、吉林、黑龙江和内蒙古三省一区；"长江经济带发展规划纲要"涉及的省级行政区域更加广泛，有贵州、云南、四川、重庆、湖南、湖北、江西、安徽、浙江、江苏、上海 11 个省市。跨省合作发展或跨区域合作发展将是未来中国区域发展的必然趋势，由于法律法规制度的构建严重滞后，因此这些软法实施的难度可想而知，将面临三个方面挑战：一是省份之间前所未有的经济、社会和文化利益的协调难度不断加大；二是与这些跨省级行政区域的规划纲要、规划，以及省际合作行政协议相配套的法律法规制度严重缺失；三是跨省级行政区域合作立法的合宪性和合法性问题以及法律法规制定主体等也亟待体制和制度上的创新与突破。

三 地方法治建设的自生自发型

正如苏力先生所言，"法制是从社会中生发出来的"，"一个民族的生活创造了它的法制"①，或者用哈耶克的话说，法律肯定不是为了实现某一已知目的而创造出来的，而毋宁是因为它能够使那些依据它而行事的人更为有效地追求他们各自目的而逐渐发展起来的。② 在当前各地的法治实践中，自生自发型地方法治建设的特点除了少数民族地区按照我国法律法规实施有条件的自治外，主要还是体现在全国各地乡镇、农村、社区和社会组织基层治理法治化的实践和探索过程之中，凸显了基层治理的规则之治。全国许多乡镇和农村在实施村民自治过程中创造了很多的经验和简便易行的制度，村民自治是我国法律确立的村级事务管理的基本形式，它的核心就是"让村民最大限度地参与村内事务管理"，我国最基层的法治建设实践是村民社区与居民社区的治理，较具代表性和典型性的有浙江的"乡村规则"，还有江苏、广东和贵州基层治理法治化的经验和制度创新，如江苏的"政社互动"、广东的"政民互动"、贵州少数民族地区的"村规民约"等。这些不同地方基层自生自发式的法治化治理经验非常具有典型性和独特性，丰富了"地方知识"的制度，其试验、探索和创新，为我国基层治理法治化提供了鲜活的样本，其个殊化和典型化特征极具分析的价值和意义。

1. 浙江"乡村规则"基层治理的法治实践

"乡村规则"是指浙江基层和农村治理过程中为了保障居民和农民的权益和民主参与，而进行的一系列具有基层法治建设探索性的社区章程和村规民约等软法的总称，如"枫桥经验""夏履程序""乡村典章""八郑规程""民主恳谈""新河模式"与"泽国模式"中都制定有实体和程序规定的自治规则。通过对浙江省基层自治的调研发现，在这些乡村自治的过程中凸显出的是"软法"规则之治，各种乡规民约、社区公约、社会组织章程等都成为地方基层维护社会秩序和稳定的有效手段，这种软法规则有很好的治理效果，在治理的过程中突出体现了实体规则和程序规则的运用，这些乡规民约虽然在原则、条款以及内容上远不如法律法规那么的周延和富于逻辑，但是它的实体和程序规定却非常

---

① 苏力：《法治及其本土资源》，中国政法大学出版社2004年版，第302、304页。
② 参见［英］弗里德利希·冯·哈耶克《法律、立法与自由》（第一卷），邓正来等译，中国大百科全书出版社2000年版，第177页。

适用，契合了乡村治理的需要和诉求，特别是程序规则有着鲜明的地方特色。

"枫桥经验"发源于浙江省诸暨市枫桥镇，从20世纪50年代首创"依靠群众化解矛盾"，"小事不出村，大事不出乡，矛盾不上交"的方法到当代乡村治理创新新模式，一直成为全国基层自治的标杆和样本。其乡村治理法治化的经验可概括为：一是基层治理制度优先，制定并推广实施十多个村规民约，乡村治理走向制度化和规范化，而且还形成了《基层矛盾纠纷大调解体系建设规范》《乡镇行政服务中心管理与服务规范》《信访事项办理工作规范》《基层网格化管理规范》《防汛抗台应急预案》等6个基层治理标准化规范模本，并引入ISO质量管理体系标准，对基层治理工作进行标准化、系统化和规范化塑造，目的是能够不断提升基层治理水平。二是基层治理机制创新，新时代"枫桥经验"的基层治理创新体现在四个方面，坚持以人民为中心，坚持以党建为引领，推进自治、法治、德治相融合，提升基层治理的社会化、法治化、智能化、专业化水平。① 三是基层治理以人为本，做群众工作始终以耐心的说服、和风细雨的工作方式进行，对群众意愿充分尊重、切实维护群众利益，坚持摒弃那些简单粗暴、与民争利、强制命令的不良作风和做法，规则面前人人平等。

"夏履程序"是指浙江省绍兴市夏履镇从2004年开始，把日常运作中最重要的、群众最关心的重大政策及项目建设、集体资产经营、村干部报酬、村干部公务消费补贴、工程招投标、财务审批六方面有关制度，用图示形式设计成六大办事程序，故称为"夏履程序"。夏履镇村民自治的法治化经验主要体现在三个方面：一是公共权力约束机制，如对村干部制定了"五项制度"，即村干部分工合作制度、村干部工作纪律制度、村干部外出请假制度、村干部重大事项报告制度、村级会议与村务议事决策制度。二是村务信息公开机制，如形成了"五议两公开"的议事、听证、表决和公开机制，即"党员群众建议、党组织提议、村

---

① 参见《新时代"枫桥经验"的深刻意蕴》，《浙江日报》2018年6月11日；蒋国长、徐向群、施峥《新的历史起点上"枫桥经验"的时代内涵》，《公安学刊》（浙江警察学院学报）2009年第1期。

务联席会议（两委会）商议、党员大会审议、村民（代表）会议决议和表决结果公开、实施情况公开"①。三是决策民主监督机制，实施的"六个程序"尽管各有侧重，管理环节也有差异，但其共性的运行路径是"征求村民意见建议→村两委会提出初步方案→民主听证、听取意见→党员讨论完善方案→村民代表表决确定→信息反馈、村务公开"，村级一切事务都按照这一程序办理，从而收紧"村官"手中权力，真正还权于民。

"乡村典章"是指浙江省新昌县儒岙镇石磁村实施村民自治的一整套规章制度。"乡村典章"制定的宗旨就是要让村民最大限度地参与村内事务管理，村务事项让村民进行公决和监督，从而扩大基层群众的政治参与度，该"乡村典章"已经成为村民自治法治化的一个典型样本，被誉为"村民自治特别法"②。典章依据《中华人民共和国村民委员会组织法》制定，成为村干部与村民的"刚性规范"，同时也对村干部和村民形成双向制约的合力，即相互管理、相互监督；另外，典章对村级组织及职责、村务议事及决策、村级财务管理、村务公开制度等六大项内容分别作了详细的规定，典章职责明确，最大限度地保障了村民的知情权、参与权、决策权和监督权，实现了"村务大事民决"的民主决策机制，这项全面提升村级管理民主化程度的制度，不仅让百姓更好地进行民主选举、民主决策、民主管理和民主监督，同时也逐渐消解了农村基层的各种矛盾，有了乡村典章，等于村里有了自己管理自己的规则制度，在消解矛盾、维护乡村稳定上起到了保障作用。③ 如"典章"规定：村党支部是村级各种组织和各项工作的领导核心，村委会是在村党支部领导下的由村民选举产生的群众性自治组织，财务管理实行村账镇审制度，并实行财务预决算，将村财务开支分为正常开支和非正常开支，村级收支计划情况及大额财务开支等内容，由村党支部、村委会联章联签，村务公开实行定期公开形式，一般每季度公布一次，无论是

---

① 参见《浙江绍兴县"夏履程序"探索民主治村新模式》，《浙江日报》2013年3月24日。
② 参见《"乡村典章"实践中国基层民主》，《法制日报》2008年1月6日。
③ 参见《"乡村典章"实践中国基层民主》，《法制日报》2008年1月6日。

"典章"规定,还是"村务大事民决"的程序,都简便易行、可操作性极强。①

"八郑规程"是指浙江省嵊州市三界镇八郑村开展基层民主管理规范化建设试点,创造性地建立了"八项制度"及其"八大流程"的制度化、程序化的村民自治运作模式和民主监督保障机制。八项制度及其八大流程几乎囊括了乡村治理中所有的环节,从选举到村务决策、财务管理、项目招投标,再到村务公开、村务监督、谈听评、村干部责任追究等,如在村民自治过程中制定了"八项制度",即民主选举制度、村务决策制度、财务管理制度、项目招投标制度、村务公开制度、民主管理监督制度、村干部谈听评制度和村干部责任追究制度。② 通过把八项制度转化为八大流程,实现村干部靠流程来执行,老百姓靠流程来监督,乡镇政府靠流程来检查考核,从而使村级民主管理各项工作步入程序化、规范化轨道,"八郑规程"的乡村治理模式,开创了基层治理法治化和程序化的实践。

浙江在村民自治过程中自发产生的严密而又实用的乡村自治制度,从某种程度上弥补了法律制度与政策规定在具体实施过程中无法落地的局限性和不足,填补了最基层民众自身参与、自我管理和自我监督的制度空缺,由村民自己参与设计的制度规章最贴近和契合乡村的现实生活,这是基于他们对乡村治理现状和生活关系的深刻领会与了解而形成的可行性制度样式,同时也是基于对村民自身利益的深刻关切和认知而产生的制度形式,这种具有很强实用性和操作性的制度在实施过程中能够针对乡村自治中公共事务的核心利益所在进行规制,也从源头上减少了产生和激化利益冲突和纠纷的可能。

2. 江苏"政社互动"基层治理的法治实践

2009 年苏州太仓市委市政府在全国首创了社会管理法治化的实践,率先出台了《关于政府行政管理与基层群众组织自治互动衔接机制的意见》,目的是理顺政府行政部门与群众自治组织之间的关系,

---

① 参见《"乡村典章"实践中国基层民主》,《法制日报》2008 年 1 月 6 日。
② 参见袁海平等《从传统治理到农民参与式治理——绍兴乡村治理模式的创新与启示》,《中国管理信息化》2011 年第 8 期。

在太仓，最重要的一条措施就是废止政府部门与基层长期而又习惯签订的行政责任书，在机制上割断了两者的行政从属关系，有效防止政府部门对基层群众自治组织的干预，在制度上保障了自治组织的法定权益。

苏州太仓"政社互动"是政府行政管理与基层群众自治有效衔接和良性互动的简称，即"政府及其部门"和"村居基层群众自治组织、社会组织"这两类社会管理主体之间，通过"衔接互动"，规范行政权力、提升自治能力、激发社会活力，加快构建"党委领导、政府负责、社会协同、公众参与、法治保障"的地方治理新格局。通过基层政府与社区自治组织契约化的行政合同和协议方式，使之成为深化行政改革与发展基层群众自治、加强社会协同管理有机结合的一次重要的创新实践。规定了基层政府权力与责任、社区自治组织权利与义务的"两份清单"，将基层政府与社区自治组织努力实践"政社"的权责规范化。认真梳理基层政府社会管理权责，明确凡属于政府职责范围的行政任务，不得随意下达到社区自治组织；凡属于公益性、辅助性的基层事务，均通过授权、委托或外包等方式交由社区自治组织和社会组织承担。"两份清单"，划清了政府"行政权力"和自治组织"自治权利"的责任边界，趟出了一条"政社分开"的新路子。

苏州的政社互动案例为地方的基层治理法治化提供了一个创新的范本，那就是建立了一种基层政府与社区自治组织的权利主体平等关系新模式，颠覆了我国基层政府与社区自治组织领导与被领导、上级与下级的传统管理格局，实现了地方治理从官本向民本的转型。该办法在苏州市城乡进行了推广，并在总结经验的基础上在江苏全省进行了广泛的实施。

3. 广东"政民互动"基层治理的法治实践

位于广州市区西北角有一个叫同德围的地区，面积 3.59 平方公里，集聚人口达 30 万人，几年前这里是一个脏乱差的城中村，居民大都为社会弱势群体，以迁拆户、安置户、低保户、外来工居多，同德围成了一个备受关注的"话题小区"[①]。而且该地区单位和居民

---

① 参见《国内城市可探索"同德围模式"》，《广州日报》2012年3月20日。

情况及地质情况极其复杂，进出交通极为不便，有同德围地区"华山一条道"之称，所以该地区百姓改善交通和民生的诉求非常强烈，当地居民几十次与政府进行协商反映诉求。经过几年的努力，该地区面貌焕然一新，2013 年起逐步完成了同德围地区综合整治，南北向高架贯通，同德医院、同德中学、地铁八号线也贯通该地区。同德围南北高架桥的建设设想也来自民间的诉求，从提出到付诸实施，自始至终经群众讨论、完善并投票表决通过，这种公众参与源于同德围地区民选的 37 位草根居民组成的公众咨询委员会（简称"公咨委"）。其对该地区的交通与民生工程方案调整了 30 多次，居民协调会开了 100 多次，因开创"同德围模式"而备受全国关注。

这是一个城市居民长期维权、表达诉求，并与政府进行协商对话和利益博弈的典型案例，凸显出广州市公民权利的觉醒和发展，也表现在地方治理法治化过程中，政府与公众的民主协商与互动，我们称为"政民互动"，这种城市治理的创新探索首创了从利益诉求→民主协商→政民互动→公众参与→目标达成→经验总结→制度推广这样一种地方治理的新路径。广州市政府将这一经验向全市推广，成立了广州市公众咨询委员会，出台了《广州市重大民生决策公众意见征询委员会制度》。而由此带来的示范效应，让广州迅速在垃圾焚烧、东濠涌整治等领域也成立了各自的公咨委，公咨委制度已经成为广州城市治理法治化的创新经验。

4. 贵州"村规民约"基层治理的法治实践

贵州是少数民族聚集区，尤其是黔东南地区是苗族村寨集中的区域，这些少数民族地区的村规民约有着悠久的历史，并随着社会的发展而不断完善。村规民约产生于乡村社会之中，在村民日常生活逻辑中形成、生长，具有自发性和内生性，是不同于国家法律的社会规范，在社会治理、保障人权中有其独特的作用和空间。[①] 黔东南苗族村寨村规民约的内容涵盖村寨社会治安、生产生活、婚姻家庭、矛盾纠纷、环境卫

[①] 参见高其才《通过村规民约保障人权——以贵州省锦屏县为对象》，《南京社会科学》2017 年第 7 期。

生、公共事业等诸多方面。① 贵州少数民族地区的村规民约被少数民族村民视为他们那个村寨的法律，甚至到了"可以没有国家法律，但不能缺了村规民约"的地步，在村寨治理中发挥了极其重要的作用。一是以村规民约保障社会治安。在农村社会关系的诸多问题中，社会治安是村规民约中最受关注的重要问题，在黔东南苗族村寨社会治安普遍较好，有些村寨几十年不发生一起盗窃案件，因此对偶尔发生的偷盗事件，人们的容忍度较低，这也是村规民约中重点的规制内容。二是以村规民约规范生产生活。少数民族村寨的生产生活以禽畜管理、林木保护、消防安全、田土管理、鱼类保护等为主要内容。三是以村规民约维护婚姻家庭。只要不违反传统的同宗结婚等限制，少数民族地区的男女青年便可自由结合，如"偷婚"则是在家长反对情况下的不得已而为。四是以村规民约调处矛盾纠纷。少数民族聚集地区往往人口集中度高，房屋毗邻擦肩，家家户户都是邻居，人际关系往往会因为琐碎小事引发争执，苗族村寨相较于汉族村寨而言较为封闭，因此，村民之间彼此的依赖感相对较强，因此村规民约就成了人们规范言行举止、调处矛盾纠纷的一个重要规范。五是以村规民约治理环境卫生。少数民族地区因为发展缓慢、不发达，没有垃圾处理系统和专门的厕所，难以养成良好的卫生习惯，但随着旅游事业的发展有所改变，许多偏远山区的少数民族聚集地的卫生状况也得到了不同程度的改善，随着社会的发展和条件的改善，村规民约在治脏治乱方面也发挥了重要作用。六是以村规民约管理公共事业。少数民族地区的乡镇作为最基层的政权组织面对散落在广袤山区的村寨和聚落，无论是管理服务的人力、技术、手段和方法都无法满足需要，少数民族地区的村民自治也就应运而生，特别是对公共事业的管理就成了村规民约的重要对象和内容。

少数民族地区"村规民约"的作用细化到了村民日常生活的全部，可以说国家层面和地方层面的法律法规和政策制度管到的地方，村规民约也管到了；法律法规和政策制度管不到的地方，村规民约也管到了。村规民约毕竟是一种软法规范，如果作为法律法规和政策制度的辅助或

---

① 参见孙鞢《黔东南苗族村寨村规民约研究》，西南交通大学出版社 2014 年版，第 95—112 页。

拾遗补阙当然是一种最好的基层治理状态。但问题是村规民约在实行的过程中有可能与法律法规和政策制度的规定相冲突，这种现象在少数民族地区和汉族居民地区并不少见，如何认定村规民约与法律法规抵触和不适当，并给予合法性和正当性的处理，这是一个需要深入进行思考和研究的问题。

第二节　地方法治建设问题的检视

我国地方法治建设的实践模式具有一定的区域性和个殊性特征，如果把握失当，则有可能产生法治风险，比如体制回应型地方法治模式有可能产生忽视公众参与与评价、拒斥社会自治的发展、形式主义与教条主义、削弱地方个性与特色、抑制主动性与创造性的法治风险。而先行先试型地方法治模式又有可能产生偏离国家法治建设的主轴、突破国家法律的统一性而与上位法冲突、强化地方本位主义或地方中心主义的法治风险。而自生自发型地方法治模式也有可能产生突破国家和地方法律法规的约束、强化规则的自由主义或实用主义的法治风险。这些个殊化的潜在风险或问题不能不引起关注和警惕，但从全国地方法治建设的总体性和普遍性来看，地方法治建设还存在着一些带有倾向性和典型性的问题，主要表现在以下七个方面。

1. 地方法治建设纵横向关系法治化的问题

就目前来看，央地关系的法治化还缺乏明确统一的法律规范，现有的宪法和宪法性法律虽然对中央与地方的人大、政府、法院和检察院的立法、行政、司法等职能进行了规定，但并没有很好地解决法治建设过程中国家整体主义与地方中心主义的权力、资源配置关系，往往产生一统就死、一放就乱的现象，权力和资源都会出现错配现象，央地各自的权力与责任、权利与义务关系并不明确，地方有限分权虽有规范性文件但缺乏法律的规定。另外，随着横向的地方区域经济一体化的加速，相互之间跨越行政边界的深度合作已经成为一种必然的发展趋势，但问题是区域法治建设滞后于区域经济合作，法治理念和法律制度建设都落后于经济文化发展的现实已经成为严重制约区域快速发展与融合推进的一大瓶颈。这几年在国家层面连续而又密集地出台了全国区域发展的几大板块规划，如《长江经济带发展规划纲要》《长江三角洲地区区域规划》《长江三角洲城市群发展规划》等都是属于我国特别重大的区域发展的顶层政策制度设计，既需要区域内各地方跨界合作的政策制度规范，更需要国家层面出台高位调整的法律法规，但现实是国家并没有出台调整区域发展的法律法规，地方也没有或者说无法制定区域合作的地方性法规，目前现有国家层面的宪法、法律和行政法规对跨行政区域经济合作发展的制度供给阙如，可以说，我国跨行政区域的经济合作是在一种无法可依的现状中发展，这种区域发展的法制空窗期现象极易导致区域发展的顶层设计和政策制度无法真正落地生效，而且带来了区际合作无法预测的法律、政策和政治风险。

2. 地方法治建设的地域不平衡问题

由于经济、社会和文化发展的差异导致了地方法治建设的不平衡现象，在区域分布上出现了发达地区与欠发达地区法治建设的不平衡，在城乡结构上出现了城市与农村法治建设的不平衡，这两大差距表面上源于经济的发展，深层上却源于人的观念的发展。上海、江苏、浙江和广东等省份在地方法治建设方面有许多的做法要领先于其他地区，其先行先试和自生自发的创新试验的探索精神和经验，往往成为各地学习和模仿的样板。即使是一些危机事件，也能通过制度化手段化解进而转化成危机治理的经验，如广东的"乌坎事件"与"同德围事件"、浙江的"枫桥经验"与"乡村规则"、江苏的"政社互动"等，刚开始都是因为先出现了社会风险和矛盾冲突的苗头，最终都能够形成法治思维→法治方法→转化矛盾→解决问题→创制规则→提供经验的良法善治效果。而我国有些欠发达地区的基层治理往往缺乏这种思维路径和行事方式，在处理民众利益矛盾和冲突事件中往往以维稳和权力万能的思维模式处理问题，导致矛盾激化走向不可调和的冲突，增加了地方治理的风险和危机。

3. 地方法治建设的强政府弱社会问题

地方法治建设在强力推进过程中，特别是在一些欠发达地区或乡镇农村的法治化建设中往往会进一步强化强政府弱社会这一固有的传统社会治理的特征，突出体现在"四强四弱"，即政府机构强、社会组织弱；行政权力强、社会权利弱；政府运行强、社会参与弱；政府管制强、社会监督弱。这种强弱反差现象恰恰违背了法治建设的初衷，忽视了人民群众作为法治建设主体的作用，弱化了社会自治作为法治建设减压阀的功能，增加了约束和监督行政权力的难度。

4. 地方法治建设的形式化与碎片化问题

地方法治建设在有些地方被当成一个体制内封闭操作、形式运作、典型样板、肯定评价、表彰总结等具有一整套系统化的仪式和过场，至于具体要达到怎样的目的和效果却不是主要考虑的问题，比如有不少地方的基层法治建设，今天搞一个法治文化广场、明天搞一个法治活动中心、后天树一个象征法的独角兽等物化的雕塑，只要能有个形式或最好能够上报纸上电视就是最大的成绩和功劳。另外，在社会发展的转型时期，整个社会出现的碎片化的现象，也影响了地方法治的建设，产生各自为政、业务分割、缺乏相互协调、沟通合作，消解了结构的完整性和系统性。在地方法治建设过程中，治理理念、治理结构、治理价值、治理体系和治理措施等方面也呈现出碎片化现象，表现在推进地方法治化过程中理念频出、概念不断、常识缺乏、法规打架、政出多门、借法执法、多头执法等。在数量特征上表现为大量的毫无作用和价值的文件碎片、口号碎片、形式碎片和过程碎片。在地域特征上表现为大量的雷同复制和重复浪费。在功能特征上表现为交叉重叠、部门主义、保护主义、集体行动困境、"孤岛"现象和"便车"现象等。

5. 地方法治建设的部门利益制度化问题

地方或部门利益制度化在地方的立法、行政、执法和司法等部门中有程度不同的存在，有些地方利用法治建设的便利塞进了地方或部门利益的私货，我们从表面上看到的是一条条形式化和规范化的规定或程序，在为地方利益或部门利益披上一件合法外衣的同时，一些条款规定或形式程序的背后却潜藏着地方或部门获取利益的机制，用法规的固化实现地方或部门利益的常态化、稳定化和最大化，不惜损害公民利益、公众利益和公共利益。比如，在地方政府行政审批和行政许可领域，也是由于地方或部门利益作祟，成为阻碍简政放权及其行政体制改革的一道道藩篱。

6. 地方法治建设的民意缺失问题

有些地方害怕或不敢让公众参与到地方法治建设的过程中来，排除了体制外公众的参与，缺失了民意的评价与表达，虽然有些地方在出台的法规或规范性文件中规定重大行政决策必须经过公众听证、专家论证、风险评估、征求意见等公众参与的程序性规定，但实际操作过程中却又不同程度地打了折扣、走了过场，公众参与的效果和质量并不高；有些地方在关乎民生的重大的行政决策、地方立法或行政执法中屡屡产生民意缺席的现象，公众参与要么作为一种形式秀，要么干脆连形式都没有，关起门来拒民意于千里之外。

7. 地方法治建设的政治生态问题

地方法治建设的生态环境亟待改善，虽然全国各地都有程度不同的存在，但是欠发达地区尤其严重，在制度生态、政治生态、经济生态、社会生态和文化生态等方面存在着许多不利于法治建设的阻碍因素，出现了明规则不用而潜规则盛行的非法治社会的现象，正如习近平总书记所讲的"有的办事不靠组织而靠熟人、靠关系，形形色色的关系网越织越密，方方面面的潜规则越用越灵"①。形成了办事不讲规则讲关系、做事不讲规矩讲权势、干事不讲效果讲形式、处事不讲原则讲情面、出事不讲责任讲靠山的恶劣政治生态，凭关系、用权力、靠金钱成为赢家通吃的制胜法宝。这种危险而恶劣的社会政治生态严重阻碍了法治建设的进程和发展，甚至严重扭曲了法治建设的理念、原则、目标、任务和措施，导致地方法治建设过程中出现了严重的形式主义、官僚主义、维稳主义、利己主义和拜金主义，忽视了法治建设的目的与实效，排斥了法治建设过程中的问题解决率、权益保障率和群众满意率等真实指标。

第三节 地方法治建设公众满意度评价

我国的地方法治建设成效如何，评价的主体很多，最有效的评价当

---

① 习近平：《严明党的组织纪律，增强组织纪律性》（2014年1月14日），《十八大以来重要文献选编》，中央文献出版社2014年版，第765页。

属公众的满意度评价,因为只有公众的满意度才是检验法治建设绩效如何的标尺,地方法治建设与公众满意度评价就像鱼和水的关系一样,离开了人民群众的评价,地方法治建设就是一个没有生命力的摆设,只有人民满意的法治建设才能获得支持和参与,也才能让人民真正共享到法治建设的成果。现就地方法治建设公众满意度的民意情况进行调查研究,力求从公众满意度视角来考察和审视地方法治建设的情况,从中获得公众对地方法治建设的主要认识和评价,目的在于能够为地方法治建设提供一个对象层面的参照。

一 地方法治建设满意度民意调查概述

笔者曾对全国10个有代表性的城市进行了总计万份以上的地方法治建设公众满意度问卷抽样调查,受调查的城市有北京、上海、重庆、南京、武汉、广州、太原、苏州、常州、徐州,发放问卷总计12500份,收回有效问卷10507份。一是在年龄结构上,25周岁以下、26—59周岁、60周岁以上的比例分别为12%、85%、3%。二是在文化结构上,初中以下、高中、大专和中专、大学本科以上的比例分别为0.5%、1%、3.5%、95%。三是在职业结构上,公职人员、企业人员、高校科研院所人员、退休人员、农民或进城务工人员、其他职业人员、学生(大学生和研究生)所占比例依次为18%、16%、31%、4%、11%、4%、16%。四是在专业结构上,法学专业(政法社类专业)、非法学专业和无专业的所占比例分别为57%、40%和3%。五是在户籍结构上,本地户籍或外地户籍所占比例分别为79%和21%。

通过以上对全国性调查问卷受访者个人自然状况的结构性数据统计,受访对象呈现三个方面的特点:一是年轻化,受访对象大都为年轻人,以年轻教师、年轻科研人员、年轻白领和青年学生为主体。二是专业化,受访对象绝大多数为大学本科以上文化程度,其中不乏硕、博士研究生学历人员,甚至近一半的受访对象是具有法学、社会学或政治学等专业技能的社会中产阶层人员。三是本地化,近五分之四受访对象为本地户籍人员,对本地区情况的了解程度和关注程度都较高。

本次问卷调查在两个层面进行设计,一是满意度评价指标体系设计,设计了诸如科学民主立法、法治政府建设、公正廉洁司法、法治宣传教育、城市治理法治、法治社会建设、企业法治建设、法治队伍建设、法治建设领导9个指标来获取公众对地方法治建设的满意度评价。二是问题反馈指标体系设计,设计了共计54个普遍性和客观性的问题由受访者进行选择性反馈,并征求受访者对其他主观性问题的反馈。

二 地方法治建设满意度民意调查结果分项分析

1. 对地方科学民主立法的满意度评价及其反映的问题

针对地方科学民主立法的状况,10507位受访者中,8.13%的受访者表示满意,40.17%的受访者表示比较满意,43.17%的受访者表示有点不满意,8.53%的受访者表示不满意(见图2-1)。从总体上看,满意率为48.3%,不满意率为51.7%。

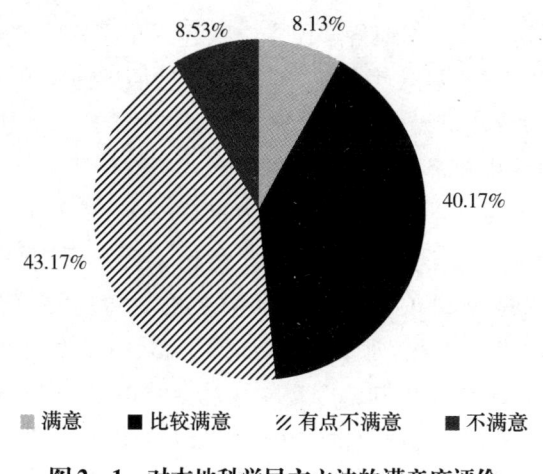

图2-1 对本地科学民主立法的满意度评价

对地方科学民主立法方面存在的问题,10507位受访者中,29.71%的受访者认为"地方立法有重形式轻实施的倾向",25.18%的受访者认为"地方立法有地方保护主义色彩",10.59%的受访者认为"地方立法与国家法有冲突",10.06%的受访者认为"地方立法太少",15.06%的受访者认为"地方立法不管用、没有约束力"。排在前三位的问题是:地方立法有重形式轻实施的倾向、地方立法有地方保护主义色彩、地方立法不管用且没有约束力(见图2-2)。

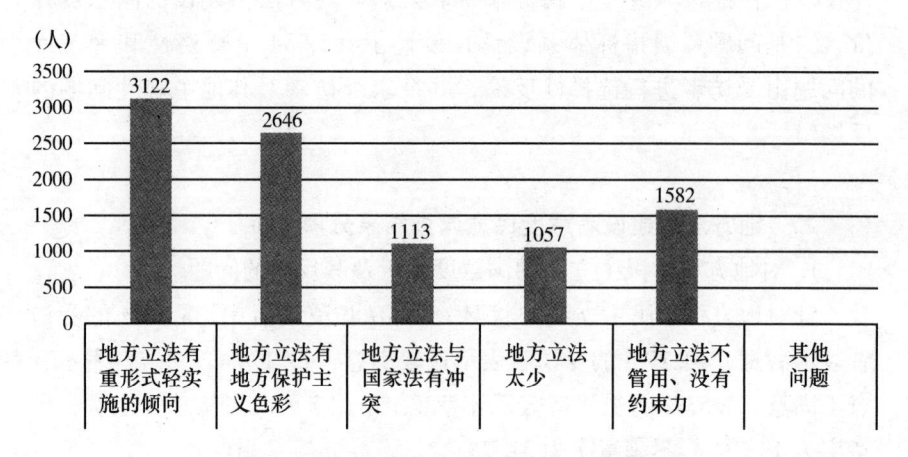

图2-2 对本地科学民主立法方面所反映的问题

类别	人数
地方立法有重形式轻实施的倾向	3122
地方立法有地方保护主义色彩	2646
地方立法与国家法有冲突	1113
地方立法太少	1057
地方立法不管用、没有约束力	1582
其他问题	

此外，受访者针对本地科学民主立法还提出了90余条其他方面的问题，主要有"立法随意性太强""立法意见征求面较窄""民主参与度不够""地方立法可操作性差"等。综合来看，地方立法存在的问题可以概括为如下几方面：

一是宣传不够，公开有限，民主协商不充分。党的十八届《四中全会决定》明确提出立法要把"公平、公正、公开原则贯彻立法全过程"，要"健全立法机关和社会公众沟通机制，开展立法协商"，要"拓宽公民有序参与立法途径，健全法律法规规章草案公开征求意见和公众意见采纳情况反馈机制，广泛凝聚社会共识"[①]。为确保民主立法的实现，《立法法》修订时也确立了立法公开的原则，设计了多元立法公开路径，对地方立法的公布，规定要及时在立法机关、新闻媒体及公开网站等平台上予以公布。依此理念，立法各环节，均应借助有强大交互协商功能的互联网展开。而根据受访者的意见，我们可以看到地方立法存在一种不良的循环，即立法进程不公开不透明，导致人民群众不能及时获取相关立法信息，因而无法开展立法协商，更无法形成立法共

---

① 参见《中共中央关于全面推进依法治国若干重大问题的决定》，《求是》2014年第21期或《党建》2014年第11期。

识，"立法者"因无法征求到广泛的民意，以取公众意见之长处，只能包办立法。如此，缺乏立法商讨基础的法案出台后，普法力度又不够，法案的实施则陷入困境。事实上立法的民主参与是一种需要不断训练提升的能力，只有地方立法本着民主立法的原则，多元宣传、铺设平台，让民众广泛介入、协商沟通、寻求共识，立法机关对民众意见进行反复筛选、汇总、反馈、再征求等，才能最终制定出符合本地特点，拥有群众基础，易于实施的法案。

二是缺乏立法规划，忽视法制体系，法的互洽性欠佳。地方立法是地方立法权主体依法定权限、法定程序，立改废释地方性法规、自治条例和单行条例、地方性规章的活动。立法是一个系统的工作，立法活动过程包括立法准备、从法案到法、立法完善，此外还有贯穿于整个立法过程中的立法监督。① 在现实中，地方长官意志往往取代理性立法规划，有些地方主要领导一见到或一想到什么问题，会立刻跟有关部门指示要立什么法，违反了地方立法固有的规律性和规划性。每一项立法活动都应有规划、合规范，每一部法案都应有论证、合体系，地方立法要处理好上下位法之间，新旧法之间的互洽问题。受访者反映的"立法随意性太强""地方立法过多，有冲突""地方立法在某种程度上是为立法而立法，工具主义倾向明显"等均可反映出当前地方立法中缺乏立法规划与准备，立法内容对立法体系的关注不足，导致地方所立之法与整个法律体系的契合度欠佳，影响了地方立法的质量与效力。

三是盲目立法，专业论证不到位，法的实操性不足。盲目立法意指地方立法未很好地顾及立法的针对性和地方性。一方面，立法前未能切实做好调查研究工作，并对地方立法的必要性进行充分论证。这一点在《立法法》修订前表现为抄袭立法，既包括下位法"抄袭"上位法，也包括甲地法"抄袭"乙地法；② 在《立法法》修订后则表现为为立法而立法，刻意落实新被赋予的地方立法权。另一方面，立法内容的科学论证不到位，不注重与当地经济社会发展相适应，导致地方立法不能解决

---

① 参见赵颖坤《当代中国立法的社会背景分析》，周旺生主编《立法研究》（第4卷），法律出版社2003年版，第37—38页。

② 参见孙波《试论地方立法"抄袭"》，《法商研究》2007年第5期。

地方实际问题,针对性和可操作性差。所以有受访者反映"地方立法上不通,下不达","不管用,无约束力"。

2. 对本地法治政府建设的满意度评价及其反映的问题

针对地方法治政府建设的状况,10507位受访者中,8.46%的受访者表示满意,42.84%的受访者表示比较满意,43.17%的受访者表示有点不满意,5.53%的受访者表示不满意(见图2-3)。从总体上看,满意率为51.3%,不满意率为48.7%。

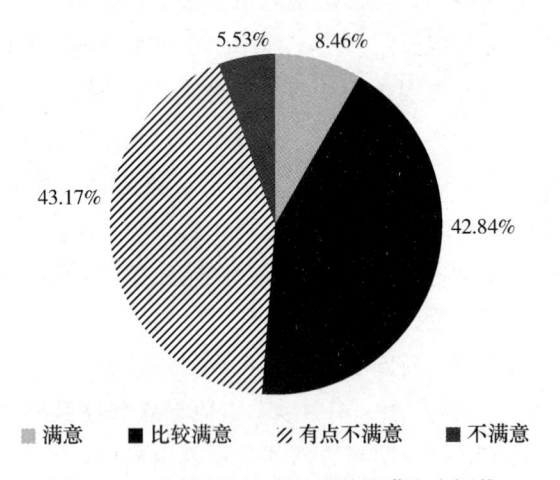

图2-3 对本地法治政府建设的满意度评价

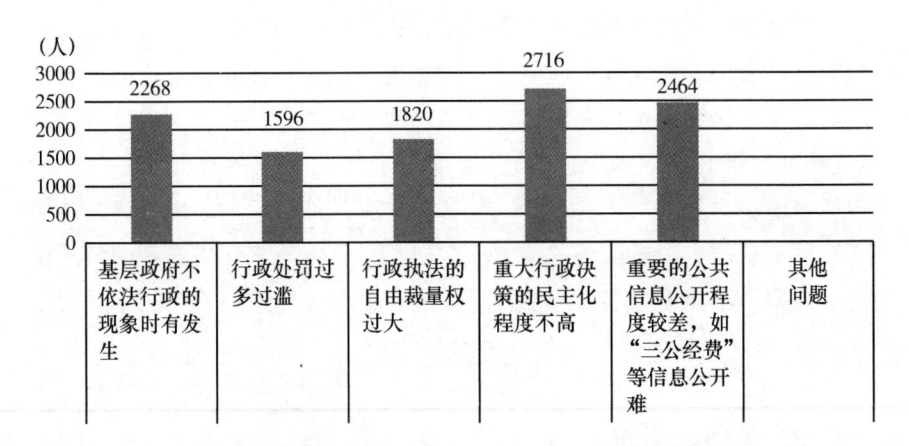

图2-4 对本地法治政府建设方面所反映的问题

对地方法治政府建设方面存在的问题，10507位受访者中，21.59%的受访者认为"基层政府不依法行政的现象时有发生"，15.19%的受访者认为"行政处罚过多过滥"，17.32%的受访者认为"行政执法的自由裁量权过大"，25.85%的受访者认为"重大行政决策的民主化程度不高"，23.45%的受访者认为"重要的公共信息公开程度较差，如'三公经费'等信息公开难"。排在前三位的问题是：重大行政决策的民主化程度不高、重要的公共信息公开程度较差、基层政府不依法行政的现象时有发生(见图2-4)。

此外，受访者针对本地法治政府建设还提出了近50条其他方面的问题，如"地方财政预算不清，公开不够""应加强对行政事实行为的规制""基层执法人员法律素养不够""法治政府建设没有坚持信赖保护原则"等。综合来看，地方法治政府建设的问题可以概括如下：

一是政府信息公开是法治政府建设的难点。法治政府建设的核心是行政权的依法行使，而行政权作为一国权力体系中最为活跃的强制力，体系庞大，渗透力强，最难规范。要对其进行有力的监督，信息公开是基本保障。《政府信息公开条例》施行10年来，政府信息"以公开为常态、不公开为例外"的原则已经广为宣传，各地出台了各类推进信息公开的政策，积极利用各类新媒体平台推送相关政府信息。但很多地方政府的公开理念并未有根本的改变，政府信息公开的具体实践也并不理想，人民群众对政务公开并不满意，司法实践中存在大量的涉政府信息公开的行政诉讼，其中很大一部分是因为政府信息不公开而引发的。在本次调查中受访者除认为重要的公共信息公开程度较差外，对地方财政预决算、公共资源配置、社会公益事业建设等重大建设项目实施领域的信息公开程度亦不满意。从政府角度来看，信息公开之所以成为难点，首先是政府履职过程中确实存在不规范之处而不敢公开；其次是受传统的官僚主义思想影响，遵循长期的行政惯例而不愿公开；最后是合规合法的行为，因惧于舆论监督，无公开之自信，坚持能不公开就不公开的原则。可见政府信息公开最重要的不在于公开形式、数量等，而在于公开的内容是否是关键的，有实质价值的，公众需要的。

二是基层政府法治建设是地方法治政府建设的关键。基层是一个社会的基础，是各种权益矛盾的积聚地，地方法治建设基础在基层，工作重点在基层，基层政府依法行政的水平提高了，地方法治政府建设的整体水平就会提高。社会转型时期，青壮劳动力向城市流动，农村老龄化、空巢化严重，城乡一体化进程中，又出现村级组织与社区治理二元体制带来的社区民主治理、集体资产经营、党员双重管理、协议拆迁等诸多问题。同时基层治理需要配给最优秀的社会治理和法治建设人才，但"人往高处走"的传统就业观，以及薪酬、平台、发展空间等的局限导致人才向基层下沉力度不足。加之基层整体上行政管理体制改革困难多，基层政府公共服务和社会管理"小马拉大车""权责不匹配"等问题缺乏解决办法。这些都使基层政府法治建设困难重重，所以较多的受访者认为"基层政府不依法行政的现象时有发生"，还有的反映"基层执法人员法律素养不够""基层政府法治建设口号与实际行动不一致""上下层级政府的法治意识差距大，基层政府法治意识淡薄"等。

　　三是行政人员素质是法治政府建设的重要保障。调查中受访者较多地论及了行政人员的素质问题，认为行政人员整体上法治意识不强，运用法治思维和法治方式履行职务的能力不足。受访者反映"行政执法人员法律素养不高，执法不合理""选择性执法，不文明执法现象时有发生""执法不公，把法律变为当权者维护其'合法'既得利益的工具""基层公职人员多为难老百姓，受贿现象普遍"等。这恰好解释了为什么为数不少的受访者认为本地政府"行政处罚过多过滥""行政执法的自由裁量权过大""重大行政决策的民主化程度不高"等。

　　四是行政法制的建立健全是地方法治政府建设的基础。受访者对地方政府法治建设还反映了如下一些意见，如"应加强对行政事实行为的规制""权力清单不明确""行政权立法过程中的非法治化现象较严重"等，这些意见本质上都是关涉地方政府制度化建设的。地方政府是一线治理，需要直面纷繁复杂的多元社会关系，调整这些社会关系，法治是最基本的手段之一。运用法治方式需有良法可依，但我国地方立法权范围有限，良法之备多只能依赖上级立法机关；同时地方治理新情况、新问题层出不穷，立法的节奏永远无法跟上基层治理对制度的需求，特定事项如果出现立法空缺，相关治理工作就会无法可依。所以"缺乏独立的地方立法权或地方立法权不能得到最大限度的尊重"，阻碍了地方治理的自主性发挥，使得良性治理困难重重。① 为建立健全行政法制体系，有受访者认为"政府权责边界不清，越位缺位现象同时并存，政策法规跟不上发展步伐，基层政府为了推动工作经常寻求变通"，建议依法全面规范政府履行职能就要"完善依法行政的制度，做到用制度管权、管事、管人"，认为地方行政执法中的行政裁量权过大，遏制或者规范行政裁量权"可以从立法、行政规则的制定以及司法三方面进行规范，将行政裁量权遏制在最小范围内"。

3. 对本地公正廉洁司法的满意度评价及其反映的问题

针对地方公正廉洁司法的状况，10507 位受访者中，8.26% 的受访者表示满意，43.57% 的受访者表示比较满意，41.77% 的受访者表示有点不满意，6.40% 的受访者表示不满意（见图 2-5）。从总体上看，满意率为 51.83%，不满意率为 48.17%。

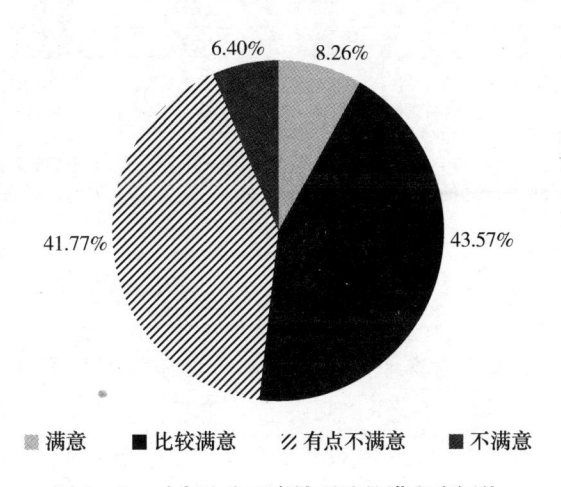

图 2-5 对本地公正廉洁司法的满意度评价

对地方公正廉洁司法方面存在的问题，10507 位受访者中，17.39% 的受访者认为"对法检两院的不当干预时有发生，无法独立公正行使审判权和检察权"，16.79% 的受访者认为"基层法官素质总体

---

① 参见古戴《县域法治与县域治理——第三届县域法治高端论坛录音剪辑》，《云梦学刊》2016 年第 2 期。

上不高,粗暴对待当事人或律师的现象时有发生",28.25%的受访者认为"案件受理难、审判难、执行难,特别是'民告官'案件等难上加难",12.45%的受访者认为"错案追究周期长、不落实,纠错机制不健全",18.85%的受访者认为"司法体制改革不到位,如案多人少的矛盾始终突出,影响办案质量"。排在前三位的问题是:案件受理难、审判难、执行难,司法体制改革不到位,对法检两院的不当干预时有发生(见图2-6)。

选项	人数
对法检两院的不当干预时有发生,无法独立公正行使审判权和检察权	1827
基层法官素质总体上不高,粗暴对待当事人或律师的现象时有发生	1764
案件受理难、审判难、执行难,特别是"民告官"案件等难上加难	2968
错案追究周期长、不落实,纠错机制不健全	1308
司法体制改革不到位,如案多人少的矛盾始终突出,影响办案质量	1981
其他问题	

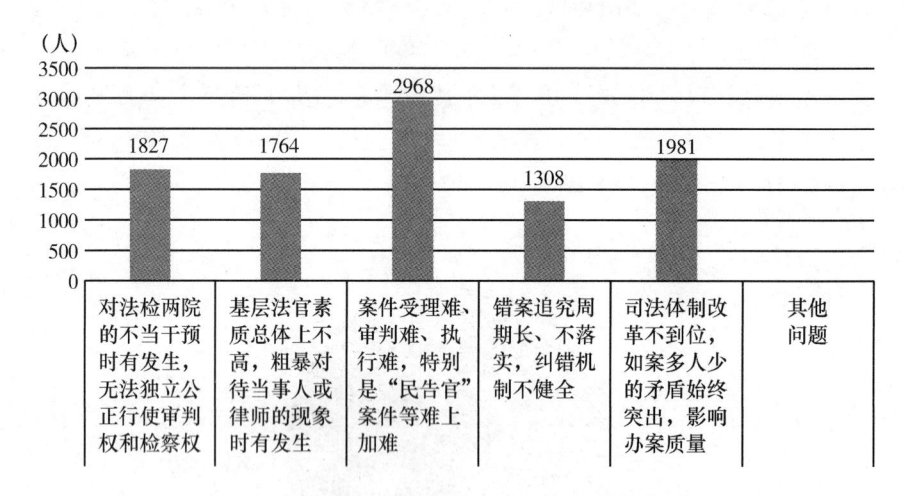

图2-6 对本地公正廉洁司法方面所反映的问题

此外,受访者认为本地公正廉洁司法存在的问题还有,"司法人员数量不足""司法威权不强""判决书说理不明""司法腐败现象严重"等。综合来看,在地方法治建设中,司法方面存在的问题可以概括为如下几方面:

第一,司法人员的正规化、专业化、职业化尚待时日。法治工作是专业技术性很强的工作,尤其是司法环节更需要高素质专业法治人才。查明事实,适用法律的司法实践,不是"法律自动售货机",投入事实即产出裁判结果,其中存在复杂的价值判断,需要司法者秉持正义之理念,展开复杂的智力判断。因此正规化、专业化、职业化是司法人才队伍建设的基本追求。在课题组的调研过程中,16.79%的受访者反映"基层法官素质总体上不高,粗暴对待当事人或律师的现象时有发生",

梳理更多的受访者意见，地方司法队伍还存在：入职途径不规范，很多非专业人员进入司法队伍；案多人少，特别是有实际能力办案的人不多；司法人员法律素养总体有待提高，办案质量需提升，法律文书说理性不足；司法人员职业保障不充分；司法人员的职业道德以及司法素质需要加强培养等。可见地方司法人员的正规化、专业化、职业化任重道远，尚待时日。

第二，依法独立公正司法尚需加强。"公正司法，就是受到侵害的权利一定会得到保护和救济，违法犯罪活动一定要受到制裁和惩罚，使人民群众在每一个司法案件中都能感受到公平正义。"① 要实现公正司法必须完善司法管理体制和司法权力运行机制，应让司法按照司法应有的规律和规则去开展，而不是受制于种种非法治化因素。17.39%的受访者反映"对法检两院的不当干预时有发生，无法独立公正行使审判权和检察权"。根据受访者的意见分析可知，这种干预从主体角度来看，有行政机关、纪委、政法委、地方司法系统内部人员、大型企业、普通民众等；从裁判影响因素分析，有舆论、民意、人情等。有受访者认为法院设置地方化，人事管理行政化，自然是导致审判独立无法实现的原因，但更主要的原因在于职权分立不到位，立法、行政、司法未做到各司其职，互不干预，没有确立司法机关对法律适用的最终解释权。

第三，司法权威尚未确立。影响司法权威形成的因素主要有三：一是司法过程规范不足、公开有限。如果司法程序规范合法，那么或者司法本身即足够公开透明，或者当事人从法律的规定中可预知程序的行进节奏，对公开的诉求也就不会过分强烈。果如此，则受访者反映的"审判时间太长，周期拖延""法院、检察院的透明度不够""信息不够公开，民众的参与程度低""判决书说理不明，应全面公开判决书"等就不成其为问题。二是冤假错案较多，且纠偏成本大。受访者反映在地方司法中"错案追究周期长、不落实，纠错机制不健全"，冤假错案的事前预防机制，事后错案责任追究机制不完善，"同案不同判现象突出，基层法院有些案件清理不够"。在司法实践中，不只是再审程序推动有

---

① 参见张文显《全面推进依法治国的伟大纲领——对十八届四中全会精神的认知与解读》，《法制与社会发展》2015年第1期。

相当的难度，即使是正常的上诉案件，二审法院对一审法院的一些不公裁判，也少有简单依法纠偏者，而是会综合考量错案率等业内潜规则；更有甚者二审法院即使可以直接纠偏，但为了逃避矛盾和责任，也会选择将案件发回重审，这种做法极大地增加了当事人的讼累，浪费了司法资源。冤假错案多大量存在且纠偏成本大，程序不规范，"是社会公众不太信服司法权威的根本所在"，在围绕"创新社会管理，化解社会矛盾，公正廉洁执法"等中心工作，优化司法职权配置，强化司法职能作用的同时，更要特别"注意克服司法体制行政化、地方化、政治化，重塑司法制度的公正性、权威性、高效性"①。三是"执行难"，以及为了加强执行而衍生出新的损害司法权威的现象。调查中，近三成的受访者谈到了"法律白条多"的问题，"执行难"使司法公正和法院权威遭到严重损害。近年来，在法院的大力推动下，这一问题有了很大的改进，根据最高人民法院在第十二届全国人大五次会议上所作的工作报告可知，2016 年"各级法院向执行难全面宣战，共受理执行案件 614.9 万件，执结 507.9 万件，同比分别上升 31.6% 和 33.1%，执行到位金额 1.5 万亿元，同比上升 54%"，执行的手段也实现了多元化，"发挥我国政治优势、制度优势，推动形成执行难综合治理工作格局"，法院与公安部、国家工商总局、中国人民银行、证监会等十多个部门建立网络执行查控系统"实现了执行模式的根本变革"，法院会同"国家发改委等 40 多个部门完善工作机制，在招标投标、融资信贷、市场准入、高消费等方面对失信被执行人实行信用惩戒"；② 诸多地方法院则"通过专项执行活动，形成打击失信被执行人高压态势"。如此一方面确实取得了不俗的执行效果，但另一方面在大力推动执行的过程中又衍生出了新的损害司法形象的违法违规问题，同样影响着司法权威。

4. 对本地法治宣传教育的满意度评价及其反映的问题

针对地方法治宣传教育的状况，10507 位受访者中，9.79% 的受访者表示满意，36.71% 的受访者表示比较满意，45.17% 的受访者表示有

---

① 参见叶青《从冤假错案的纠正看中国刑事司法体制的改革动向》，《探索与争鸣》2011 年第 12 期。

② 参见《司法为民　让人民更有获得感》，《人民法院报》2017 年 3 月 14 日。

点不满意，8.33%的受访者表示不满意（见图2-7）。从总体上看，满意率为46.5%，不满意率为53.5%。

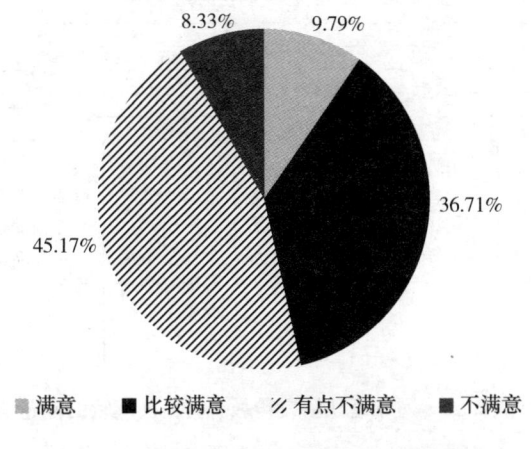

图2-7 对本地法治宣传教育的满意度评价

对地方法治宣传教育方面存在的问题，10507位受访者中，22.65%的受访者认为"法治宣传教育始终没有确立平等、互动、参与和共享的理念"，34.51%的受访者认为"法治宣传教育内容单一和枯燥，效果不好"，28.58%的受访者认为"法治宣传教育有被动完成上级布置任务及形式化的倾向"，13.32%的受访者认为"法治宣传教育两张皮现象突出，整个社会不按规则办事的现象仍很普遍"，18.65%的受访者认为"法治宣传教育缺乏创新，单方面灌输多，互动参与少"。排在前三位的问题是：法治宣传教育内容单一和枯燥、效果不好，法治宣传教育有被动完成上级布置任务及形式化的倾向，法治宣传教育始终没有确立平等、互动、参与和共享的理念（见图2-8）。

从调查结果来看，被调查者对本地法治宣传教育状况的不满意的比例较高，反映了地方法治宣传教育存在诸多问题，这些问题概括起来主要有：

一是形式多样，内容显僵化。自1985年全国人大常委会通过《关于在公民中基本普及法律常识的决议》始，我国的法治宣传教育工作就是一项政府主导的全国动员、全民参与的社会系统性工程。主要模式是

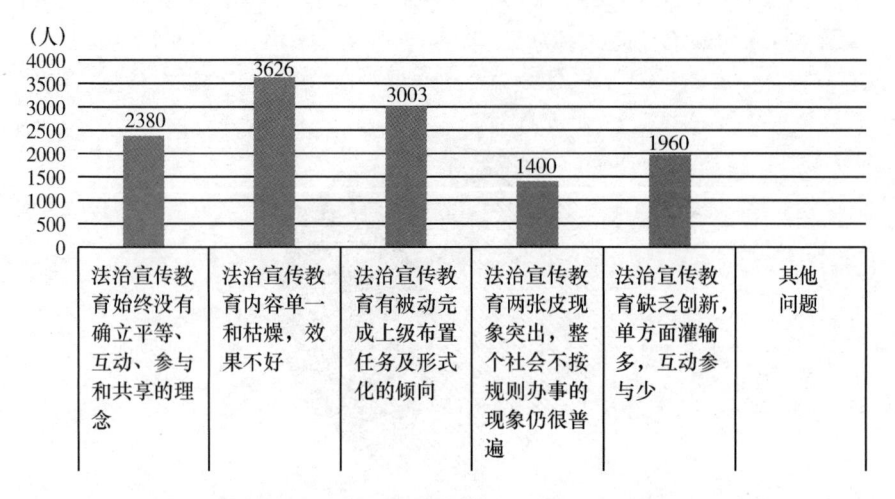

```
(人)
4000
3500    3626
3000         3003
2500 2380
2000                        1960
1500              1400
1000
 500
   0
   法治宣传教  法治宣传教  法治宣传教  法治宣传教  法治宣传教  其他
   育始终没有  育内容单一  育有被动完  育两张皮现  育缺乏创新，问题
   确立平等、  和枯燥，效  成上级布置  象突出，整  单方面灌输
   互动、参与  果不好     任务及形式  个社会不按  多，互动参
   和共享的理            化的倾向    规则办事的  与少
   念                              现象仍很普
                                   遍
```

图 2-8　对本地法治宣传教育方面所反映的问题

五年一轮的全民法制（法治）宣传教育活动，从"一五"普法到目前的"六五"普法，30 年的普法宣传实践，各地各部门已经积累了丰富的工作经验，但在调查中高达 28.58% 的受访者认为"法治宣传教育有被动完成上级布置任务及形式化的倾向"。就法治宣传教育的形式而言，虽然还是以比较传统的广告宣传和普法栏目宣传等为主，但各地也在不断探索创新，如有的地方借助互联网这一载体大量利用文字、图片、音视频、动漫等多种形式开展法治宣传教育，也有的地方采用了更直观生动的宣传方式，如说唱表演、电影、小品、地方剧等。当前法治宣传教育的感染力、吸引力有所提高，但教育效果依然有限，究其原因主要是内容的僵化，在我们的调查中，34.51% 的受访者认为"法治宣传教育内容单一和枯燥，效果不好"。形式不断变化而内容保持僵化，法治宣传教育本质上就不过是换一种方式喊口号，法的观念无法深入人心，法的理念无法内渗，法治宣传教育的价值目标就无法实现。《四中全会决定》提出的"法治宣传教育"与从前的"法制宣传教育"虽只是一字之差，但法治宣传教育的内容，"与法制宣传主要普及法律常识不同，法治宣传不仅包括对法律体系和法律制度的宣传这些原有法制宣传的内容，更加注重了法治理念和精神的宣传与培育，更加突出了运用法治思

维和法治方式能力的培养;与法制宣传强调法律文本的宣传不同,法治宣传更加重视了对立法、执法、司法、守法等一系列法治教育实践活动的宣传"①。

二是重"宣传",轻"教育"。宣传是一种单方面的宣讲传播,18.65%的受访者认为"法治宣传教育缺乏创新,单方面灌输多,互动参与少",还有的认为"法治宣传教育内容过于高大上,不贴近实际","法治宣传大部分是应付式的",建议"法治宣传应更注重具体实效,减少对纯理论的抽象性宣传"。缺少互动参与的法治宣传教育,重心在宣传,教育的目的无法达到,故22.65%的受访者认为"法治宣传教育始终没有确立平等、互动、参与和共享的理念"。要让人们在熟知法律规范的同时尊法守法成为习惯,以法治方式交往行事,就必须注意教育的特点是柔性内渗,春风化雨式的。法治宣传教育虽然是针对社会大众的非科班教育,但也要以契合教育的规律,追求能动育成,而不是机械灌输。对领导干部或"关键少数"来说,参加各种法治培训、讲座的育成效果,不若职务升迁、责任追究机制的引导制约效果;对社会公众来说,铺天盖地、运动式的广告宣传影响力,不若完善"失信惩戒、守信受益"机制更能让群众关注自身行为的合法性;针对在校学生的法治教育,设置法律副校长,组建法治宣传教育师资库固然重要,但在教育内容和方式上更应下工夫,社会调查、参观实践、旁听辩论等应比课堂式讲解效果要好,软性教育内容嵌入应比直白的法条宣讲、说教好。

三是法治文化的建构意识不足。法治文化作为"人们在长期的日常生活中,逐渐形成的法律至上、法律面前人人平等、反对专制等价值观念、思维模式、行为准则的精神财富和物质财富的总和"②,加强其建构对法治建设殊为重要。调查中13.32%的受访者反映"法治宣传教育两张皮现象突出,整个社会不按规则办事的现象仍很普遍",此外还有受访者反映"法治宣传教育工作所出现的诸如短期性、阶段性、临时性

---

① 参见侍鹏主编《法治建设指标体系解读》,南京师范大学出版社2016年版,第180页。

② 参见刘鹤挺《略论推进我国基层法治文化建设》,《理论导刊》2013年第8期。

和分散性的特征，缺乏连续性、规范化和系统性的工作成效评估标准""没有法律信仰，实际效果很差"等。种种问题归根结底是法治宣传教育的法治文化建构意识不足。法治是一个立体的工程，形式意义上的法治建构工作，比如立法、普法在短时间内很容易集聚人财物来完成，但法治建构更需要的是理念与文化等内在层面的支撑。一定意义上法治文化乃法治根本，而文化须通过点滴细微的说教化约而完成。法治宣传教育，应致力于将法治理念、法律知识通过宣讲、评判、论辩等去影响社会公众及其行为方式；要揭露各种非法治和反法治的文化现象与案例，将正反的事例都展示在公众面前并加以引导，增强公众正确识别的能力。实践中基层推行的矛盾化解多元调解、舆情民意关照、能动性司法、乡规民约建构等，无一不是传统文化对法治文化的型塑。换言之，地方法治建设过程中，法治文化应该是一个本土化的过程，法治的宣传与教育应该将传统文化与法治文化互相贯通，同时努力使法治文化不变形、不走偏。当下中国各地发展并不均衡，整体上呈现出现代与传统、城市与农村、工业与农业的交织状态，诉求和矛盾样态各异，法治建设各项工作推进条件相当复杂，法治文化养成亦然。一般说来，法治文化由"物质文化、制度文化、观念文化、行为文化"四个部分组成①，物质文化、制度文化是法治文化之表，观念文化与行为文化是法治文化之里，法治文化建构可以先表后里，但必须表里如一。

5. 对本地城市治理法治的满意度评价及其反映的问题

针对地方城市治理法治的状况，10507位受访者中，6.79%的受访者表示满意，35.98%的受访者表示比较满意，49.90%的受访者表示有点不满意，7.33%的受访者表示不满意(见图2-9)。从总体上看，满意率为42.77%，不满意率为57.23%。

对地方城市治理法治方面存在的问题，10507位受访者中，21.32%的受访者认为"城市管理多头执法、重复执法、野蛮执法等现象依然存在"，25.92%的受访者认为"重大城市建设工程项目公示率不高、信息公开不充分、公众参与不足"，31.65%的受访者认为"食品卫生和安全风险问题没有根本性扭转"；26.78%的受访者认为"城

---

① 参见刘鹤挺《略论推进我国基层法治文化建设》，《理论导刊》2013年第8期。

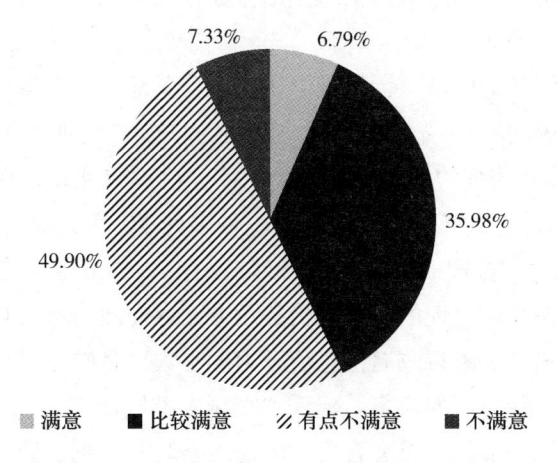

满意 6.79%
比较满意 35.98%
有点不满意 49.90%
不满意 7.33%

■ 满意　■ 比较满意　╱ 有点不满意　■ 不满意

图 2-9　对本地城市治理法治的满意度评价

市规划滞后，脏乱差、乱拆乱建现象较普遍"，18.65% 的受访者认为"城市规划与建设的无序现象较多，如拉链马路、违章建筑、未审先建等"。排在前三位的问题是：食品卫生和安全风险问题没有根本性扭转，城市规划滞后、脏乱差、乱拆乱建现象较普遍，重大城市建设工程项目公示率不高、信息公开不充分、公众参与不足（见图 2-10）。

问题	人数
城市管理多头执法、重复执法、野蛮执法等现象依然存在	2240
重大城市建设工程项目公示率不高、信息公开不充分、公众参与不足	2723
食品卫生和安全风险问题没有根本性扭转	3325
城市规划滞后，脏乱差、乱拆乱建现象较普遍	2814
城市规划与建设的无序现象较多，如拉链马路、违章建筑、未审先建等	1960
其他问题	

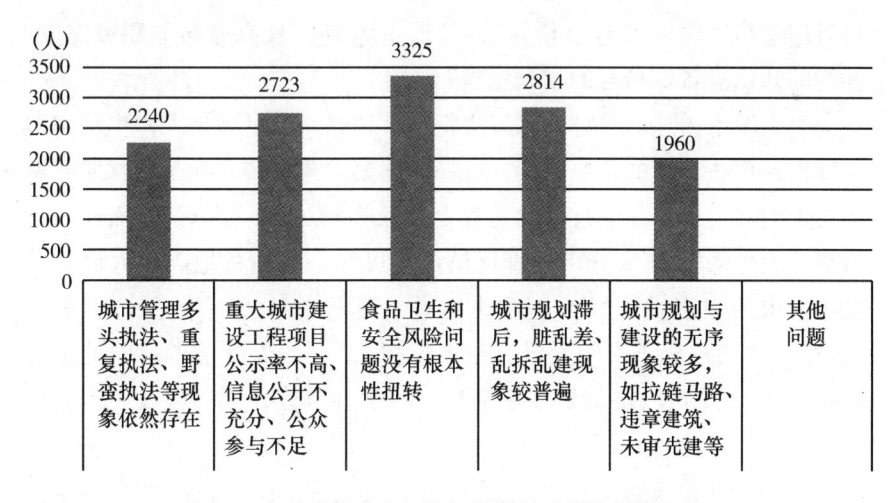

图 2-10　对本地城市治理法治方面所反映的问题

综合受访者对本地城市治理法治方面存在的问题的反馈，可以探知主要存在如下问题：

一是协同共治的城市治理理念未被充分关注。随着城市治理法治化的推进，传统的城市"管理"模式升级为城市"治理"模式。"治理"理念下，"推动传统的政府管理向现代社会治理转变，形成政府与社会合作互动的共治局面"，"治理作为一种多元的、民主的、合作的、非意识形态化的"管理模式，民主管理、民主参与是基本的价值导向。[1] 受访者反映在当前本地的城市法治建设方面存在政府与民众沟通渠道不畅，关系紧张的现象；政府信息公开力度不大，且缺乏公信力，公众对政府信息持怀疑态度的居多。建议"要树立共同治理理念，形成城市各部门与其他执法部门的更大合力，创建一条政府负责、公众参与、政民合作、民主行政的城市治理法治化道路"；"要做到奖罚分明，对于市民的违法行为要依具体情况分层处理，违法程度与惩罚的强度相适合，对于市民的好的行为要进行奖励让其成为每个人的模范榜样"；"要发挥城市治理中参与行政和合作行政的共同治理功能"。受访者的反馈说明城市的治理者未充分关注城市治理法治化过程中的协同共治问题。"政府的参与制度供给意识以及主体自身的参与意识"是协同共治的基本保证，政府在城市治理过程中应"提供参与平台、构建协商渠道、实行有序参与、保障参与权利等"，其他主体应"具有参与的积极态度、参与的知识准备、参与的权利意识"。

二是城市治理的关键问题解决得不甚理想。尽量满足人们生活需求是城市治理法治化的首要原则，这一原则要求"城市有充足的物质资源满足人们衣、食、住、行以及受教育、劳动等方面的需求，从而使人们有尊严地生活"[2]。从分析调查反馈信息可知，当前各地满足人们生活基本需求的很多关键性问题解决得并不理想，31.65%的受访者表示"食品卫生和安全风险问题没有根本性扭转"，此外受访者反映的主要问题还有：（1）城市规划立法滞后、科学性较差，无序建设、重复拆

---

[1] 参见刘旺洪、束锦《社会管理创新与民主参与的法制建构》，《学海》2013年第5期。
[2] 蒋晓伟、饶龙飞：《城市治理法治化：原则与路径》，《甘肃社会科学》2014年第4期。

建现象严重，浪费资源的同时也产生了大量的拆迁矛盾。18.65%的受访者表示"城市规划与建设的无序现象较多，如拉链马路、违章建筑、未审先建等"；26.78%的受访者表示"城市规划滞后，脏乱差、乱拆乱建现象较普遍"。(2) 公共交通建设落后，交通规则执行不力，乱停车、违规行驶等使城市交通拥堵现象已经成为常态。(3) 小商贩无证经营普遍存在，街头流动摊位广布，管理无序且脏乱差。(4) 火车站、校园、居民小区周边等区域的卫生、安全治理力度不足。(5) 城市治理重外表建设，对各种地下工程建设，如下水道建设，地下电力建设系统等不够重视。

三是城市治理能力有待提升。城市治理需要协调多元关系，综合运用政治、法律、技术等刚性手段和经济、文化、教育等柔性手段。从调查结果来分析，当前的城市治理者治理城市的刚性手段运用不当，柔性手段运用不足，治理能力需要进一步提升。21.32%的受访者表示"城市管理多头执法、重复执法、野蛮执法等现象依然存在"，25.92%的受访者表示"重大城市建设工程项目公示率不高、信息公开不充分、公众参与不足"等，具体表现为：城市管理执法机构之间不协调、不配合现象经常发生；对城市摊贩依然采用驱赶和遏制的"堵"法，而不是规划区域，有序引导的"疏"法；电子政务形式主义，公共信息公开程度低且运用不足；基层执法自由裁量权大，不文明执法、不按程序执法、不在职权范围内执法的现象经常发生；城市管理和执法人员责任意识淡薄、纪律性差，选择性执法，对有部门利益的事务积极，对和民众生活密切相关领域的执法不到位等。

6. 对本地法治社会建设的满意度评价及其反映的问题

针对地方法治社会建设的状况，10507位受访者中，7.73%的受访者表示满意，45.44%的受访者表示比较满意，41.17%的受访者表示有点不满意，5.66%的受访者表示不满意(见图2-11)。从总体上看，满意率为53.17%，不满意率为46.83%。

对地方法治社会建设方面存在的问题，10507位受访者中，15.32%的受访者认为"社会自治的法律法规滞后社会发展，无法可依或有法不依现象同时存在"，18.65%的受访者认为"社会组织的制度化程度不足，社会组织的社会功能没有得到发挥"，21.65%的受访者认

5.66% 7.73%

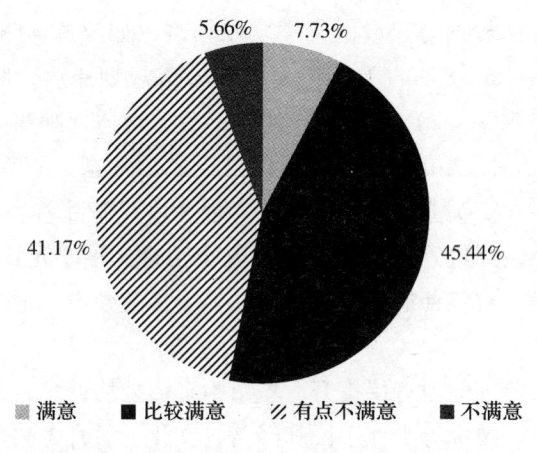

41.17%   45.44%

■ 满意　■ 比较满意　⁄⁄ 有点不满意　■ 不满意

图 2-11　对本地法治社会建设的满意度评价

为"社会保障能力和水平依然较低,社会保障的制度化建设滞后",22.39%的受访者认为"社会矛盾依然高发频发,如拆迁矛盾突出等,社会治理的法治化水平不高",20.92%的受访者认为"社会矛盾调处的手段和方法单一,侧重强力维稳,法治缺位"。排在前三位的问题是:社会矛盾依然高发频发;社会保障能力和水平依然较低,社会保障的制度化建设滞后;社会矛盾调处的手段和方法单一,侧重强力维稳,法治缺位(见图2-12)。

对地方法治社会建设方面所反映的问题具体可概括为如下几方面:

一是典型社会矛盾依然存在,社会矛盾化解时法治缺位严重。22.39%的受访者反映"社会矛盾依然高发频发,如拆迁矛盾突出等,社会治理的法治化水平不高",20.92%的受访者反映"社会矛盾调处的手段和方法单一,侧重强力维稳,法治缺位"。此外还有人反映"社会矛盾化解效率低,手段重治标不重治本""社会关系较以前更加复杂化,社会矛盾化解手段要要多元化,同时要不断完善""非法律的协调手段往往是无原则的和稀泥"等。一段时间以来我们追求社会矛盾的多元化解,诉讼、调解、行政复议、行政仲裁与商事仲裁、公证、申诉和信访等都得到了运用,但是只要是建设法治社会,那么依法化解就应是我们坚持的底线原则,不能为了解决矛盾而采取违反法律底线的方式。

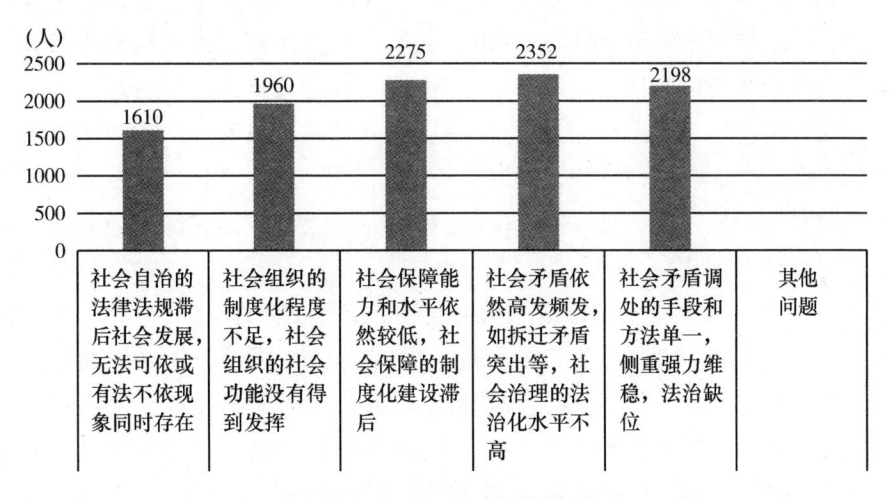

图 2-12　对本地法治社会建设方面所反映的问题

二是社会组织建构和社会自治推进的制度保障不足。18.65% 的受访者反映"社会组织的制度化程度不足，社会组织的社会功能没有得到发挥"，15.32% 的受访者反映"社会自治的法律法规滞后社会发展，无法可依或有法不依现象同时存在"，此外还有受访者反映"软法在有些城市的法治社会建设中作用未能得到有效发挥"等。社会组织、基层群众自治组织，分别是社会自治的专业性和综合性依托，但国家权力对社会组织的权利下放不足，对基层群众自治组织干涉过多导致社会自治的推进并不顺畅。基于政府"立法理念中规制与管制、治理与管理、集权和放权之间的冲突"等原因，我国当前的社会组织立法仍处于"立法频繁、立法粗糙与立法纠结并存的立法初级阶段"[①]。基层群众自治组织则因《村民委员会组织法》《居民委员会组织法》的细化不足，制度配套不到位，所以行政化倾向也无法短时间内改变。

三是社会保障效能不足，制度建设滞后。由于各地经济发展水平的差距巨大，各类社会保险项目管理部门分散，就业和失业比例失衡，以及老龄化社会提早到来等原因，尽管我国的社会保障支出及比例在逐年

---

① 马金芳：《我国社会组织立法的困境与出路》，《法商研究》2016 年第 6 期。

提高，但整体的社会保障水平明显偏低，且并不能向社会公众提供平等的保护。调研中，21.65%的受访者反映"社会保障能力和水平依然较低，社会保障的制度化建设滞后"，述称"社会最低保障制度难以落实到贫民身上"。由于国内社会保障制度建立较晚，当前关于社会保障立法在理念层面未达成共识，所以立法缺乏统筹规划，立法主体混乱，体系结构上残缺不全，现有制度位阶层次低，内容无序，欠缺与国际接轨相适应的制度规范。

7. 对本地企业法治建设的满意度评价及其反映的问题

针对本地企业法治建设的状况，10507位受访者中，7.46%的受访者表示满意，44.77%的受访者表示比较满意，41.91%的受访者表示有点不满意，5.86%的受访者表示不满意（见图2-13）。从总体上看，满意率为52.23%，不满意率为47.77%。

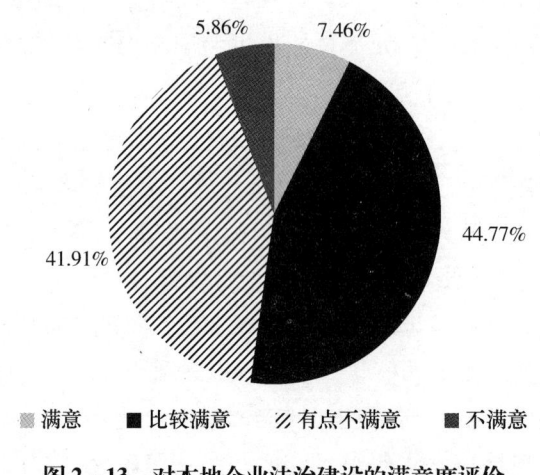

图2-13 对本地企业法治建设的满意度评价

对地方企业法治建设方面存在的问题，10507位受访者中，20.99%的受访者认为"企业内部工会维护职工权益的能力和手段不足"，16.59%的受访者认为"企业法律顾问没有普遍实行"，21.52%的受访者认为"企业法律顾问只是一个摆设和形式，作用不大"，22.52%的受访者认为"企业法律顾问即使有也只是为企业老板服务，不为企业职工服务"，20.32%的受访者认为"部分企业的法治意识、法治思维和法治方式严重缺失"。排在前三位的问题是：企业法律顾问即使有也只是为企业老板服务，不为企业职工服务；企业法律顾问只是一个摆设和形式，作用不大；企业内部工会维护职工权益的能力和手段不足（见图2-14）。

类别	人数
企业内部工会维护职工权益的能力和手段不足	2205
企业法律顾问没有普遍实行	1743
企业法律顾问只是一个摆设和形式，作用不大	2261
企业法律顾问即使有也只是为企业老板服务，不为企业职工服务	2366
部分企业的法治意识、法治思维和法治方式严重缺失	2135
其他问题	—

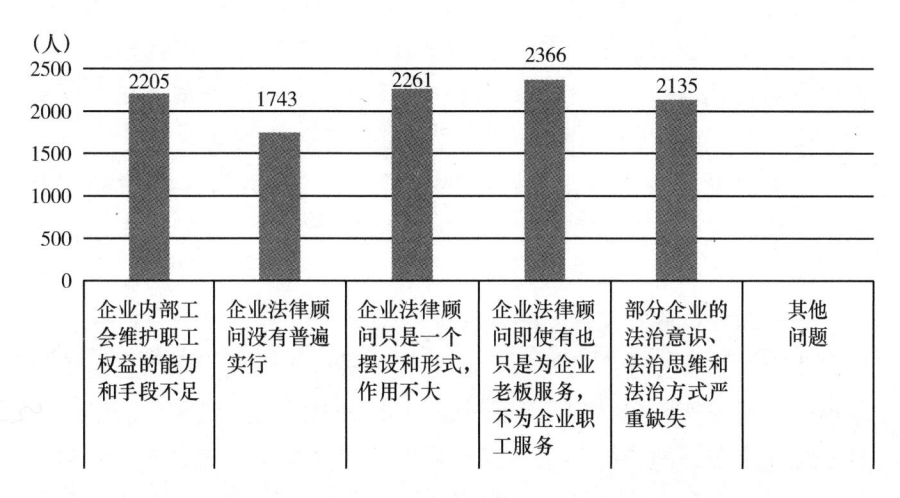

图2-14 对本地企业法治建设方面所反映的问题

对本地企业法治建设状况受访者反映的问题可概括为如下三点：

一是企业法律顾问的定位不准，价值发挥不足。企业法律顾问在我国比较复杂，国有企业的法律顾问制度有其独立的发展轨迹：20世纪50年代即萌芽；1986年颁布实施的《全民所有制工业企业厂长工作条例》第一次以行政法规的形式确立了企业法律顾问的地位；2004年国务院颁布了《国有企业法律顾问管理办法》，国有企业法律顾问制度进入全面发展阶段；2014年才取消企业法律顾问独立的执业资格考试。在这一职业发展过程中，企业法律顾问的定位一直较为模糊，《国有企业法律顾问管理办法》规定，企业法律顾问只是"从事企业法律事务工作的企业内部专业人员"，即使是企业总法律顾问，也只是"全面负责企业法律事务工作的高级管理人员"，必须对"企业法定代表人或者总经理负责"[①]。民营企业的法律顾问则完全是企业内部

[①] 《国有企业法律顾问管理办法》，《国务院公报》（2005年第7号）。

的自治内容，企业是否设置法律顾问常设岗位和机构完全由企业决定，当前较多的做法是与社会执业律师签订法律顾问合同，调研中16.59%的受访者反映"企业法律顾问没有普遍实行"。分析来看，不管是哪类企业的哪类法律顾问，都是不独立的，本质上是一个决策咨询的角色，无法对企业真正的决策运营产生常态的、实质的影响，更遑论对企业控制者形成制约。正因如此，21.52%的受访者认为"企业法律顾问只是一个摆设和形式，作用不大"，22.52%的受访者反映"企业法律顾问即使有也只是为企业老板服务，不为企业职工服务"。受访者为此提出企业应充分利用法律顾问，应提高企业法律顾问素质，法律顾问在维护企业利益的同时，也要为维护企业职工与其他主体的合法利益而建言献策等建议。

二是部分企业管理理念的现代化转型迟缓。经济全球化时代，各国企业都面临着更为广阔的发展和竞争空间，所以企业现代化转型是基本的企业发展路径，我国不少企业在形式上已经完成转型，但管理理念仍停留在计划经济时代，与时代的发展不配套。调研中20.32%受访者反映"部分企业的法治意识、法治思维和法治方式严重缺失"，具体表现为：企业领导或者以官本位思想来治理企业，或者以家长式思维经营，法治意识淡漠，热衷于钻空子、拉关系，违规操作；企业唯利是图，不承担社会责任，不顾社会效果，违法用工、偷漏税、违法排污等现象严重；法治意识、合作意识、责任意识、人本意识等未融入企业文化之中等。企业是社会的一个重要组成部分，社会的发展离不开企业的发展，但企业发展自身的同时亦要考虑社会公共利益，企业法治建设重在依法经营、规范发展，寻求共赢、合作经营，对外强调社会责任担当，对内推行人性化的柔性管控。

三是企业员工权益保障机制不畅。我国近年来劳动力市场发生了很大变化，就业总量达到了较高水平，劳动力资源配置不断优化，同时法治建设推进多年，劳动者的法治观念和维权意识不断增强。但管理者的管理理念与劳动者的权益保障机制建设未同步跟进，导致劳动者权益保障问题日益凸显。特别是工会作为劳动者"自由结社和集体谈判权"的行使主体，至今无法对雇主形成制衡，使劳动者权益中"最为基本和最为核心的权利"无法获得保障。① 调研中 20.99% 的受访者反映"企业内部工会维护职工权益的能力和手段不足",有的工会成员本身不懂法,履职能力不足;有的工会由雇主或指派亲信建立,履职动力不足。此外据受访者反映企业员工权益保障方面还存在如下一些问题:农民工维护自身合法权益的能力不足,难度最大;企业工资制度、休假制度执行乏力;社会保险、公积金等存在大面积违规等。

8. 对本地法治队伍建设的满意度评价及其反映的问题

针对本地法治队伍建设的状况,10507 位受访者中,7.79% 的受访者表示满意,40.97% 的受访者表示比较满意,44.97% 的受访者表示有点不满意,6.27% 的受访者表示不满意(见图 2-15)。从总体上看,满意率为 48.76%,不满意率为 51.24%。

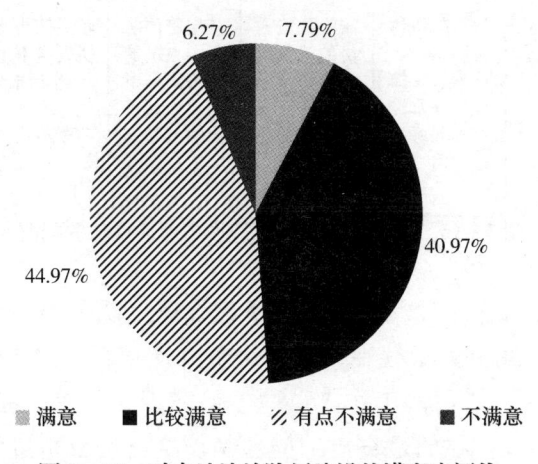

图 2-15 对本地法治队伍建设的满意度评价

对地方法治队伍建设方面存在的问题,10507 位受访者中,24.72% 的受访者认为"法治队伍很庞大,但是质量和素质参差不齐";15.86% 的受访者认为"法治队伍建设除法官、检察官和律师外基本没有准入标准和门槛";21.92% 的受访者认为"法治队伍人员的法治意识、法治思维和法治方式亟待提高";28.31% 的受访者认为"基层法

---

① 参见常凯《WTO、劳工标准与劳工权益保障》,《中国社会科学》2002 年第 1 期。

治队伍中人员的法治素质不高,如城管执法人员等";20.19%的受访者认为"基层法治队伍人员不足,化解矛盾的能力不强、手段不足"。排在前三位的问题是:基层法治队伍中人员的法治素质不高;法治队伍很庞大,但是质量和素质参差不齐;法治队伍中人员的法治意识、法治思维和法治方式亟待提高(见图2-16)。

选项	人数
法治队伍很庞大,但是质量和素质参差不齐	2597
法治队伍建设除法官、检察官和律师外基本没有准入标准和门槛	1666
法治队伍人员的法治意识、法治思维和法治方式亟待提高	2303
基层法治队伍中人员的法治素质不高,如城管执法人员等	2975
基层法治队伍人员不足,化解矛盾的能力不强、手段不足	2121
其他问题	

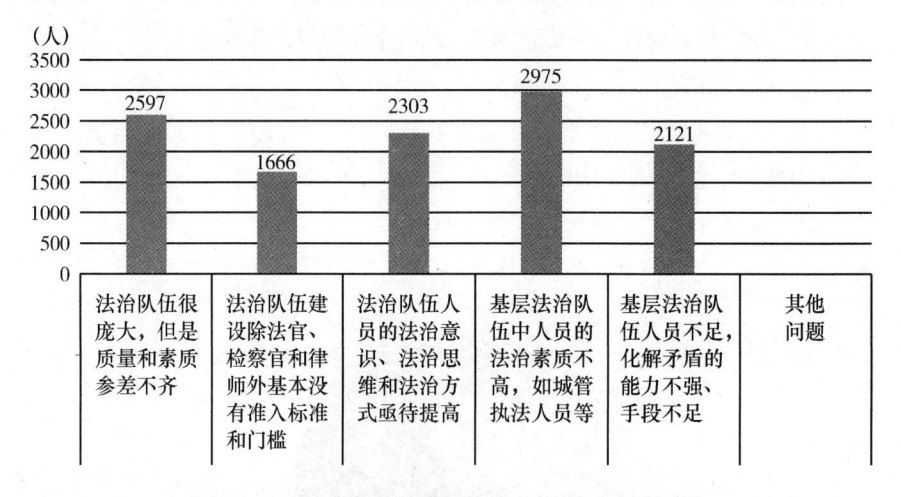

图2-16 对本地法治队伍建设方面所反映的问题

调研中受访者针对本地法治队伍建设还反映了40余条其他方面的问题,如"冗员大量存在,高龄人员素质偏低","法治队伍的行政色彩太浓厚","司法工作人员职业保障不足"等。综合来看,地方法治队伍建设存在的最突出的问题是前文已经分析过的两个问题,即基层行政执法人员素质较低和司法人员的正规化、专业化、职业化不足,在此不做赘述。除此如下一些问题也比较突出:

一是法治工作队伍的整体素质参差不齐。《四中全会决定》有一个全新的提法——"法治工作队伍",这一队伍的构成对象范畴远远大于传统所讲的司法队伍、司法干警、政法队伍等。《决定》所称的法治工作队伍首先包括法治专门队伍,即立法、行政执法、司法队伍;其次包括法律服务队伍,即律师、公证员、基层法律服务工作者、人民调解员队伍;再次还包括建构法学理论、培养法治人才的科研教学人员等。① 这是一个数量庞大,职业种类繁多的工作队伍,当前法治工作队伍存在不同职业群体之间素质差距大,同一职业群体中不同年龄者素质差距大的现象,受访者反映司法机关的任职人员素质整体优于基层行政执法人员,但司法机关存在大量冗员,且高龄任职人员素质普遍偏低,官场作风重。

二是法治工作队伍的素质持续提升机制不健全。地方法治建设人力资源殊为重要,法治工作从业人员的工作内容、专业知识、职业道德等需要入职前的教育,也需要职业发展过程中的持续培训,只有在不断标准化和规范化的培育下,才能持续提升共同体的整体素质,并逐渐形成法治建设的合力。这种培育既表现为法学学历学位教育、司法统一考试等,更缘于从业期间长期开展的同质类培训培养。当前各地无论是职前培训还是职中培养,相互合作均未形成制度化,职业培训在各法治队伍的各职业群体之间表现不一,有的已经有了系统的职业培训机制,有的则几无职业培训,有的行业的职业培训已经实现严格考核,有的还处在无序自主发展阶段。受访者建议应增加法律科班出身的法治工作从业人员,高度重视培训工作,工作单位要定期开展在职培训,加强培训考核,建立奖惩机制,激励法治工作从业人员不断提高自身素质,等等。

三是地方立法队伍亟须充实力量。2015 年《立法法》修订后,地方立法主体扩容,地方立法工作对高素质、专业化、懂实践的立法人才的需求更为迫切。有受访者反映"地方立法队伍建设有待增强,基层专门立法人才严重短缺,目前地方从事立法专门工作的人员编制偏少,整体水平偏低",因此亟须充实地方立法队伍的力量。

9. 对本地法治建设组织领导的满意度评价及其反映的问题

针对本地法治建设组织领导的状况,10507 位受访者中,7.73% 的受访者表示满意,38.91% 的受访者表示比较满意,44.77% 的受访者表示有点不满意,8.59% 的受访者表示不满意(见图 2 – 17)。从总体上看,满意率为 46.64%,不满意率为 53.36%。

---

① 参见李小红《法治职业共同体的内涵及其构建——中国法治建设人才资源问题初探》,《四川理工学院学报》(社会科学版) 2017 年第 5 期。

80　地方法治建设研究

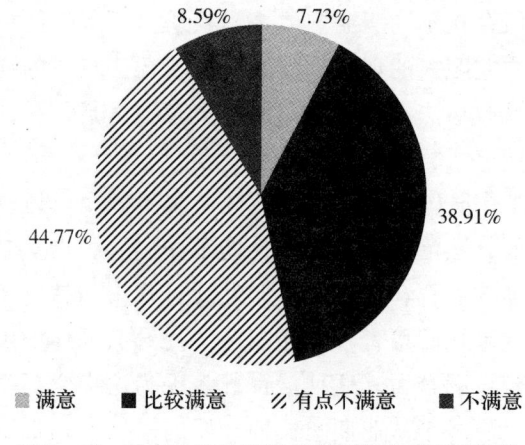

8.59%　7.73%

44.77%　38.91%

■ 满意　■ 比较满意　╱ 有点不满意　■ 不满意

图 2-17　对本地法治建设组织领导的满意度评价

对地方法治建设组织领导方面存在的问题,10507 位受访者中,23.85%的受访者认为"完成上级布置任务的意识较强,缺乏工作的主动性和创新意识";33.98%的受访者认为"有形式主义和走过场的倾向,不愿或不敢进行公众满意度测评";30.71%的受访者认为"只向上级负责,有较强的政绩观,而向本地百姓负责的意识不强";21.85%的受访者认为"公众参与法治建设的平台和渠道不足";17.52%的受访者认为"法治建设只在体制内运作,调动社会资源的能力不足、开放度不高"。排在前三位的问题是:有形式主义和走过场的倾向,不愿或不敢进行公众满意度测评;只向上级负责,有较强的政绩观,而向本地百姓负责的意识不强;完成上级布置任务的意识较强,缺乏工作的主动性和创新意识(见图 2-18)。

坚强有力的组织领导是法治建设方向正确的保证,是地方法治建设各项目标任务顺利完成的保证。对地方法治建设组织领导方面存在的问题,概括起来主要如下:

一是政绩观强、法治观弱。10507 位受访者中,30.71%的受访者认为法治建设组织领导者"只向上级负责,有较强的政绩观,而向本地百姓负责的意识不强",有 23.85%的受访者认为"完成上级布置任务的意识较强,缺乏工作的主动性和创新意识",缺乏法律意识和

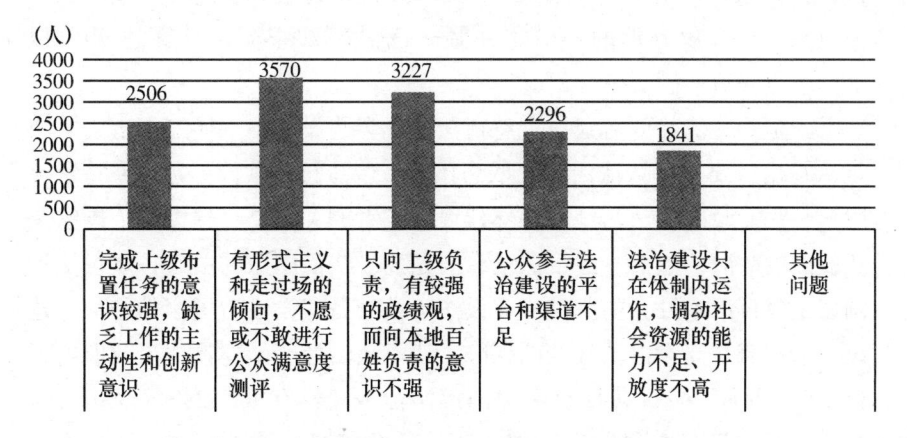

图 2-18 对本地法治建设组织领导方面所反映的问题

类别	人数
完成上级布置任务的意识较强，缺乏工作的主动性和创新意识	2506
有形式主义和走过场的倾向，不愿或不敢进行公众满意度测评	3570
只向上级负责，有较强的政绩观，而向本地百姓负责的意识不强	3227
公众参与法治建设的平台和渠道不足	2296
法治建设只在体制内运作，调动社会资源的能力不足、开放度不高	1841
其他问题	—

法律信仰，遇事要么推诿，要么依长官意志办事，主张"领导干部应树立权力制约和公正廉洁意识"。综合受访者的建议主要有如下几点：组织领导者要做到树立正确的政绩观，而正确的政绩观，要求实现物质文明、精神文明、政治文明、生态文明"四个文明"全面发展；推进法治建设不能只对上级负责，不对老百姓负责，无论事大事小，心中都要想着人民利益最大；对各项法治建设工作组织上要高度重视，认真策划好如何开展工作，指导基层完成工作任务，做好督导和检查，保证每项工作都可以落到实处，为人民谋福利；要真正把法治建设纳入各地经济社会总体规划、纳入政绩考核、纳入年度综合目标考核，切实解决唯 GDP 化，解决权力错位、越位、缺位，突破法律底线，不依法办事等问题。

二是形式很认真，实效显不足。33.98% 的受访者认为本地法治建设组织领导"有形式主义和走过场的倾向，不愿或不敢进行公众满意度测评"。认为"组织领导仍是地方法治建设中的薄弱环节，一些地方政府对法制工作的组织保障不充分，依法行政考核的公开度不足，考核对存在问题的曝光度不足"，法治建设各项工作是"花架子、走过场、重形式"。因为形式主义较为严重，创新不足，公众普遍存在审美疲劳，对法治建设的关注度在减少，各种法治建设活动的参与积极性难以调动。同时，即使是常规性的法治建设工作，如人大的法律监督,政协的民主监督也存在认认真真走过场的现象,各地代表、委员议案、建议办理的实效不明显,满意率却很高,动辄达90%以上,甚至100%满意。

三是重视法治政府建设,忽视法治社会建设。十八届三中全会《决定》提出,要坚持依法治国、依法执政、依法行政共同推进,坚持法治国家、法治政府、法治社会一体建设。三者的关系是:建设法治国家是建设法治政府的前提,建设法治政府是建设法治国家的关键;建设法治国家是建设法治社会的基础,建设法治社会是建设法治国家的条件;建设法治政府是建设法治社会的保障,建设法治社会是建设法治政府的目标。① 在调研中发现各地存在关门搞法治现象,有17.52%的受访者认为"法治建设只在体制内运作,调动社会资源的能力不足、开放度不高",21.85%的受访者认为"公众参与法治建设的平台和渠道不足"。另外,还有一些受访者认为,"法治建设组织领导离不开各种社会资源,如公权力部门与其他各类主体之配合互动,因此需进行体系化建设,多元考察法治建设成果","法治建设与民众息息相关,需要民众法治意识的觉醒与参与,希望有关部门可以多与民众互动,让公众更多地参与监督"。

三 地方法治建设满意度民意调查结果综合分析

横向对比分析来看,民众对地方法治建设各项工作的看法整体较为均衡,满意和不满意的比例较低,多数认为法治建设各项工作"比较满意"或"有点不满意"(见图2-19)。而"比较满意"和"有点不满意"两种选项一定意义上是一种观点的两个视角表述,即受访者认为地方法治建设工作整体建设状况良好,予以肯定,但亦存在可提升的、必须加强的地方,对此无法满意。

这一调查结果符合我国当前地方法治建设的现状,经过几十年的法治建设推动,我国的立法、司法、执法水平在不断上升,法治国家、法治社会、法治政府的治理理念基本具备,法治宣传教育工作长

---

① 参见姜明安《论法治国家、法治政府、法治社会建设的相互关系》,《法学杂志》2013年第6期。

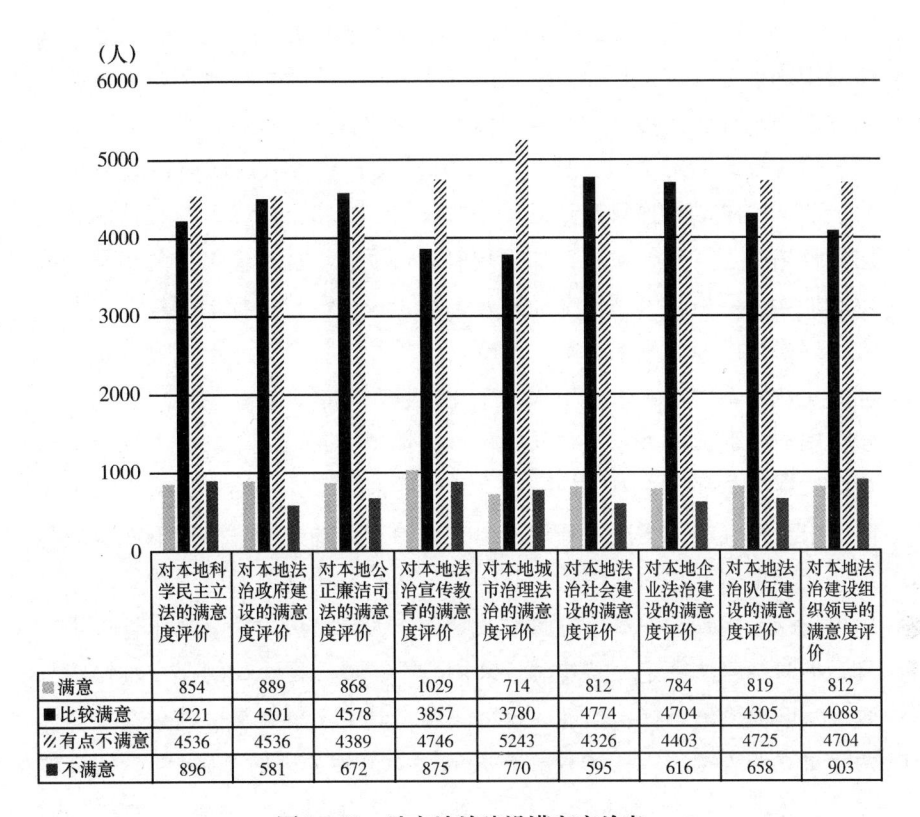

	对本地科学民主立法的满意度评价	对本地法治政府建设的满意度评价	对本地公正廉洁司法的满意度评价	对本地法治宣传教育的满意度评价	对本地城市治理法治的满意度评价	对本地法治社会建设的满意度评价	对本地企业法治建设的满意度评价	对本地法治队伍建设的满意度评价	对本地法治建设组织领导的满意度评价
满意	854	889	868	1029	714	812	784	819	812
比较满意	4221	4501	4578	3857	3780	4774	4704	4305	4088
有点不满意	4536	4536	4389	4746	5243	4326	4403	4725	4704
不满意	896	581	672	875	770	595	616	658	903

图 2-19 地方法治建设满意度总表

抓不懈，法治工作队伍不断壮大，社会主体对法律、法治等的认知在不断加深。综上，在对地方法治建设九大模块的满意度民意调查问卷数据进行分项分析后，可以发现以下几点是提升地方法治建设水平的核心和瓶颈，这些问题如果能够很好地解决，地方法治建设的整体面貌将焕然一新。

1. 加强社会主体的法治意识形塑

法治意识包括平等、公正、权利、民主参与、法律至上等一系列要素。培养公民法治意识是进行法治社会建设的基础和关键，前述论及的加强法治文化建设目的，恰在于培养社会主体的法治意识。"培养公民的社会主义法治意识早就成为党领导下的依法治国基本方略的重要任务"，但鉴于"中国古代长期的人治传统"，培养实效有待进一步提高。① 实践中，越到基层，法治意识的培养难度越大，费孝通先生对中国社会的"差序格局"与"熟人社会"等有经典剖析，为我们揭示了中国社会治理中所蕴含的深厚的文化传统和精神气质。其在分析中国传统社会的县治时，指出"过去县以下并不承认任何行政单位"，自上而下的统治轨道只筑到县，② 中华人民共和国成立后，县治的轨道已经开拓到了乡镇、街道，加之政府对村委会、居委会工作的指导力度不断加大，网格化管理的全面铺开，可以说，与传统社会相较，中国地方治理格局已经发生了根本的改变。但是基层社会秩序形成过程中的内在文化性维系力量并未发生根本变化，越到基层，社会主体之间的关系越牵连与局促，面子越重要与有价，人情越亲密与无奈，熟人社会交往规则约束力越强，在熟人规则各个角度的冲击下，法治意识培育严重受阻。限于篇幅本文无法展开探析地方法治意识的建构，但以下两点应是形塑社会主体的法治意识的重心所在：从政府角度要矫正法律工具主义思想问题。实践中一些地方政府及其工作人员将法律完全视作管理之工具，平时绕着法律走，需要时拿来用一下，或无视法律的存在直接依土政策、旧惯例进行社会治理，这种法律工具主义思想是"建立在主客体两元对立的哲学之上"，"建立在人的法律属性分裂的基础上"，认为法律是主体的人统治客体的人的工具，那么我们就还处在"法制"时代。③ 事实上，当前法治观下，"法律从原则上讲不再只是国家用来调整各种关系的准则"，不再只是工具与制度，更是"治国的理念，同时成了一种价值追求"。④ 从民众角度要养成"法律习惯"，而这种专业或非专业习惯的养成对地方的法治社会建设具有非常重要的影响，在基层人们基于地缘、血缘、亲缘等建立的关系占比很大，传统的风俗、习惯、伦理等人际关系调整规则还发挥着很大的作用。规则意识、契约意

---

① 参见刘勇《公民法治意识培养的内在逻辑及其路径——以社会主义核心价值观为视角》，《四川理工学院学报》（社会科学版）2015年第1期。

② 费孝通：《乡土中国》，上海世纪出版集团、上海人民出版社2007年版，第275—284页，"基层行政的僵化"篇。

③ 参见周永坤《法律工具主义及其对司法的影响》，《学习论坛》2006年第7期。

④ 参见马春茹《法律工具主义观念的历史发展及其原因分析》，《山西高等学校社会科学学报》2016年第1期。

识、公正意识缺失，遇事习惯找关系托人，习惯凡事找政府。当前基层上访缠访事件居高不下，除了历史、基层干部工作作风等的原因外，法律习惯的缺失也是重要成因。① 同时基层执法和司法中也应在规则许可的范围内尽可能兼顾民意性、本土性。

2. 推进信息公开质量的提升

前已述及政府信息公开是法治政府建设的难点，当前政府信息公开的力度并没有达到该项制度应有的水准，信息公开共享机制运行不畅。信息公开和信息共享如果能有效实现，法治建设就会有实质的进步，因为权力在阳光下行使会更规范，而社会矛盾也会极大地钝化。公共权力的运作如果公开透明，各类信息如果能及时统计、公布，与社会公众共享，那么针对公共权力的各类监督所受的限制就会减少；公共权力的运作神秘莫测，公民没有或少有知情权，那么很多社会矛盾就会酝酿其中。《政府信息公开条例》施行多年来的实践表明，这一行政法规的出台与施行，对我国公众的民主意识培养有很大的贡献，但不可否认的是在地方的基层还存在着该公开的信息不公开、信息公开形式化和走过场的现象，因此，政府信息公开需要更加规范和强制性的制度安排，要形成公开是常态、不公开是例外的信息公开监督与追责机制。

3. 致力社会自治能力的培育

社会治理政府固然重要，但政府必须是有限治理，如果政府将治理的触角伸向任何地方，也就意味着公权力支配范围过大，相应的私权利就会受制约更多。很多地方政府大包大揽，社会公众也习惯遇事找政府，培养出了"无限责任无限政府"的状态。而事实上法治社会最重要的主体是市民和村民，市民通过居民委员会、小区业委会、单位工会等机构实现对自身生活、工作事务的协商管理；村民通过村民委员会、基层党组织、村民大会等机制实现对村务的集体管理。换言之，地方法治建设应致力于培育社区组织、行业组织、职业组织等的自我管理、自我约束、自我发展。这项工作类似"训政"，即一个国家选择进行法治建设，那么必须渐进地培育人民学会以法治社会应当的交往模式建构彼此的社会关系，比如民主协商、民主监督、尊重规则、尊重既判、共享

---

① 参见韦志明《法律习惯化与习惯法律化（下）》，《青海民族研究》2009年第3期。

互赢、守信践诺等。

4. 法律规则底线的坚守

无视法律底线问题集中体现在社会矛盾处置方面，以信访为甚，信访作为一种中国特色的纠纷化解方式，在实践中确实也发挥着定分止争的作用，但因为该种方式对地域、级别、时效等管辖因素的淡化，导致缠访、重复访者甚多，个别人坚信"会哭的孩子有奶吃"，不顾法律的规定，一味提出无底限要求。当然各地的一些历史遗留问题、环境保护问题、群体性事件等，确实需要协同运用政治性、政策性、法定性的多种方式才能有效解决，解决问题的方法可以柔性，但法律底线必须坚守。这是树立法律权威，培育社会主体法治意识的基础，也是法治社会的基本要求。

第四节 地方法治建设优化的路径

对地方法治建设实践模式与问题的评价与分析，是要努力探寻出地方法治建设的良性发展之路，使地方法治建设能够成为推动国家法治进步的基础性力量。因此，本文提出的可能性路径就是，强化国家顶层制度设计，重塑政府与社会的关系，激活多元主体有序参与，强化公众评价关键环节，实现我国地方治理的良法善治。

1. 推进国家顶层制度设计

地方法治建设的良性发展需要在两个层面上展开，一是能够按照国家法治建设的统一性要求自上而下地有序推进；二是能够结合地方的实际情况自下而上地进行能动性探索。那么，前提是必须强化国家在地方或区域法治层面的顶层制度设计，这种制度设计应该具有系统性和全局性，需要在宪法和法律、行政法规和规章、重大政策部署、一系列规范性文件等不同制度层面进行统筹设计和推进。

首先是中央与地方纵向关系的法律制度供给。在我国，地方法治能否良性发展，必须依赖于中央与地方关系的法律制度设计，否则地方法治建设可能会导致"法治割据"现象的产生，甚至成为"地方保护主义"的代名词，如在先行先试型和自生自发型地方法治实践中，经常发生以"地方特殊性"为由,行"地方保护主义"之实,因此,通过加强中央与地方关系的法治化设计,才可以为地方法治建设提供依据,而且还能有效缓解甚至消除中央与地方及各个地方之间法治建设的差异,从而确保"法治中国"的整体推进和全面落实。中央与地方纵向关系的法制化最主要的是要进一步明确和规定央地之间在立法、行政和司法领域的权力边界和法律地位,并应该由中央与地方关系法来进行规制,这样不仅可以有效保证国家法制的统一,而且可以为地方法治秩序的形成和发展创造制度环境和激励因素。

其次是地方与地方横向关系的法律制度供给。面对地方之间合作无法可依的状况,以及有可能带来的不可预测的风险或危机,亟待国家层面的法律制度安排,特别是要确定省级地方之间合作各方主体的权力与责任、权利与义务,构建区际、省际合作与发展中利益损害方司法救济的权利和法律机制,为地方和区域经济合作政策制度的实施提供法律保障。一是区际和省际合作的法规制度供给,对于跨省区域立法,应该赋予国家对跨省级行政区域经济合作开发的法律法规制定权,跨省级行政区域各方主体具有立法建议权和实施权,同时也具有制定省级行政区域内实施国家区域法的地方性法规。比如在"跨行政区域合作发展""跨区域自然资源开发与治理""跨区域江河湖泊治理与执法""跨区域生态环境治理与执法"等方面亟待进行国家层面的立法,以明确跨行政区域合作与开发的主体、原则、合法性审查等重大方面的法律事项或授权,以及缔结跨行政区域经济发展的行政协议或行政合同的法律效力、法律地位等方面的法律规定。对于省内区域合作,应赋予省级行政区对内经济合作开发的地方性法规制定权,并报国家立法部门进行合法性审查和备案。二是区际和省际合作的软法制度供给,国家层面和地方层面应该在区际和省际合作的法律法规中明确合作各方在立法协商、政策协调、执法协作、司法合作等领域签订行政合同或行政协议的法律地位和法律效力,以及规范区际、省际或省内合作发展共同体章程、政策建议、发展宣言、行动纲领等软法的实施效力。

2. 重塑政府与社会的关系

我国地方法治建设良性发展在政府与社会关系层面,应该是构建服务型政府与自治型社会的新型社会治理结构,主要可以通过规范政府权力与推进社会自治予以实现。一是规范政府权力。构建系统完备的政府行为规范制度和规制机制，将政府行为严格限制在法律法规的框架内，将政府行政权力关进制度笼子，让"法无授权不可为"真正成为公权力行使的一种现实和常态。因此，规范政府行为的制度约束主要应该体现在政府的公共信息公开、公共决策透明、行政职权明晰、行政执法公开、行政救济畅通等几个方面。比如制定并公开政府行政清单制度：如行政信息、行政事项、行政权力、行政服务、行政执法、行政责任等清单，对法外行权的行为实施倒查追责机制，以防止政府滥用行政权力以及侵损公民权益或公共利益，形成政府有所作为的正向激励和负向问责的体制机制。

　　二是推进社会自治。社会自治除了个人意义上的自治，主要是指社群意义上的自治，社会自治是以政府治理为前提而又与之相区别的一种治理方式，代表着一种新型的社会治理模式，[①] 可以说推进社会自治与规范政府权力将形成一种互为相长的政府与社会的新型关系，而且社会自治的推进和实现实际上也是在努力突破传统的自上而下的社会治理结构模式，从而对构建新型社会治理模式提出了变革性要求。既需要政府的推动和保障，又要求政府公权力退出社会自治领域，政府是社会自治的助推者，但政府又不是社会自治的直接组织者和领导者，这就要求政府行政权与社会自治权之间的关系既有张力又保持边界，需要政府为社会自治提供良好的政治与社会生态环境，以及法规和政策制度安排，让社会自治共同体能够按照自身的发展规律和制度安排去运行。推进社会自治的关键是要保障社会自治组织享有的自治权利和行使社会治理的公共权力，而保障的最重要的前提就是为社会自治提供科学的制度体系，这个制度体系可以分为三个层面：一是社会自治的国家法；二是社会自治的地方性法规、规章及其规范性文件；三是社会自治的自我规制体系。[②] 使社会自治及其组织能够依法享有自治权利，依法规定自治事

[①] 参见张康之《论新型社会治理模式中的社会自治》，《行政学研究》2003年第9期。
[②] 社会自治自我规制的规则体系因社会自治及其组织的形式和内容不同而形制各异、种类繁多，诸如乡规、民约、章程、规章、协议、准则、纲领、意见、宣言、规划、计划、纲要等不一而足。

项，依法规范成员行为，依法行使治理权力，依法承担社会责任，依法接受社会监督，依法获得司法救济。

3. 激活多元主体有序参与

地方法治建设的主体结构在我国绝大部分地区仍然是单元集权运作结构模式，而非多元分权监督结构模式，这也印证了我国地方仍然是体制回应型为主导的法治建设模式。而作为地方法治原动力的公众力量，是否能使其在真正意义上成为推动地方法治建设的重要力量，则主要取决于地方党委和政府对法治思维与法治方法的正确认知。现在看来，单靠地方党委和政府这一单元集权运作结构模式来推进地方法治建设，其局限和弊端显而易见，有可能进一步强化地方法治建设与国家法治建设的同构，并无法有效回应法治如何落地和社会化等问题，无法有效回应法治建设与社会主体的张力，也无法真正回应法治建设目标与效果的统一性问题。因此，重构地方法治建设的多元主体参与的结构模式，激发多元主体参与的热情将直接决定着未来地方法治建设进一步发展的方向和效果。而地方法治建设的多元主体有序参与机制的实现得益于两个层面机制的成功转型，一是政府公共权力与社会自治权利两者此消彼长，或者说公权力得到有效的法律规制，而社会自治获得制度的支持而有序发展；二是公众满意度评价能够成为法治建设评价的关键环节或主导因素。

4. 基层治理创新方式导入

我国地方治理法治化最广泛的对象是面广量大的乡镇、街道和社区等，而乡镇、街道和社区是中国的最基层区域，这些区域治理的效果如何，直接关系到整个国家的治理成效，因此，基层治理的法治化是法治中国建设的关键一环，也是地方法治建设的重点和难点。如果地方法治建设能够从最基层区域治理的法治化进行切入和突破，在操作层面上将会是一个重大的手段创新、方式创新和机制创新：一是构建基层治理的公共信息平台，形成基层政府——辖区居民——社会组织互动与参与机制，以及完全的信息公开体制和机制。二是构建基层治理的公众评价网络，在承认市和区任命乡镇和街道主要领导干部的体制机制现状条件下，形成辖区居民对所在乡镇、街道和社区干部及工作的绩效进行全体性投票测评的民主机制，评议的结果直接决定基层干部的发展和升迁。

三是构建基层治理的多元共治格局，形成乡镇、街道和社区党组织、行政、社区组织、辖区居民、社会组织、辖区机关和企事业单位等职责清晰、责任追溯的多元合作协同的基层共治机制。通过基层治理法治化的深入推进和举措的落实将会形成三大挤压效应：一是能够形成自下而上的法治建设推进机制，彻底解决基层治理梗阻的难题；二是能够形成基层治理从向上级负责向辖区公众负责的历史性转型机制，彻底解决服务民生、保障权益、共享发展成果口号不落实的弊端；三是能够形成基层治理法治化的"马太效应"和"倒逼机制"，彻底解决上者战略部署、中者按葫画瓢、下者无法落地生根的形式主义、官僚主义和本本主义弊端。

5. 强化公众评价关键环节

地方法治建设之所以会出现这样或那样的问题，其中一个至关重要的因素是公众评价的缺席，法治建设目的与效果是否一致取决于公众的评价，他们才是地方法治建设效果最真实的感受者和受益者，也是地方法治建设成效最重要的评判者和验收者，他们不是旁观者，更不是无关者。应该全方位地赋予地方公众对地方法治建设满意度的评价权，以及对地方法治建设反映问题与提出建议的权利，将地方法治建设从向上级负责转到向地方公众负责的正确轨道上来，只有地方公众满意和支持的地方法治建设才是合理和合法的，才是具有正当性的，才是具有真实效果的。那么，地方法治建设如何构建评价体系？笔者认为应该建立两个方向的认知：首先是建立理念性认知，应该将公众对地方法治建设效果进行满意度评价放在地方法治建设如何构建评价体系最主要的地位，并作为评价地方法治建设绩效的前置性要求，以体现人民的主体性和公众的参与性，以公众满意不满意作为地方法治建设的导向。其次是进行技术性操作，那就是设计和构建公众对地方法治建设满意度评价的指标体系和操作程序，这可以从三个方面进行操作性设计：一是满意度评价指标体系设计，可以从科学民主立法、法治政府建设、公正廉洁司法、法治宣传教育、城市治理法治、法治社会建设、企业法治建设、法治队伍建设、法治建设领导9个一级指标和设定若干二级指标来获得公众对地方法治建设的满意度评价，使得地方党委和政府能够从公众的满意评价中获得支持与动力，从不满意评价中获得反思与修正。二是问题反馈指标体系设计，构建客观问题的选择性反馈，以及主观问题的举例性反馈两个层面的问题与建议反馈体系，并形成对满意度主观评价正向与负向的逻辑证成体系。三是操作程序设计，可以委托独立第三方组织或团体对地方法治建设绩效进行公众满意度测评、数据统计和建模分析，并向社会公开测评过程和结果。只有构建这种公开公正的以公众评价为导向的公众满意度评价体系，才能更加有助于地方党委和政府实施的地方法治建设或法治政府建设在目的与效果上的统一，也才能够让一方的百姓和群众真正共享到法治建设的成果和红利。

第三章

地方法治建设的结构功能

地方法治相对于国家法治而言是一种地方治理法治化的过程和状态，地方法治建设既是法治中国建设的题中应有之义，又是法治中国建设的延伸，也是法治中国建设的基础和重要组成部分。地方法治建设的可能性与正当性来源于两个层面的构建维度：国家法治建设的统一性要求，以及地方知识的区域性影响。因此，法治中国的实现既需要国家层面的顶层设计，也需要地方层面在法治国家建设的统一原则和宪法法律框架下发挥能动作用和首创精神。然而，地方法治建设在理论与实践层面仍然有许多亟待研究的问题，本章拟从理念、制度、行为，以及能力和机制等法社会学层面对地方法治建设的结构和功能体系进行探究，以期能够为地方法治建设的理论与实践提供一种理性认识的视角。

第一节 地方法治建设的理念体系分析

地方法治建设作为地方治理的核心是一项复杂的系统工程，地方治理中许多问题的分析与解决首先需要从法治的理念层面入手，从地方知识视角、良法善治视角或许能够揭示地方法治建设理论形成的轨迹和演变。

一 地方知识视角的地方法治理念

国家法的形成，一是源于传统，二是源于吸收，三是源于移植。这样的观点当然不错，可是我们再追问下去，传统源于何处，吸收和移植又源于何处呢？美国著名人类学家克利福德·格尔茨认为，法律其实是地方知识，它的地方性不仅在于空间、时间、阶级及其他许多方面，更在于它的腔调，即对所发生的事实赋予一种地方通俗的定性，并将之联结到当地关于"可以不可以"的通俗观念。① 换句话说，具有地方知识属性的法有其独特的价值判准，法具有地方本土性特征，无论在理念层面还是在制度层面，抑或是在行为层面，法的生成是一种地方知识的习得，包括了它所内涵的文化。格尔茨再次强调，"法律就是地方性知识，地方在此处不只是指空间、时间、阶级和各种问题，而且也指特色，即把对所发生的事件的本地认识与对可能发生的事件的本地想象联系在一起，这种认识与想象的复合体，以及隐含于对原则的形象化描述中的事件叙述，便是我所谓的法律认识"②。"任何一种企望可行的法律制度，都必须力图把具有地方性想象意义的条件的存在结构与具有地方性认识意义的因果的经验过程勾连起来，才可能显示出似乎是对同一事物所做出的深浅程度不同的描述。"③ 当印度的法律断断续续、参差不齐地传遍整个印度，然后再传到锡兰、缅甸、暹罗、高棉、苏门答腊、爪哇和巴厘岛之时，它本身也吸收了一大群多元的地方习俗、象征、信仰与制度。④ 这就是说，法是在地方或区域不断地进行文化和制度的传播，以及整合和吸纳中完善自己的体系的，地方的规则和习俗等文化和制度是法律得以完备和体系化的根基。格尔茨认为，法律的比较研究不可以将具体的差异化约为抽象的共通性；不论它最终导出的结论为何，都必须关联到差异的安排，而非差异的抹灭。紧接着格尔茨又认为，"不管是在不同的传统之间还是在同一个传统内部，法律进一步特殊化的趋势似不可免"⑤。格尔茨最后总结道，法律是地方知识，而非不受地方局限

---

① 参见［美］克利福德·格尔茨《地方知识——阐释人类学论文集》，杨德睿译，商务印书馆2014年版，第250页。

② ［美］克利福德·吉尔兹：《地方性知识》，邓正来译，载梁治平编《法律的文化解释》，三联书店1994年版，第126页。

③ ［美］克利福德·吉尔兹：《地方性知识》，邓正来译，载梁治平编《法律的文化解释》，三联书店1994年版，第83页。

④ 参见［美］克利福德·格尔茨《地方知识——阐释人类学论文集》，杨德睿译，商务印书馆2014年版，第227页。

⑤ ［美］克利福德·格尔茨：《地方知识——阐释人类学论文集》，杨德睿译，商务印书馆2014年版，第250页。

的通则；还有其他法律是社会生活的建构性元素，而非其反映；或者无论如何不单只是反映；这两项论点，导致了关于比较法研究应有内容的一种相当不正统的观点——它应该是文化的翻译。①

格尔茨认为的"法律是地方知识"的理论观点，表征法律制度的地方知识属性具有的两大功能，一是体现在它具有对地方文化的制度性表达功能，能够在法律与习惯和风俗的互动中将非体系化或局域性的文化形态和样式进行规范性制度建构；二是体现在它具有对法律制度运行的介入性影响功能，在法律制度的适用过程中会不断受到来自地方习俗或习惯的影响，甚至会影响或改变法律制度运行的过程和结果。因此有学者认为，格尔茨的地方知识不但完全有理由与所谓的普遍性知识平起平坐，而且对于人类认识的潜力而言自有其不可替代的优势。因而，地方知识的确认对于传统的一元化知识观和科学观具有潜在的解构和颠覆作用。②

地方知识③之所以重要，首先是因为任何文化制度，任何语言系统，都不能够穷尽"真理"，都不能够直面上帝。只有从各个地方知识内部去学习和理解，才能找到某种文化之间的差异，找到我文化和他文化的个殊性，并在此基础上发现"重叠共识"，避免把普遍性和特殊性对立起来，以明了二者同时"在场"的辩证统一。④ 实际上，地方知识是普遍性、普适性和一般性知识的知识源，相互之间有着内在而紧密的联结和互动，并非毫无关系，一种文化及其产生的制度和规则最初都是从地方"生长"出来的，文化和制度的原初形态一定是个殊化的和地域化的。如果从国家法治视野下来看待地方法治，可以说，地方法治是相对于国家法治而言的一种地方治理法治化的过程和状态，其中，地方

---

① 参见［美］克利福德·格尔茨《地方知识——阐释人类学论文集》，杨德睿译，商务印书馆2014年版，第253页。

② 参见叶舒宪《地方性知识》，《读书》2001年第5期。

③ 在同一个作者（克利福德·格尔茨或克利福德·吉尔兹）的不同译本中有"地方知识"与"地方性知识"两种译法，其实概念和语义相同，为了上下文表达的一致，本文除引用原著译文外，统一使用"地方知识"的概念。

④ 参见纳日碧力戈《格尔茨文化解释的解释（代译序）》，［美］克利福德·格尔茨《地方知识——阐释人类学论文集》，杨德睿译，商务印书馆2014年版，第16页。

治理的软法之治无论就其内容还是形式看，都是法治国家体系形成和完善的一种地方知识。

格尔茨"地方知识"理论之所以具有不可否定的正当性和阐释力，是因为它强调和尊重的是一种个殊的和独立的，并且充满生命力和创造力的文化和制度的原生样态，而这种文化和制度样态往往深深地根植于不同民族和不同地域人们的日常生活之中，生生不息、代代传递，揭示了普遍性知识源于地方知识的客观实在性和演变规律性。地方知识的概念强调人类社会的各种法律文化和制度都是在特定的环境中生长出来的，并受各种历史和现实条件的制约，其价值也只是在特定的条件下才有意义和发挥作用。①

如果我们对不同区域或地方的文化习俗或习惯进行考察的话，就会发现地方文化中的生活习俗、行为规则、交往约定等文化形态和制度观念最终会演变成为现代法治建设的建构性元素，这种影响不仅仅只是在法律制度这样一个层面上体现，这种地方知识的影响将体现在地方法治建设的理念层面、制度层面和行为层面。可以认为，地方法治背后具有很强势的地方知识介入性，在地方法治建设的过程中，无论是行为理念、行为规则，还是行为方式，都会或多或少受到来自这个地方固有的传统制度文化的影响，而且这种影响是无法割断或隔离的，但地方知识对地方法治建设既有正面影响也有负面影响是不言而喻的。关键在于我们首先需要了解地方知识是如何影响地方法治的，它的内在影响机理是什么，地方法治的现代发展和创新应该如何与地方知识进行良性的互动和对接，并在这种对接中汲取精华和剔除糟粕。

比如，上海海派文化背景下人们锱铢必较的精明和见识，恰恰孕育了近代社会交易的规则意识；浙江的"绍兴师爷"这一文化特色，往往催生了人们交往办事的规则意识，而且还孕育出了如"夏履程序""乡村典章"这样的村民自治程序规则，开启了乡村自治的"软法"治理的典范。正如苏力先生所言，"法制是从社会中生

---

① 参见苗连营《作为"地方性知识"的宪政及其当下中国的历史境遇》，《政法论坛》2012年第6期。

发出来的""一个民族的生活创造了它的法制"①，或者用哈耶克的话说，法律本身却从来不是像立法那样被"发明"出来的，法律肯定不是为了实现某一已知目的而创造出来的，毋庸置疑的是，早在人类想到自己能够制定或改变法律之前，法律已然存在很长一段时间了；或者说，早在行为规则能够被人用文字加以表述以前，个人就已经学会了遵循（并实施）这些规则；这些规则之所以能够渐渐形成，乃是因为它们使整个群体的活动构成了一种秩序，尽管它们从来就不是"发明出来的"，此一意义的规则，意味着以某种特定的方式作为或不作为的偏好或倾向，呈现于我们所谓的惯例或习俗之中。②而毋宁是因为它能够使那些依据它而行事的人更为有效地追求他们各自目的而逐渐发展起来的。③我国地方法治建设中的许多机制和制度创新以及方式和方法的创新，都有着他那个地区积淀深厚的法治文化和制度理念的生成机理。或者说，这种具有地方特色的文化和制度形态，既是较为深厚的地方法治文化形态和制度理念的一种制度性外化，也是地方经济、社会和文化发展对地方法治建设的一种内生需求，我国东部地区的很多先行先试的法治实践样本就源于地方法治文化的历史积淀和当代发展，以上这些事例恰恰给了地方知识一个最好的佐证，这些地方法治的先行现象可以归结为地方知识使然。国家法治建设在推进过程中首先是地方法治的基础性建设，没有地方法治建设这样一个地方治理法治化的过程，国家法治是无法实现的，但是地方法治建设必定会有先有后，因此有学者指出，东部地区历史与文化传统的成因也是东部社会法治化得以先行的重要成因，长三角地区的法治走在中国最前列这个事实将来会被历史再一次证明。④

---

① 苏力：《法治及其本土资源》，中国政法大学出版社2004年版，第302、304页。
② 参见严存生《规律、规范、规则、原则——西方法学中几个与"法"相关的概念辨析》，《法制与社会发展》2005年第5期。
③ 参见［英］弗里德利希·冯·哈耶克《法律、立法与自由》（第一卷），邓正来等译，中国大百科全书出版社2000年版，第113、115、116、118、176—177页。
④ 参见孙笑侠《局部法治的地域资源——转型期"先行法治化"现象解读》，《法学》2009年第12期。

笔者认为，格尔茨的"地方知识"理论对我们理解地方法治的可能性和正当性会有这么三点重要的启示。一是就地方法治与国家法治而言，地方法治的文化样态、规则体系、治理行为构成了国家法治思维、制度和方式的基础，但是这并不妨碍地方法治与国家法治的统一性和一致性，地方法治与国家法治是特殊与普遍、个别与一般、差异与普适、具体与抽象、多元与统一的辩证性、关联性的互动和互洽的发展过程。二是就地方知识与地方法治而言，从地方知识的视角来看待地方法治，有助于深入研究地方法治文化及其制度建构的形成机理，以及地方法治的传统性、关联性、个殊性、具体性和多元性特征，也会有助于深入研究地方风俗和习惯如何影响地方的制度创新。三是就地方法治的建设与创新而言，地方法治的建设和创新过程中应该充分尊重地方知识，使得普遍主义与特殊主义的法律文化、国家中心主义与地方中心主义的法治文化都能够在辩证中互动和融合。

二 良法善治视角的地方法治理念

法治精神的要义是"良法善治"，"良法善治"又是法治的最本质特征，一般而言，法治精神包括正义、公平、民主、自由、人权、秩序、和谐、安全等要素，使其成为创制良法的价值追求，评价良法的重要尺度，保障善治的伦理导向，实现善治的终极目标。因此，良法善治既是法治国家和法治社会发展的内在追求，又是地方法治建设或区域法治建设的题中应有之义。

地方法治建设的理念也应该且必须是良法善治，换句话说，良法善治应该是地方法治建设的纲领性理念，是地方法治建设理念体系的统摄性概念。因此，地方法治建设的良法善治理念包含着这样两层含义。

1. 地方法治的"良法"理念

地方法治建设的"良法"主要由制定良好的地方性法规及政府规章等立法理念和制度规范构成。如果从制度的层级而言，称为良法的地方性制度规范有一个前提条件，那就是这些法规规章必须严格依据宪法和法律来制定；如果从制度的目标而言，地方法治建设中的"良法"应该是权力规制之法、以人为本之法、权益保障之法、秩序维护之法、公众参与之法；如果从制度的功能而言，这些地方性法规及规章应该具有衔接上位法的承续功能，完善上位法的补缺功能，实施上位法的保障功能，地方发展的调控功能，先行先试的创新功能等。

地方法治建设的"良法"是由一整套地方性法规、政府规章以及规范性文件所组成的规则体系，但这个制度体系是否是"良法"，应该有一个合乎法治的价值判准，一是能否体现其民主性、合法性和正当性。如出台的地方性法规和规章是否进行过合法性审查，与上位法是否相衔接而不抵触，重大行政决策等规范性文件是否经过了民主讨论的程序，以及是否具有广泛有序的公众参与。二是能否体现其平等性、公正性和公开性。如出台的地方性法规和规章在设定公民权利与义务规定时是否有损害或克减公民权益的规定，地方立法或重大决策的听证与征求意见是否在实体和程序等方面是公正的，重要的立法和决策信息是否是公开和透明的。三是能否体现其包容性、开放性和吸纳性。如出台的地方性法规和规章是否具有规范人与人、人与社会、人与自然和谐发展的立法理念，规范性文件的发布是否旨在促进人的发展、社会的发展和经济的发展三者之间的平衡与和谐，所有地方立法与规则是否具有面向未来发展的前瞻性和对接性。四是能否体现其监督性、保障性和责任性。如出台的地方性法规和规章是否具有严格的自律性，地方立法与规则对公民权益的保障是否是完善的，对于执法者违法行为的责任追究是否是清晰的和明确的。五是能否体现其系统性、完整性和操作性。如出台的地方性法规和规章是否能够成为地方司法机关审理民事和行政案件的援引条款，是否具有司法适用性而非制度性摆设或挂件，地方立法与规则在促进地方经济、社会和文化发展中是否具有实在性和实用性。另外，这种对地方制度是否是"良法"的评价不应由立法者或执法者来判断，而是应该由立法所在地的公民、社会组织或司法机关司法者以及运用法规的法律人等非制度当事者来评判，这样的"良法"判断相对来说要客观些。

2. 地方法治的"善治"理念

在地方治理的宏观视域中，"善治"首先是一种好的治理过程和状态。然而，政治视角的"善治"与法治视角的"善治"有着较为明显的区别，政治视角的"善治"或许更注重价值主义内涵，如包含法治、参与、公正、透明、责任、有效、稳定和廉洁8个要素。① 或包含合法性、法治、透明性、责任性、回应、有效、参与、稳定、廉洁和公正10个要素。② 那么，法治视角的"善治"则更重视工具主义目的，其要素包含了依宪执政与依法行政、制度优位与程序正当、权力规制与权利保障、信息公开与民主协商、有序参与与司法救济等。这里的善治就是要把制定良好的宪法、法律、法规规章付诸实施，公正、合理、及时、有效地适用于地方治理，通过宪法法律的"统治"实现"良法"的价值追求。因此，地方法治建设视角的"善治"又主要是制度之治、规则之治、法律之治，而绝不是"人治"。③ 换句话说，地方法治建设语境下的"善治"至少应该包含这么几层意思：就治理主体而言，善治是人民之治；就治理工具而言，善治是规则之治；就治理价值而言，善治是人本之治；就治理状态而言，善治是有序之治；就治理方式而言，善治是良法之治；就治理内容而言，善治是控权之治；就治理目标而言，善治是民主之治；就治理绩效而言，善治是民意之治。

如果"良法"有一个价值判准的话，那么"善治"也应该有一个尺度，衡量地方治理是否是"善治"，一是看能否体现以人民为主体的治理理念。一个地方治理得好还是不好，标准不是这个地方的现代化程度或经济发展程度，而是能否树立以人为本和以民为本的理念，并践行这一理念，人本理念和民本理念都是以人民为主体的理念，也是党的十八大和党的十九大精神关于"坚持以人民为中心""坚持人民当家做主"和"坚持在发展中保障和改善民生"的深刻体现。有些地方借城市整治之名将低收入群体驱赶出去，这显然违背了以人民为主体的治理理念。二是看能否体现民主协商与平等参与的治理方式。我国有一些省市在国家还未出台行政程序法和重大行政决策程序条例等法律和行政法规的情况下，率先出台了行政程序规定和重大行政决策程序办法之类的地方政府规章，对公众参与和民主协商程序进行了规定，体现了这些地

---

① 参见俞可平《敬畏民意——中国的民族治理与政治改革》，中央编译出版社2012年版，第185页。
② 参见俞可平《论国家治理的现代化》，社会科学文献出版社2014年版，第27—30页。
③ 参见李增元《协同治理及其在当代农村社区治理中的应用》，《学习与实践》2013年第12期。

方在治理方式上的进步和发展，也给其他地方以示范。三是看能否体现实体合法与程序合法的治理规则。我国是一个法制统一的单一制国家，地方立法必须与国家法律法规相衔接并不得有抵触，但问题是要看地方在国家并没有出台法律法规的情况下，地方可以就地方治理的事务先行制定地方性法规，这给了地方立法很大的空间，同时也有可能造成地方立法的任性，但这也是检验地方立法的实体规则和程序规则是否合法的标准。四是看能否体现规制公权与保障私权的治理效果。地方治理的立法行为、行政行为和司法行为最终都会体现在地方治理的效果上，是公权力的肆意扩张或滥用还是职权法定，是公共利益和公众利益的被侵损和克减还是获得合法的维护和保障，都能够从一个地方的治理效果上表现出来，如公众的吐槽、反感、用脚投票，甚至是抗议就是一个对地方治理效果最直观的反映。五是看能否体现治理成果全民共享的治理目标。任何一个地方的治理最终目的是能够让治下的老百姓具有获得感和归宿感，因此判断一个地方的发展和治理目标是否是成功的，最重要的衡量标准就是这个地方的广大民众能否享受和享有地方治理的成果，并在这种成果共享中激发公众的无限的创造热情。因此，在法治的视角下来看地方治理的善治，更多地应该体现治理的合法性、正当性、民主性、公开性、共享性、保障性和责任性等核心要素。

"良法"是善治的首要前提条件，没有"良法"也就不存在"善治"，很可能成了恶法恶治，但有了"良法"并不必然会有"善治"，"良法"靠人来制定，"善治"也要靠人来践行，历史上"良法"恶治的事例也时有发生，恶人与"良法"犹如歪嘴和尚念经，经再好终难修成正果。因此，依法治理不一定就是善治，而依良法进行的良治才能称得上"善治"。

总而言之，"良法善治"应该成为地方法治建设的新型模式，通过还政于民、还权于民，发挥人民主体性作用，实现地方法治的根本转型。从"良法"到"善治"的过程实际上应该是一个赋权于民的过程，即赋予人民地方治理立良法之权，赋予人民地方治理参与之权，赋予人民地方治理监督之权，同时也赋予人民地方治理评价之权。

第二节 地方法治建设的制度体系分析

地方法治建设的制度语境是要研究地方治理制度系统的特征和功能，虽然制度可以从结构、层次、范围、性质等方面作很多分类，但就地方法治建设的制度供给和需求而言，我们可以从地方与国家制度、实体与程序制度以及软法与硬法制度三个视角进行分析。

1. 地方法治建设的地方法与国家法制度

地方法治秩序根本上是建立在地方和基层一系列、一整套有效的规则与制度基础上，推进法治建设，需要立足于各级地方的规则与制度建设。[①] 在地方法治建设的制度供给体系中，内容最多和最具实践性与操作性的就是各省、自治区和直辖市及其设区的城市，基于其行政区域内现状和立法法规定，可以进行地方性法规和地方政府规章的制定，以及相关的规范性文件，并由此形成了体系完整、层次分明、调整广泛、实施有效的地方法制度体系。最新修订的《立法法》第72条第一款、第二款和第六款，第73条第一款、第二款，第82条第一款、第二款和第三款分别对地方性法规和政府规章的制定进行了严格规定，这些规定条款为地方性法规及其政府规章立法的内容和程序提供了严格的、界限清晰的法定依据，也为地方立法特别是地方立法先行提供了较大的空间，是地方法与国家法关系法治化的保障。

在地方性法规和政府规章制定和实施过程中，国家层面的法律法规是地方法规和政府规章的上位法，规范和引导着地方法制建设的方向和范围，因此，地方法不得与国家法相冲突或抵牾，如果国家层面的法律法规没有规定的，地方法可以遵循国家宪法和法律，以及行政法规所规定的基本原则、规则和程序，实施法制创新，这给地方根据自己的实际需要先行先试进行地方立法探索提供了条件。总之，在国家法层面，无论是全国人大的法律，还是国务院的行政法规和部门规章，都为地方法

---

① 参见葛洪义等《我国地方法制建设理论与实践研究》，经济科学出版社2012年版，第35页。

治建设的制度性构建提供了较为完备的上位法依据,但需要各省、自治区、直辖市能够根据这些上位法规定的原则和规则,结合地方建设和发展的需要进行地方层面的法制衔接和配套,并在不冲突原则下进行一定事项和范围的制度创制和创新。

2. 地方法治建设的实体法与程序法制度

地方法治建设的实体与程序制度主要体现在地方治理的法规规章以及规范性文件等制度中,所谓地方法治建设的实体法主要是指规定地方治理主体的权利与义务内容,或职权与职责内容的地方性法规和政府规章的制度体系;而地方法治建设的程序法则主要是指保证地方治理主体的权利和义务得以实现,或保证地方治理主体职权和职责得以履行所必须遵循的前提条件、步骤、过程和环节的地方性法规和政府规章的制度体系。在立法实践中,实体法中也有某些程序方面的规定,而程序法中也有一些实体方面的条款,实际上实体法与程序法这种分类不是绝对的,而是基于分析和研究的需要。

我们现在的许多地方治理的地方性法规和政府规章等制度安排,在多大程度上突出了程序法治的要义和规则是人们关注的重点,因为程序制度更加指向过程和形式的正义和公平,"严格地根据统一的程序来处理一切社会纠纷,是法律实现社会正义的必然要求"[①]。但问题是,在地方法制建设过程中,无论是地方性法规和政府规章,还是规范性文件等制度,往往存在实体与程序制度失衡的现象,一方面体现出传统制度设计的思维与路径依赖,如管理与控制的实体规定多程序规定少、扩权与处罚的实体规定多程序规定少、审批与许可的实体规定多程序规定少。另一方面体现出制度设计中理念与规则创新的不足,如协作与协商的实体规定与程序规定少、监督与救济的实体规定与程序规定少,自治与参与的实体规定与程序规定少。这两个方面的问题恰恰说明,地方法治建设如果在制度层面没有或很少进行程序制度的设计和实体制度创新,就有可能会产生实体制度制定和实施的合法性和正当性问题,而且制度的运行

[①] 谢晖、陈金钊:《法理学》,高等教育出版社2005年版,第168页。

也将会充满矛盾和风险，甚至可能出现制度实施的功能障碍。目前许多地方的城市管理和城市治理的地方性法规和政府规章，并不缺乏实体性规制的条款和内容，但是往往在程序制度设计上有较多缺失，比如说城市管理中行政执法人员对相对人进行的罚款和罚没财物的处罚性制度设计，突出的往往是实体性的强制手段和内容，但欠缺的往往是处罚程序规制，没有程序就会导致执法自由裁量权的恣意和滥用，这就是为什么经常会出现执法人与相对人之间矛盾和冲突激化的一个重要因素。因此，我们应该以实体合法性来衡量地方治理的内容，以程序合法性来检视地方治理的过程，树立地方治理实体法治和程序法治相统一的理念。

从现代地方法治的发展方向看，沿用过去既有的管理模式和制度设计理念已经无法有效解决当前地方发展出现的问题与矛盾，从管理向治理的转型，其中最重要的是制度转型，无论是实体制度，还是程序制度，都应该有一个根本性的转身，诸如从管控向服务的制度转型、从应急向常态的制度转型、从单边向多元的制度转型、从冲突向协商的制度转型、从主导向合作的制度转型、从约束向激励的制度转型、从物本向人本的制度转型、从官本向民本的制度转型，最后是要从人治向法治的制度转型。

3. 地方法治建设的软法与硬法制度

地方法治建设的软法制度是相对于国家层面和地方层面的法律法规、政府规章及其规范性文件等硬法制度而言的，在我们传统的地方法制建设模式中，只强调硬法的制度规制，而且实体性的制度规制占有绝对的分量，往往对其他主体的自治、参与和协作缺乏平等性和协商性的制度安排，甚至是排除体制外的社会组织和公民的协商与参与，既无实体制度安排，又无程序制度规制。如果我们从现代社会发展的趋势来看，可以说"软法与硬法同为现代法的基本表现形式，软法在法治社会建设和社会共同体全面建设方面起着硬法难以发挥的作用，为共同体的建设提供了工具和路径"[①]。软法现象是经济市场化、社会民主化、法律社会化及全球组织化的产物，它适合了市场经济、和谐社会、公共管

---

① 罗豪才、周强：《软法研究的多维思考》，《中国法学》2013年第5期。

理和国际合作的需要。① 因此，软法在地方法治建设的实践中同样具有硬法无可替代的制度规制功能和作用，社会的多元化趋势要求规则也要多元化，相应的地方法治规则也要求具有多样性和层次性，软法的非形式化、多样性和柔性化恰好适应了多元社会发展对制度供给的需求。根据软法概念和功能的一般性表述，对软法的概念，有几种代表性的观点，法国学者弗朗西斯·施尼德最早对软法有一个较为经典的描述，认为"软法是原则上没有法律约束力但有实际效力的行为规则"②。还有一种观点认为，"软法是一个概括性的词语，被用于指称许多法现象，这些法现象有一个共同特征，就是作为一种事实上存在的可以有效约束人们行动的行为规则，而这些行为规则的实施总体上不直接依赖于国家强制力的保障""软法的根本特征是不具有法律效力，欠缺法律上的强制力和约束力"③。或者说，"软法是指不依靠国家强制力保证实施的法律规范，它是一种由多元主体经或非经正式的国家立法程序制定或形成，并由各制定主体自身所隐涵的约束力予以保障实施的行为规范"④。而硬法则是指"那些体现国家意志，由国家制定或认可，依靠国家强制力保障实施的法律规范"⑤。也可以说，软法就是所有硬法之外的社会行为规范之总称。软法的规则形式多种多样，并无一定之规，从地方治理的实践来看，软法的形式大致可以分为几类：一是国家与地方公权力部门的"软法"，比如决议、建议、意见、规划、实施标准、合作框架、合作协议、谅解备忘录、宣言等。二是政治组织或党派的"软

---

① 参见程信和《硬法、软法与经济法》，《甘肃社会科学》2007年第4期；何志鹏、尚杰《中国软法研究：成就与问题》，《河北法学》2014年第12期。

② [法] Francic Snyder, "Soft Law and Institutional Practice in the European Community". (See Steve Martined. The Construction of Europe: Essaysin Honour of Emile Noel, Kluwer Academic Publishes)。也可参见罗豪才《公域之治中的软法》，《法制日报》2005年12月15日；姜明安《软法的兴起与软法之治》，《中国法学》2006年第2期；程信和《硬法、软法与经济法》，《甘肃社会科学》2007年第4期。

③ 罗豪才等：《软法与公共治理》，北京大学出版社2006年版，第216页；诚信和：《硬法、软法与经济法》，《甘肃社会科学》2007年第4期。

④ 罗豪才：《人民政协与软法之治》，《中国人民政协理论研究会会刊》2009年第1期；石佑启、陈可翔：《论互联网公共领域的软法治理》，《行政法学研究》2018年第4期。

⑤ 沈宗灵主编：《法理学》，高等教育出版社2004年版，第42页；石佑启、陈可翔：《论互联网公共领域的软法治理》，《行政法学研究》2018年第4期。

法",比如行动计划(纲领)、章程、共同规章等。三是民间及其社会组织的"软法",如组织章程、准则(守则)、自治规则、乡规民约、社区规范等。四是道德行为规则的"软法",比如礼仪礼貌规则、言语与行为规则、婚姻道德行为规则等。地方治理的实质是公共治理法治化,而"公共治理主要是软法的治理,公共治理的原则要求优先采用软法手段"①。强制性硬法制度的规制体系在公共治理领域应该被视作兜底性的最后手段使用,在地方治理和社会治理过程中,软法能够解决问题的应该首先使用软法手段来调整,这种处理社会一般性矛盾纠纷的软法优先适用模式,从实践来看具有低风险与低成本的效果。

软法规制体系在地方法治建设中应该发挥的作用主要体现在三个方面:第一,多元主体通过软法平等参与地方治理。以政府为主导的多方利益主体,政府、社会组织和公民共同参与地方法治建设需要有一个平等的协商机制,并在这种机制下达成协作型治理框架或协议规则,使政府、社会组织和公民成为地方公共治理的共同体,比如广州市同德围地区改造过程中的政府与市民"政民互动"的协商治理模式就是一种成功的软法治理实践,苏州太仓市街道与社区协议型"政社互动"合作治理模式也是一种较为典型的软法治理实践。第二,政府通过软法购买地方治理公共服务。随着城市化进程的不断加速发展,以及城市区域的不断扩大,地方发展过程中的矛盾和问题日益加剧,地方政府的有限性和局部性日益凸显,客观上要求地方政府在公共治理领域向社会组织和公民购买公共服务,有些地方政府采取与社会组织签订购买公共服务的行政协议或行政合同,这也是目前地方软法治理实践的一种发展趋势。第三,通过软法化解地方治理矛盾与冲突。软法具有柔性的制度规制功能,特别是在处理地方治理中的冲突和纠纷,效果有的往往比强制性手段要好,矛盾冲突双方以协商、谅解、协议等形式达成合意,共同遵守承诺;或者有的社区居民就某些共性的利益诉求和行为需要以合约的形式达成一致意向,成为约束和激励社区居民共同体的行为导向,地方政府往往可以不介入或少介入,这样的软法治理方式往往后遗症较少、预

---

① 翟小波:《"软法"及其概念之证成》,《法律科学》(西北政法学院学报)2007年第2期。

期效果较好。在公共治理理念下的现代地方法治如果还一味强调使用强制、管控、单边、指令、约束等刚性的硬法制度规制模式，并不完全能够从根本上消除社会冲突和矛盾，应该更多地依靠软法制度来进行柔性规制，这已经被大量的地方治理实践所证成，特别是在广大的农村地区，有些地方的乡规民约对所在地区公序良俗的引导和规制作用往往超过了法律法规，这也是一个不争的事实。

第三节　地方法治建设的行为体系分析

地方法治建设的理念和制度体系为法治建设的行为体系提供了观念和规范，是地方法治建设得以实施的重要前提。从地方法治建设的操作层面来看，应该跳出体制内思维，将体制外有利于法治建设的力量和资源调动起来形成建设的合力，应当以政府服务型行政为主导，以公民、法人和其他社会组织自治为主体，以政府、公民、法人和其他社会组织共治为创新治理理念与路径，形成体制内和体制外多元协同的地方法治建设的社会治理行为模式。

1. 地方法治建设的行政行为

行政行为既是行政法理论和行政法实践的一个核心概念，又是行政法学理论界有着很大学术争议的概念，难怪有学者认为，"从更广阔的视野来看，行政行为已经成为我国行政法学研究中一个极为混乱的基本范畴"[1]。但是，行政行为在地方法治建设过程的所有行为方式中又占有非常重要的分量，甚至关系到地方法治建设的效果、群众满意度评价以及目标的实现，而地方法治建设视角下的行政行为与行政诉讼法视角下的行政行为具有很大的区别和差异，前者是广义地包含了具体行政行为与抽象行政行为等可诉与不可诉的行政行为，而后者是中义地只包含了行政可诉性的行政行为。因此，地方法治建设的行政行为无论是主

---

[1] 杨海坤、章志远：《中国行政法基本理论研究》，北京大学出版社2004年版，第200页；杨海坤、蔡翔：《行政行为概念的考证分析和重新建构》，《山东大学学报》（哲学社会科学版）2013年第1期。

体、对象和范围都要比行政诉讼法上的行政行为宽泛和丰富得多。研究地方法治或地方治理问题，必然涉及对行政行为的分析与界定，目前关于行政行为有"五说"：一是最广义说，认为行政行为"是国家行政机关实施行政管理活动的总称……实际上是行政管理活动的代称"；二是广义说，认为行政行为"是国家行政机关或者法律、法规授权的组织和个人具有行政职权因素的行为，包括行政法律行为、准行政法律行为和行政事实行为"；三是狭义说，认为行政行为"是享有行政权能的组织或个人运用行政权对行政相对人所作的法律行为"；四是最狭义说，认为行政行为"是指行政主体依法行使国家行政权，针对具体事项或事实，对外部采取的能产生直接法律效果使具体事实规则化的行为"；五是最最狭义说，认为行政行为"是行政机关依照法定职权对可确定的行政相对人或者物作出的，可形成个别性的法律上权利和义务关系的单方行为"。① 笔者认为，地方法治建设视角的行政行为应该采广义说为妥，即行政行为是指地方各级国家行政机关或者法律、法规授权的组织和个人为实现法治建设目标所进行的"具有行政职权因素的行为，包括行政法律行为、准行政法律行为和行政事实行为"②。

从行政法治化的要义而言，地方法治建设的行政行为的法治化包括四个方面：政府行政应有组织法上的依据；政府行政应有行为法上的依据；政府所守之法为合乎理性之法；政府违法应负法律责任③。可以这样说，法治思维和法治方式在地方法治领域，到了公共行政的实践操作层面，一定表现为依法行政的行为，要求政府在地方治理过程中的一切行政权力和行政行为都必须来自法律法规的规定或授权，行政行为的法定性目的在于对行政权力进行约束和控制，使其在法律规范的范围内履行职权，以达到防止行政权力不当扩张、不当履行，甚至乱作为和滥用之目的。如果结合地方法治建设的行政行为来分

---

① 参见章剑生《现代行政法基本理论》，法律出版社2008年版，第128—129页；杨海坤、蔡翔《行政行为概念的考证分析和重新建构》，《山东大学学报》（哲学社会科学版）2013年第1期。

② 杨海坤、蔡翔：《行政行为概念的考证分析和重新建构》，《山东大学学报》（哲学社会科学版）2013年第1期。

③ 参见郑钟炎《论法治行政》，《中国法学》1999年第6期。

析，合法性的地方法治建设行政行为应该由主体、内容、形式、职权、程序、监督和责任七个方面构成。一是要求行政行为的主体法定，如具有法定的履职主体、具有法定的监督主体、具有法定的责任主体。二是要求行政行为的内容法定，如具有法定的事实和理由、具有法定依据和规范、具有法定的要求和目的。三是要求行政行为的形式法定，如具有法定的行为载体、具有法定的制式要求、具有法定的反馈形式等。四是要求行政行为的职权法定，如具有法定的授权和规定、具有法定的职权和责任、具有法定权限和范围等。五是要求行政行为的程序法定，如符合行政程序的原则和规定、符合法定步骤和顺序、符合法定权限和形式、符合法定的时间和期限等。六是要求行政行为的监督法定，如具有法定的监督机关、具有法定的监督制度、具有法定的监督体制等。七是要求行政行为的责任法定，如具有法定的行政责任、具有法定的民事责任、具有法定的刑事责任。因此，在以地方国家行政机关为主导的地方治理过程中，必然要求行政行为的主体、内容、形式、职权、程序、监督以及责任都应该由法律法规或规范性文件来规制，这是法治政府建设的题中应有之义。

随着国家治理和社会治理现代化的不断发展，法治建设的不断深入，行政行为作为行政主体与行政相对方行政法律关系的中介，在地方法治建设中的行政行为越来越凸显它的服务功能，其服务型行政行为将与规制型行政行为并驾齐驱，行政的授益性和可接受性在法治建设实践中明显增强，非强制性、私法性和柔性行政行为的行政方式在许多公共服务领域得到运用并展开。一是行政指导类行政行为，如行政引导、行政规划、行政宣教、行政建议等。二是行政给付类行政行为，如行政帮助、行政安抚、行政保障、行政免除、行政资助、行政奖励等。三是行政合作类行政行为，如行政协商、行政协作、行政协同、行政联合等。四是行政协议类行政行为，如行政合同、行政协议、行政契约、行政购买等。五是行政服务类行政行为，如行政信息公开、行政投诉受理、行政技术服务等。这些行政行为突出了服务、指导、协商等非诉型行政的功能，在地方法治建设中逐步成为主导型的行为关系模式，突出体现了行政行为模式转型在服务型政府建设中的重要作用和发展趋势，也同时回应了社会与公众对服务型行政的诸多需要。

2. 地方法治建设的自治行为

自治本来是西方法哲学中一个重要概念，其字面的理解就是为自己的行动立法，或称"自我管辖"。自治要求个体或群体成员的行为者能够根据自己的理性标准或群体的共同守则来指导自己的行为和安排自己的生活，或者说，自治的行为是出于实践理性的行为。① 自治行为既是一种遵守约定规则的行为，又是一种共同体集体有意识的行为，还是一种具有悠久历史传承性的辅助政府治理的行为，时刻在社会运行、社会治理、社会发展和社会创新中扮演着非常重要的角色，在我国许多偏远的少数民族聚集区或远离城镇的偏僻农村都能够看到自治行为的鲜活案例和蓬勃的生命力，甚至有些地方可以不熟悉法律和不懂法律，但必须知悉村规民约、认同村规民约、践行村规民约，自治行为所依赖的村规民约等自治规则在存在、演变和发展的长期过程中成为准法律法规式的规则，凸显了自治行为的规则化与条款化特点。也可以说，随着社会发展的多极化和多中心化，自治行为是社会治理现代化一种重要的法治化治理行为与方式，随着社会主体的多元化发展，把自治行为概念或理念引入到地方法治建设中标志着其治理模式正在发生重大的转型，改变了过去一元化的政府管理行为模式，赋予了自治主体和行为在地方法治中的合法性地位和正当性功能。

地方法治建设的自治行为不同于一般意义上的农村村民自治行为、城市社区居民自治行为，以及社会组织成员自治行为。在范围上，地方法治的自治行为具有全社会性和广覆盖性，是公民、法人和其他社会组织的自我管辖和自我规约的行为方式或行事方式；在特征上，地方法治的自治行为具有非法律性和非强制性，是公民、法人和其他社会组织的自发性行为方式和约定性行为方式；在功能上，地方法治的自治行为具有认同性和自律性，是公民、法人和其他社会组织主体性行为方式和能动性行为方式；在内容上，地方法治的自治行为具有公共利益性和共同事务性，是公民、法人和其他社会组织共同体行为方式和集体性行为方式。

---

① 参见李石《实践理性和自治行为——基于"内在理由论"的分析》，《世界哲学》2009年第1期。

如果说地方法治是规则之治的话，那么自治行为也是规则之治，只不过这种自治行为的规则之治更多地体现为软法之治——群体或共同体约定俗成的内在与外在的自我约束规则体系。如果我们从法治的视域来考察的话，自治行为作为一种公民、法人和其他社会组织的规约性行为也应该且必须成为地方法治建设的行为范畴，地方法治的自治行为可以体现为社会每个成员的自治行为，其中主要包括城乡社区成员的自治行为、社会组织成员的自治行为、企业组织成员的自治行为、外来流动人员的自治行为等。比如有些城市社区制定有社区自治章程，引导和规范社区成员的行为，还有些城市的公益性社会组织在参与城市治理，以及城市公益性活动中都有自己的行动指南和行为规则，这种以软法为主要形式的规范，在各地城市和乡村的各类社会共同体中发挥了不可替代的规制作用，在地方法治建设中发挥了重要的社会自治功能。如果从社会治理法治化的视角看，一个地方治理得好不好，其中有两个非常重要的衡量标准：一是看一个地方的自治系统是不是发达的、完善的、有序的和规则化的；二是看一个地区的居民和各类共同体成员是否具有"自我管辖"的行动能力和执行能力。

3. 地方法治建设的共治行为

从政治治理语境下的"共治"到社会治理语境下的"共治"，中国和西方国家都有过非常漫长的理论与实践。而社会治理语境下"共治"的成型既源于中国社会转型与发展的需要，换句话说，"共治"是从强政府弱社会向强政府强社会和小政府大社会转变的社会治理需要，也是政府、公民、法人和其他社会组织等社会主体社会治理博弈的结果。另外，从中央高层的纲领性文件和政策层面的推动来看，"共治"已经成为现代社会治理过程中的重要环节。习近平总书记在党的十九大报告中指出："打造共建共治共享的社会治理格局。加强社会治理制度建设，完善党委领导、政府负责、社会协同、公众参与、法治保障的社会治理体制，提高社会治理社会化、法治化、智能化、专业化水平。"[①] 可以说共治是一种各参与主体利益博弈、合作协商、共同治理、风险共担、

---

① 习近平：《决胜全面建成小康社会 夺取新时代中国特色社会主义伟大胜利——在中国共产党第十九次全国代表大会上的报告》，人民出版社2017年版，第49页。

成果共享的过程或状态。因此，从"共治"的体制维度看，应该体现"党委领导、政府负责、社会协同、公众参与、法治保障"① 五位一体社会治理的协同合力。从"共治"的主体维度看，应该体现党委、政府、公民、法人和其他社会组织五维一体的多方共担。从"共治"的机制维度看，应该体现法治化、信息化、社会化、智能化、专业化、标准化六化一体的系统整合。从"共治"的治理维度看，应该体现政治、法治、德治三位一体的综合功能。从"共治"的内容维度看，应该体现利益协调、矛盾化解、宣教疏导、风险预警、监测评估、过错问责等多管齐下的方式方法。

将社会治理的"共治"概念引入地方法治建设的过程之中，是实现社会治理体系现代化的必然要求，地方法治建设共治实际上是公权与私权的共治，是公权行为与私权行为在公共性事项治理上的博弈和协调之结果，也是政府行政行为与公民自治行为在公共利益上的合作行为之结果。因此，地方法治建设的多方主体共治行为既是一种利益博弈行为，又是一种协商合作行为，还是一种共同建设行为，也是一种共享成果行为，体现了这种共治行为共商→共融→共建→共管→共担→共享的社会治理法治化的过程与状态。有限政府的局限性、公共事务的复杂性、社会阶层的分层化、利益诉求的多元化、区域发展的差异性、权利意识的增强性等现代社会发展的诸多特性，决定了共治行为在地方法治建设中将逐步成为一种社会治理的必然要求和主体参与的利益需要。

如果说地方法治建设的行政行为主要是从政府公共行政之正当性和合法性要素进行分析的话，那么，自治行为主要是从社会各类共同体成员是否具有为自己行动立法的能力进行的分析。而地方法治建设的共治行为则是力图架构一个合作治理的法治行为整合模式。地方法治建设的共治行为模式与行政行为模式，以及自治行为模式都有所不同，政府行政行为是地方法治的主导型力量，具有强大的公共行政权力进行自上而下的推进，治理的出发点是维护整体性的公共利益；而自治主体则是地

---

① 习近平：《决胜全面建成小康社会 夺取新时代中国特色社会主义伟大胜利——在中国共产党第十九次全国代表大会上的报告》，人民出版社2017年版，第49页。

方法治的协同型力量，体现的是社会和组织成员或共同体成员以及公众个体间的行为协议规则，而且这种软法规则建立在共同的利益基础之上，是一种合意性规则。但是，地方法治建设的共治行为模式与以上两者具有根本性区别，它需要在政府和公民之间、政府和社会之间，以及政府和其他组织之间，建立起双边或多边的同时也是平等的合作协同型治理行为模式。比如苏州的"政社互动"模式、广州的"政民互动"模式等，这种合作协同型地方法治机制的前提和基础是需要调整好不同共治主体间的利益需要和诉求，在公共利益、社会利益、共同体利益、群体利益和个体利益之间形成平衡机制，也就是说，地方法治建设的共治行为的达成是各方权益博弈的结果，也是各方利益平衡的结果，但是，这种权益博弈型协同合作需要一个软法的规则体系，这种行为规则往往是以共治主体间的协议和合同为必要形式，比如政府与社会组织成员或其他共同体成员就解决某个公共利益事项达成的协议，再如政府向社会组织或其他共同体成员购买服务达成的行政合同或协议等。因此，我们可以将地方法治建设的共治行为称为共同立法和共同管辖的行为，是主体间建立共治规则，协同维护地方的公共利益、公共秩序、公共环境和公共安全，并有效配置公共资源，提供公共产品和服务的治理行为。

第四节 地方法治建设的能力体系分析

在十八届四中全会决定中有多处提到依法治国、依法执政和依法行政的"能力"建设问题。如"依法治国，是坚持和发展中国特色社会主义的本质要求和重要保障，是实现国家治理体系和治理能力现代化的必然要求""提高党的执政能力和执政水平，必须全面推进依法治国""领导干部依法办事观念不强、能力不足""加强备案审查制度和能力建设""提高党员干部法治思维和依法办事能力""自觉提高运用法治思维和法治方式深化改革、推动发展、化解矛盾、维护稳定能力""发挥基层党组织在全面推进依法治国中的战斗堡垒作用，增强基层干部法治观念、法治为民的意识,提高依法办事能力"① 等。这些重要的"能力"实际上可以归纳为"法治能力"问题,法治能力的概念因为主体的不同,有着不一样的定义和表述。法治能力如果以国家为主体是指国家制定良法并依照良法进行善治所具备的主客观条件;如果以法人为主体则是指法人依法治理所属单位或部门事务的主观条件;如果以领导干部个人为主体则是指领导干部运用法律思维和法律规则处理社会矛盾的本领。所以从法社会学层面来讨论法治能力概念,法治能力即是指治理主体依良法进行善治的主观条件。当然,也有学者认为,从政治话语系统的角度看,法治能力是运用法律化解社会矛盾的能力;法学意义上的法治能力主要是指法律人运用法律规则和法律思维规则解决具体纠纷的能力,是法律人在执法或司法过程中对法律的恰当运用,是运用法律手段在个案中解决具体矛盾的能力。② 还有学者直截了当地指出,法治能力,就是运用法治思维和法治方式深化改革、推动发展、保障人权、守卫公平、实现正义、促进和谐、增进人民福祉的能力。③

地方法治建设是法治中国建设的有机组成部分,地方法治既是完善地方治理体系和提升治理能力的根本保证,也是全面依法治国战略目标的地方实践和具体落实,面对地方治理的各种挑战,亟待提升地方法治建设的能力,地方法治能力强弱只是一个主客观的评估结果,并不以建设主体的自我意志为转移,更多的是通过法治建设的效果和公众满意度来体现,但是从工具思维来看法治能力可以归纳为法治思维能力、法治规制能力、法治解纷能力和法治监测能力四个方面。

1. 法治思维能力

"思维"是法治能力中一个法哲学概念,法治思维中的"思维"意指人们根据法治精神、理念和原则,对"依照法律进行治理"的问题所进行的系统性思考并形成的精神、观念和意识。法治思维能力是完善国家治理体系和增强治理能力的基础性条件,而法治思维是中国特色社

---

① 参见《中共中央关于全面推进依法治国若干重大问题的决定》,《求是》2014年第21期或《党建》2014年第11期。

② 参见陈金钊《法治能力及其方法论塑造》,《上海师范大学学报》(哲学社会科学版) 2017年第2期。

③ 参见徐汉民《提高领导干部的法治能力》,《湖北日报》2014年12月10日。

会主义法治话语体系中的一个非常重要的组成部分，也是法治理论与实践中一个重要的命题与概念，既有着很强的理论维度又有着很强的实践维度。在法学理论界对法治思维有着多种解读和观点，主要分为两大类：过程论的法治思维和存在论的法治思维。而过程论的法治思维又分为法律视角论和法治视角论：法律视角的过程论认为，法治思维是指人们运用法律规则、法律原则、法律精神和法律逻辑，对所要处理和解决的问题进行分析、综合、判断、推理，最后形成结论或决定的思想认识活动与过程。①而法治视角的过程论认为，法治思维就是指人类符合法治的精神、原则、理念、逻辑和要求的思维习惯和程式，它是对于法治比较理性的认知过程，它是一个动态的过程；法治视角的存在论认为，法治思维就是指人类对于法治的认知所形成的精神、原则、理念、逻辑和要求，它是对于法治比较理性的认知结果，它是一个静态的存在。②

当前学界一般是从过程论的视角来讨论法治思维概念的，因此简而言之，法治思维就是将良法善治的诸种法律原则与规则运用于认识、分析、处理问题的思考方式及其理性认知过程。而法治思维的核心要素由权利、规则、程序和责任构成，因此也就形成了法治思维的核心内容必须是权利思维、规则思维、程序思维和责任思维，法治思维实际上就是依良法进行善治的思维方式。能力是表征主体行为的主观条件，是其完成目标和任务所应具备的综合素质。而具备了以权利、规则、程序和责任为法治思维内核的理性思维方式的主观条件，也就形成了所谓的法治思维能力，法治思维是法治思维能力的前提与基础，法治思维能力是法治思维的体现与外化。因此从法社会学视角看，法治思维能力是指主体将良法善治的诸种法律原则与规则运用于认识、分析、处理问题的思考方式及其理性认知过程的主观条件。基于以上法治思维和法治思维能力的表述，将有利于我们运用概念进一步认识和分析地方法治建设过程中的一系列现象和问题。

---

① 参见姜明安《再论法治、法治思维与法律手段》，《湖南社会科学》2012年第4期；王月晶《树立法治思维　增强法治观念》，《法制博览》2015年第30期。

② 参见韩春晖《论法治思维》，《行政法学研究》2013年第3期；周大智、马欣《高校工会工作的法治思维研究》，《内蒙古师范大学学报》（哲学社会科学版）2018年第1期。

从目前我国的地方法治建设现状来看，为什么会出现诸如东西部法治建设差距、城乡法治建设不平衡、法治建设碎片化现象、法治建设部门利益制度化、法治建设公共参与缺失等法治建设的问题？虽然各地经济发展条件、自然资源禀赋差距较大，但这些物质层面差距并不是导致问题产生的根源，关键在于法治思维和法治思维能力的差距，不是物质条件层面的差距而是观念、理念和能力等层面的差距。在我国六七十年代，浙江山丘多而地少，资源禀赋远不如东北，但是浙江人敢闯敢干能吃苦，全国各地都有他们的足迹，现在人们不得不承认浙江人的富足与经商意识，这正应了一句流行语：思路决定出路。可以说，一个地方的执政者有什么样的法治思维理念和思维能力就会有什么样的地方法治环境和地方法治建设行为，无独有偶，我国浙江地方法治建设的先行先试经验不但引领于全国，而且成为全国各地学习的榜样和标杆，这是地方执政者法治思维和能力的具体体现。法治思维能力的强弱直接关系到法治建设的成效，在地方法治建设过程中主要体现在以下几个方面：一是在地方立法活动中，是否具有较强的立良法而非恶法的意识和理念、地方法治促进制度的意识和理念、先行先试制度创新的意识和理念、区域自治自律规则的意识和理念等。二是在地方公共行政中，是否具有较强的依法行政的意识和理念、依法决策的意识和理念、依法执法的意识和理念、程序正义的意识和理念、权力制约的意识和理念、政务公开的意识和理念、法律责任的意识和理念、权力接受监督的意识和理念等。三是在地方司法活动中，是否具有较强的独立审判不受干扰的意识和理念、公正司法和廉洁司法的意识和理念等。四是在地方社会治理中，是否具有较强的依法治理的意识和理念、共建共治共享的治理意识和理念、依法保障民生权益的意识和理念、基层组织自治的意识和理念、公民参与治理的意识和理念等。

2. 法治规制能力

规制是法治能力中的一个核心概念，"规制"（Regulation）意指政府对私人经济活动所进行的某种直接的、行政性的规定和限制，① 也有观点认为，"规制"是指政府部门依据有关法规直接对微观经济活动进

---

① 参见于立、肖兴志《规制理论发展综述》，《财经问题研究》2001 年第 1 期。

行规范、约束和限制的行为,① 换句话说,规制是政府根据法规和政策并运用公共权力对经济活动和社会生活进行的一种干预。"规制"通常被用于经济性规制和社会性规制两个方面,并在如下两个意义上使用:一是政策性规制,更多偏好运用政策杠杆来调控。二是法律性规制,一般运用法律法规制度来进行规范。这里的"规制"概念一般是在法律性规制的意义上使用,因此法治规制能力表征的是根据法律法规及其软法等制度保障私权与制约公权的规则执行能力,保障私权和制约公权是法治永恒的主题,其核心要素是良法、善治与程序,良法在规制层面所体现的制度应该是维护权利和自由的正义制度,善治在规制层面所体现的治理目标应该是公共利益的最大化,而程序在规制层面所体现的制度适用应该是以人们看得见的方式实现正义。这里的制度既包括国家层面的宪法、法律和行政法规;也包括地方层面制定的地方性法规和政府规章等"硬法"的具体条文规定;又包括那些与法律法规相配套的司法解释;而且还包括与国家法和地方法相适应和补充的自治性"软法"规范的相关制度,如地方区域、社会组织、社区居民和农村村民的自治规则或章程等。

公权与私权是人类社会发展之硬币的两面,私权与公权不分的话,将是人类社会的悲哀,但如果私权与公权没有法治保障与制约的话,也将是人类社会的灾难。记得 17 世纪的英国哲学家约翰·洛克在他的《政府论》中有一句名言:"权力不能私有,财产不能公有,否则人类就进入灾难之门。"地方法治建设必然涉及私权的法治保障与公权的法治规制问题,私权的法治规制重点在于保障公民合法的权利和自由及其私有财产不受侵犯,这既是一条宪法原则,又是一条宪法规则,是保障私权的最高法则,在宪法实施中居于重要地位,一切地方性法规和政府规章以及软法规则等都必须遵循宪法基本原则并在宪法之下设定权利与义务关系,不能与之产生抵牾和冲突,这是私权法治规制的前提和条件。

公权的法治规制则重点在于公共权力必须依宪执政、依法执政、

---

① 参见胡税根、黄天柱《政府规制失灵与对策研究》,《政治学研究》2004 年第 2 期;董婷等《现代医院评审理论研究》,《中国卫生质量管理》2013 年第 3 期。

职权法定、依法行政、权力监督、滥权追责,这是法治政府建设的必然趋势。关于法治与政府公权力的关系,哈耶克曾说过,法治的意思就是指政府在一切行动中都受到事前规定并宣布的规则的约束——这种规则使得一个人有可能十分肯定地预见到当局在某一情况中会怎样使用它的强制权力,和根据对此的了解计划他自己的个人事务。① 我们过去所强调的规制能力往往是运用政府行政权力对市场进行干预和管控,是行政权力对市场机制内在问题的矫正与调控,是一种单项的政策性调控,虽然具有效率高、见效快、成本小的优势,但是随着市场经济的发展和法治政府建设的推进,运用政策规制市场,特别是规制社会生活已经越来越凸显出这种规制工具的局限与不足,越是政策规制强势的地方政府,往往会出现许多政策调控后留下的后遗症,如政策调整与法律法规冲突、政策调整无上位法依据、政策调整程序缺失、政策调整无法预期等。可以预见的是,有些地方现有政策调整的主导模式将随着法治政府建设的推进逐步让位于法律法规调整模式,政策调整的范围和空间在未来的公共行政中也将会逐步缩小,而代之以法治规制的主导模式。

地方法治规制能力主要体现在以下四个方面。首先,体现在地方法治规制是否能够确立保障私权与公权的法治原则,即对公权而言,法无授权即禁止;而对私权而言,法无禁止即自由。其次,体现在地方法治规制是否能够建立完善的严格规制公权行使的制度体系,杜绝公权滥用和不当行使,特别是能够防止公权对私权的侵犯和损害,保障公权力在法律法规范围内行使。再次,体现在地方法治规制是否能够强化对私权实施有效的司法保障和司法救济,善用法治规则进行调整,少用或不用行政手段处置。最后,体现在地方法治规制是否能够依据法律法规及其自治规则实现制度的实体正义和程序正义。

3. 法治解纷能力

"解纷"是法治能力中的一个实践性概念,法治能力中的"解纷"

---

① 参见哈耶克《通往奴役之路》,王明毅、冯兴元等译,中国社会科学出版社1997年版,第73页;张礼洪《经济制度的法律规范基础和民法典功能的考察》,《广东社会科学》2018年第4期。

意即依照法律法规等制度规范通过行政、司法或其他途径解决或化解社会矛盾或纠纷的法治化行为方式。在中国当下的社会中，"解纷"并不是一个需要多少理论进行解构和分析的概念，而是一个社会治理中需要大量面对的实践性问题。法治解纷能力体现在解纷体制的构建、解纷机制的形成和解纷方式的运用三个方面，因此需要对解纷体制、解纷机制和解纷方式等法治解纷能力问题进行研究。地方法治建设中法治解纷能力的强弱直接关系到一个地方社会秩序的稳定和生活的平安，也关系到一方百姓自身权益是否得到合法、公平、公正地维护。

一是解纷体制。解纷体制是指国家和社会业已形成的较为稳固的解决矛盾纠纷的内在组织与结构体系，其表现形式是各类解纷的途径、渠道与平台。从现代社会治理的现状与结构性特征看，我国当下社会的解纷体制已经呈现出多元化和分散化格局，主要形成了党政解纷、司法解纷、非讼解纷、社会解纷、民间解纷等五位一体的解纷体制。我国目前的解纷体制具有专业解纷与非专业解纷协同、党政部门解纷与社会民间解纷协同、诉讼解纷与非诉讼解纷协同的特点，体现出解纷体制的系统性、主体的多元性、内容的衔接性、途径的多样性、目标的一致性特征。我国社会矛盾日益呈现出多元复杂、面广量大的态势，主要的矛盾纠纷属于人民内部矛盾，有什么样的矛盾纠纷形态就会有什么样的解纷体制与机制，这就决定了我国当下解纷的体制与解纷的对象之间应该是契合与对应的，以解决非敌对与一般性利益冲突为主。从客观上要求各种解纷途径和渠道是畅通的、健全的、多元的和高效的，各类社会矛盾纠纷基本上是要通过解纷体制所形成的途径和渠道得以解决和化解，不同解纷途径和渠道之间并不是排斥的，而是具有相互补充和对接的功能，这也是法治解纷能力强弱的一个突出体现。

二是解纷机制。解纷机制（dispute resolution mechanism）是指在解纷体制下形成的一种解决矛盾纠纷的结构关系与运行系统。随着我国社会治理体系和治理能力现代化的推进，解纷体制和机制将在社会治理法治化过程中发挥重要作用和功能，从全国各地解纷实践模式来看，解决社会矛盾纠纷越来越趋向于协同性、综合性和衔接性，由此形成了社会矛盾纠纷的大调解对接机制和化解矛盾联动机制，比如大调解解决矛盾纠纷的对接机制有：诉讼与调解结合的"诉调对接"、检察机关办案与调解结合的"检调对接"、行政机关及公安办案与调解结合的"公调对接"、信访机关处理案件与调解结合的"访调对接"、纪委办案与调解结合的"纪调对接"、律师办案与调解结合的"律调对接"、法律援助与调解结合的"援调对接"、仲裁案件与调解结合的"仲调对接"等模式。还有协同与联动化解矛盾纠纷机制，包括人民调解、司法调解和行政调解组成的"三调联动"，以及融矛盾纠纷预防、排查、化解、应急处置于一体的"一综多专"等模式。这些具有创新的解纷机制承担了社会矛盾纠纷减压阀和平衡器的功能，体现了解纷资源的整合性、诉求表达的畅通性、解决方法的主动性、解纷空间的扩展性等功能与特征。

三是解纷方式。解纷方式作为解纷体制机制的实现方式、表达方式和操作方式的工具系统，对解决矛盾纠纷的效果起到直接的作用。从我国法治社会建设发展的要求看，法治解纷方式应该体现各类资源整合的协同性和统筹性特色，形成诉讼解纷—调解解纷—行政解纷—仲裁解纷—律师解纷—信访解纷—社区解纷七位一体的多元平衡的解纷方式体系，或者说是法治型解纷—自治型解纷两大类型的解纷方式体系。从法治中国建设的要求看，解纷方式无疑应该是一种法治化方式，现代社会的解纷方式完全不同于传统社会的解纷方式，其理念与思维及其方式与方法都有着根本的区别。传统社会向现代社会的转型要求解纷方式体现以下几个方面的转向：其一是解纷方式要从人治型解纷向法治型解纷转向；其二是解纷方式要从政策型解纷向法制型解纷转向；其三是解纷方式要从维稳型解纷向维权型解纷转向；其四是解纷方式要从强制型解纷向说服型解纷转向；其五是解纷方式要从管控型解纷向服务型解纷转向；其六是解纷方式要从被动型解纷向主动型解纷转向；其七是解纷方式要从消极型解纷向积极型解纷转向；其八是解纷方式要从封闭型解纷向开放型解纷转向。这种解纷方式的转向能够更好地体现出现代社会治理的法治思维和法治方式，因为法治解纷问题，既涉及法律法规的适用，又涉及程序合法和裁判公正，将社会矛盾纠纷纳入法治解决的体系之中，既能体现政治的法治诉求，又能克服政治的人治痼疾，因为人们的共识显然是：政治问题法律化的社会显然要比法律问题政治化的社会更民主和更让人有公平感与安全感。

4. 法治创新能力

拉丁语系中的"创新"有三层意思：更新、创造新的东西、改变，① 哲学上的"创新"是指人的一种创造性实践行为。创新是人类特有的认识能力和实践能力，是人类主观能动性的高级表现，是推动民族进步和社会发展的不竭动力。② 《三中全会决定》和《四中全会决定》中多次提到有关法治的创新概念，如"创新有效预防和化解社会矛盾体制""创新立体化社会治安防控体系""推进法治理论创新""创新适应公有制多种实现形式的产权保护制度""推进社会治理体制创新法律制度建设""创新执法体制""创新法治人才培养机制""创新发展依法治军理论和实践"。这里的"创新"既提出了法治理论的创新，又提出了法治实践的创新，创新作为法治能力的一个综合概念，有着较为广泛的指向性和包容性，法治能力中的"创新"意指多重维度的法治建设的创新体系。

党中央提出法治国家、法治政府、法治社会一体建设，既是一个战略性命题，也是一个战略性部署，理论和实践的内涵十分丰富，涵盖和串联了法治中国的理论系统和实践操作，构建起了法治中国的顶层框架体系，是法治中国最高位的纲领性和统摄性概念，法治国家、法治政府、法治社会作为法治中国建设的一个整体性理论和实践架构，本身就体现出法治的创新。法治国家建设主要指向国家政治权力的法治化，法治政府建设主要指向政府行政权力的法治化，而法治社会建设主要指向社会主体公共权力与私人权力的法治化。

地方是法治国家、法治政府、法治社会建设的最前沿阵地，担负着法治创新能力建设的重任和实践探索，是法治创新试验、法治创新经验和法治创新模式的最重要载体，是培养和提升法治创新能力的最佳舞台。如何构建地方法治化的创新能力体系，主要应该考虑以下几个方面：一是构建依法治国、依法执政、依法行政共同推进的地方法治创新体系。二是构建科学立法、严格执法、公正司法、全民守法的地方法治

---

① 参见沈宁《新闻出版青年创新人才培养激励的探索与思考——以山东省新闻出版行业青年人才培养为例》，《出版广角》2018 年第 10 期。

② 参见杨彦如《高职院校著作评价标准探析》，《中国现代教育装备》2017 年第 23 期。

创新体系。三是构建政治文明、经济文明、社会文明、生态文明的地方法治创新体系。四是构建系统治理、依法治理、综合治理、专项治理的地方法治创新体系。五是构建市民公约、乡规民约、行业规章、团体章程等社会规范的地方法治创新体系。六是构建社区自治、公众参与、社会共治等社会自治的地方法治创新体系。七是构建公共权力规制与个人权利保障的地方法治创新体系。八是构建法律规范、法治实施、法治监督、法治保障、党内法规的地方法治创新体系。以上八大地方法治创新能力体系是在法治国家、法治政府和法治社会的宏观战略框架下生成的一系列理论和实践性很强的地方治理法治化创新的战术性体系，体现的是地方法治创新的系统性与整合性能力。

这八大地方法治创新体系在"能力"层面的体现是，地方治理在国家、政府和社会层面能够在何种程度上提升全方位和全领域"有法可依"的制度构建能力、"依法而为"的制度规制能力、"依法裁判"的制度救济能力。换句话说，地方治理的公权力运行在多大程度上能够有法可依、依法而为和依法裁判，这才是地方法治创新能力的核心问题。"有法可依"重点研究的是地方公权力行为的法律法规规定性，讨论的是"良法"的制定问题；"依法而为"重点研究的是地方公权力行为的法律法规依据性，讨论的是"善治"或"善为"的治理问题；而"依法裁判"重点研究的则是地方公权力行为的法律法规适用性，讨论的是"司法"的裁量问题。

从制度建构的维度来看，地方法治创新能力应该指向地方性法规和政府规章的创制是否能够在不违反上位法的原则下，走出一条地方治理法治化的制度先行先试之路。地方立法具有上位规范的衔接性、调整范围的广泛性、规制内容的具体性、治理对象的复杂性等特征，目前全国地方性法规与政府规章等地方立法很不平衡，呈现出地方立法水平、质量及数量与地方经济发展的正相关性，因此，地方立法有必要建立完善的补短板机制，亟待进行补充型的地方立法创制。而对于发达地区的地方立法，则应该最大化地利用《立法法》第73条赋予治理地方事务的立法空间，尝试大胆地更加超前地创制地方性法规和政府规章。诸如地方基层政府与社区自治组织法律关系的制度性创新；地方公共安全紧急处置的制度性创新，如紧急查看权制度等；地方性法规与政府规章立法实施的后评估制度等；地方农村土地使用权进入市场流转制度创新；国家级新区或自贸区区域性法规和规章立法权限的制度创新等；跨省行政区域合作发展的共同立法的制度创新等。

从政府行政的维度来看，地方法治创新能力应该指向地方各级政府是否能够依法善为，体现行政公权力运行的法定性，公权力的自我约束与自我设限既需要勇气，也需要创新。诸如建立行政公权力运行的法定机制，建立行政公权力的设定、配置、决策、关系、运行、程序、机构、事项、范围、保障法定的实体与程序机制，建立行政公权力运行的清单、目录、信息、告知等公开机制，建立行政公权力滥用、不当扩张、不作为、违法行使等投诉追责机制。除了行政公权力的内部制约外，外部对行政公权力运行的监督也是地方法治创新的重要部分，如何构建起社会组织、网络、媒体以及公众对行政公权力运行的监督是一个亟待需要制度与机制创新的课题。诸如建立行政公权力阳光运行的监督机制，建立行政公权力运行的公众投诉机制，建立行政公权力行使的公众满意度评价机制，建立行政公权力运行的监测指标体系，建立行政公权力运行绩效的第三方评估机制等。

从绩效评估的维度来看，地方法治创新能力应该指向对地方法治建设的能力与成效的监测与评估，这个评价体系通过对地方法治建设主体行为能力及其效果的监测与评估，能够较为客观地对地方法治建设的绩效进行科学的考量，但是这里面涉及谁来测评、测评什么、怎么测评等实质性的问题。首先，制定地方法治建设的测评体系要解决方向性问题，即测评指标体系的核心理念是必须能够体现法治中国依宪执政、依法行政的价值取向和目标。其次，制定地方法治建设的测评体系要解决系统性问题，即测评体系应该建立系统性思维，测评体系的测评内容和范围应该紧紧围绕保障公民权利、规制公共权力这一核心要素展开，形成诸如地方民主立法、法治政府、公正司法、法治宣教、法治社会、法治队伍、法治保障、公众满意度等系统性的评价指标群。最后，制定地方法治建设的测评体系要解决实施性问题，即评价体系应该建立在真实性、参与性和回应性的基础上，充分体现地方法治测评的民意和诉求，充分体现地方法治建设的效率与效能，从让上级满意向让群众满意转变，充分体现公众在地方法治建设评价中的主导作用。

第五节　地方法治建设的机制体系分析

地方法治建设是在法治中国大视野下的区域实践，既需要根据中央全面依法治国的战略部署全力推进，也需要根据地方实践进行先行先试，在地方法治创新中从传统法制建设向现代法治建设转型，真正形成全新的地方治理法治化的生态格局。

1. 构建物本向人本转型的能动机制

地方法治建设一方面需要提供强大的物质保障，比如平台建设、基地建设等各类载体建设，为法治建设主体提供充分的物质基础和保障。另外，所有的物质建设都是为人服务的，人是地方法治建设的主体而非客体或对象，地方法治建设的目的不是去管人和治人，而是制定统一规则、严格执行规则更好地服务于人，明确每一个人作为地方法治建设主体应有的权利和义务，为人们的生存和发展提供一个自由、舒适、有序和清新的环境、秩序和行为指南，这就是法治建设的人本理念或者说以人为本理念的真谛。"坚持以人为本，就是要以实现人的全面发展为目标，从人民群众的根本利益出发谋发展、促发展，不断满足人民群众日益增长的物质文化需要，切实保障人民群众的经济、政治、文化权益，让发展的成果惠及全体人民。"[①] 地方法治建设的能动机制是要将物质层面的建设和保障转化成为人的全面发展的条件和动力，并充分利用客观条件进一步发挥人的主观能动作用和创造精神，形成"共建共治共享"的地方治理法治化格局。一是构建人的能动创新机制，充分激发人的内在动力；二是构建人的能动激励机制，充分激发人的行为效能；三是构建人的能动维权机制，充分激发人的权利意识；四是构建人的能动约束机制，充分激发人的规则观念；五是构建人的能动发展机制，充分激发人的创造潜能；六是构建人的能动服务机制，充分激发人的奉献精

---

① 胡锦涛：《在中央人口资源环境工作座谈会上的讲话》，《领导决策信息》2006年第4、5期（合刊）；李萍：《从管理到治理：城市社区管理模式的转型》，《理论学习》2017年第11期。

神；七是构建人的能动纠错机制，充分激发人的自律能力。

2. 构建官本向民本转型的主体机制

地方法治建设仅仅以党委、人大和政府等体制内部门为主体是远远不够的，应该将体制内主体和体制外主体结合起来，形成党委、人大、政府、政协、社会组织、公民等多元主体分工协作的格局，特别是要发挥社会组织和公众参与地方法治建设的作用。所谓官本，就是以权力为本位的政治文化和社会政治形态，在这种政治文化和社会政治形态中，权力关系是最重要的社会关系。① 而现代社会视角的民本就是以人民为本位的政治文化和政治、经济、社会生态，一切权力属于人民的民主管理、民主协商和民主参与是其最重要的一种社会关系。从官本向民本转型，就是要在地方法治建设中尊重和践行人民的主体性，将民本的内涵从法治规则层面上固定下来，以民为本就是在法治建设中要发扬民主、服务民生、尊重民意、保障民权、维护民治、顺应民心、体察民情、关心民隐、吸纳民智。维护和保障好公民权益，树立法治为民与法治惠民理念，使广大民众共享地方法治建设成果，树立和打造地方法治建设的民本理念和氛围。如果从以民为本的理念来构建地方法治建设的主体机制，我以为，这个主体机制中的主体概念，应该着重体现在以一地公众为主体或以一方百姓为主体，将公众作为法治建设的重要依靠对象，只有以公众参与法治建设、受惠于法治建设成果并对法治建设满意度作出主客观评价，才是最可靠、最能体现民主权利的主体机制。一是构建民主协商的主体机制，充分保障公众具有协商的权利；二是构建民主参与的主体机制，充分保障公众进行参与的权利；三是构建民主自治的主体机制，充分保障公众实现自治的权利；四是构建民主评议的主体机制，充分保障公众独立评价的权利；五是构建民意为先的主体机制，充分保障公众提出建议的权利；六是构建民心为向的主体机制，充分保障公众表达自由的权利。

3. 构建政策向法制转型的规则机制

一般来讲，法律制度调整较为稳定的社会关系，所以它偏重对既有

---

① 参见俞可平《官本主义引论——对中国传统社会的一种政治学反思》，《人民论坛·学术前沿》2013年第5期上。

的社会关系的确认、保护或规制。① 而政策是应对社会突发性问题和风险的一种应激性制度安排,其特点是制度对于解决问题的效率性和灵活性,但另外也体现出这种制度设计缺乏长期性和稳定性,虽能够调节社会的发展变化,但提供不了长期和可预期的制度遵循。在地方法治建设的过程中,面对社会结构、社会关系和社会矛盾的多元化和复杂化,用政策进行调控的局限性也日益凸显,出现了诸如政策文件内容的原则性、处理手段方式的随意性、解决结果的不可预期性、调控范围的狭隘性、保障方式的软弱性以及责任承担的缺位性等诸多缺陷和风险,② 这些政策制度固有的局限往往难以应对和解决复杂多变的社会矛盾和问题。由此,社会现实和诉求将倒逼地方治理从政策制度导向向法规制度导向转型,形成以法规性制度为主、政策性制度为辅的制度供给和调整格局,更多地运用法治规则来调整和治理地方事务,体现其法治规则的稳定性、权威性和可预期性。地方法治建设的规则机制是一个系统性的制度体系,包括国家层面的法律法规,以及地方性法规和政府规章等"硬法"规范系统;而且还包括规范性文件,以及政策制度系统,地方区域自治、社会组织自治和社区自治的规则体系等"软法"规范系统。从现代社会发展的趋势来看,地方法治建设既需要"硬法"也需要"软法",将"硬法"与"软法"协同适用,以达到共同调整社会关系,共同治理社会环境,共同规范社会行为,共同处理社会矛盾,共同保障合法权益的目的。

4. 构建无限向有限转型的分担机制

地方法治建设应该是一个多元主体、共建共治的分担过程,地方法治建设的现代社会发展需求和诉求突破了执政党和政府作为治理主体的唯一性和无限性,随着各地方和社会发展及其治理的复杂性日益凸显,需要整合体制内和体制外的力量,亟待发挥除公权力部门外的其他社会

---

① 参见朱未易《基于权利视角的中国社会救助制度建构之法理》,《江海学刊》2009年第2期;汤秀娟《"收容"到"救助":社会治安防控模式的转型》,《贵州大学学报》(社会科学版) 2014年第5期。

② 参见朱未易《基于权利视角的中国社会救助制度建构之法理》,《江海学刊》2009年第2期;汤秀娟《"收容"到"救助":社会治安防控模式的转型》,《贵州大学学报》(社会科学版) 2014年第5期。

主体在地方法治建设中的作用，形成全方位法治建设的系统工程，由此，构建地方法治建设多元共建共治的分担机制已经成为一种必然趋势，这一分担机制主要体现在三个方面。一是建立地方法治建设多元主体的分担机制。在地方法治建设主体多元化的现代社会背景下，需要规划和设定好不同主体在地方法治建设中应该行使的权力和权利及其应该承担的责任和义务，党委、人大、政府、政协等部门应该是地方法治建设的主体，是法治建设过程中的领导和主导力量，相对而言，党委部门承担地方法治建设的决策和动员功能，人大部门承担地方法治建设的立法和监督功能，政府部门承担地方法治建设的行政和执法功能，政协部门承担地方法治建设的资政和协商功能；社会组织和公民也是地方法治建设的重要主体，是法治建设过程中的中坚力量，应该发挥其在地方法治建设中的参与和评价功能。二是建立地方法治建设不同规则的分担机制。不同位阶的地方法治建设所适用规则具有不同的作用和功能，需要协调好不同层级的国家法律法规与地方性法规、政府规章等"硬法"之间的承接功能、调整功能和规制功能，也要处理好各类政策制度和社会自治规则等"软法"与"硬法"之间的衔接功能、调整功能和规制功能，使得不同位阶、不同领域的制度规范能够发挥与自身地位、范围和功能相匹配的作用。三是建立地方法治建设实施模块的分担机制。在地方法治建设过程中，诸如构建法治建设的决策运行、规划制定、组织动员、行政推动、公民参与、服务购买、信息公开、专家论证、民主协商、平台建设、绩效测评、民主监督、责任承担等不同的实施模块，遵循合宪性、合法性、正当性的法治原则，以及科学性、合理性、操作性的实施原则，针对实施模块的不同内容和对象配置实施主体和载体。

5. 构建封闭向开放转型的阳光机制

地方法治建设应该是一个民主参与和信息公开的过程，在地方法治建设的决策、实施和评估等领域，亟待从封闭运作、内部循环、自我评价、自我考核的体制内运作模式向公众参与、公众评价、第三方监测、民主协商的开放型运作模式转型。地方法治建设的公开机制主要体现在以下三个方面。一是建立地方法治建设的信息公开机制。信息公开是地方法治建设的基础性工程，没有充分的信息公开，也就谈不上民主协商、公众参与和公众评价，只有坚持以公开为常态，不公开为例外的原则，才能建立起对等的、对称的和公平的信息披露机制，对社会公众公开披露地方法治建设的决策、行政、程序、服务、责任、结果等信息内容，使地方法治建设的多元主体，特别是让各类社会组织和公民能够在一个信息对称的状态下进行依法有序的参与。这里的信息公开机制涉及构建信息公开的规则机制、信息公开的传播机制、信息公开的责任机制、信息公开的豁免机制以及信息公开的监督机制等。二是建立地方法治建设的民主协商机制。民主协商作为新型政治参与的一种重要形式，已经越来越多地进入社会的各个领域，弥补了票决民主的缺陷，地方法治建设过程中有许多的内容需要采用民主协商的形式来解决，诸如在法治建设的决策、规划、参与、论证、评价、监督等领域需要构建双边与多边的民主协商程序和机制。三是建立地方法治建设的公众参与机制。地方法治建设随着社会的发展，已经不再是党委、政府等部门专属的事务，需要越来越多地依赖于体制内外的各种力量进行推动和参与，特别是公众的参与，如果说地方法治建设的最终目的是地方百姓受益的话，那么检验法治建设的决策正误与否、效果好坏与否、受益真假与否最有权威的评价主体应该是一个地方的广大人民群众。可以这样说，地方法治建设的公众参与机制着重在于能够构建公众参与的规则机制、公众参与的程序机制、公众意见的吸纳机制、公众评议的回应机制等。

6. 构建局部向系统转型的协同机制

地方法治建设应该是一个系统工程，既需要战术层面的具体操作，更需要战略层面的系统设计；既需要局部区域的探索性实践，更需要全局性的总体把握；既需要各部门的独立运作，更需要各层次间的协同运行。地方法治建设应该在四个体系上进行有效的协同和整合，一是构建地方法治建设的规则协同体系。形成国家层面的法律法规、地方性法规、政府规章及其规范性文件等内外部的制度协同。内部制度协同体现在地方层面的法规、规章及其规范性文件不同层次间规则制定边界清晰、规则运行协调顺畅；外部制度协同体现在地方法治的下位制度规范与上位制度规范的相互衔接、不相冲突和协调运行。二是构建地方法治建设的运行协同体系。各运行主体在立法、行政、执法、司法、监督、参与等运行环节的合宪性、合法性和法定性是协同的基础，既要构建党政部门、社会组织和公民个人等不同主体在地方法治建设中的协同机制，又要构建地方法治建设过程中的立法、行政和执法等不同主体间的协同机制，如地方性法规和政府规章的立法协同、行政执法权相对集中的协同、行政许可权（审批权）相对集中的协同、行政强制权相对集中的协同等，再如公众在法治建设过程中行使质询、听证、论证、评价等有序参与的协同。三是构建地方法治建设的监督协同体系。构建不同监督主体间的协同机制，体制内监督要体现党委、人大、政府和政协及其民主党派等主体在地方法治建设过程中的职责法定和横向协同，体制外监督要体现媒体、网络、社会组织、公民个人在地方法治建设过程中的依法参与和民主协商，将体制内监督的主导力量与体制外监督的重要力量通过一个或多个中介平台进行有效的协同和整合。四是构建地方法治建设的责任协同体系。明确地方法治建设的责任主体、责任范围、责任内容、责任时效、责任承担、责任追究等责任清单制度，综合适用法律责任、行政责任、党纪责任和道德责任，分别适用个人责任和组织责任，连带适用上级责任、本级责任和下级责任。五是构建地方法治建设的系统协同体系。形成法治、德治、政治"三治"一体，国家法治、地方法治、区域法治、基层法治有效衔接，依法治省（市）、依法执政、依法行政共同推进，法治城乡、法治政府、法治社会有机统一，经济法治、社会法治、文化法治协同共进。

第四章

地方法治建设的纵横关系

地方法治建设的纵向关系旨在研究中央与地方关系（可简称为"央地关系"）的法治化问题，一般而言，一个国家的央地关系法治化的核心是各自的权力配置关系，央地关系法治化首先是地方权力配置法制化，地方权力配置主要包括地方立法权、行政权和司法权，这些权力必须由宪法和法律来规定，我们说央地关系迟早应该是法治化的关系，地方权力的设定必须有法律的规定与授权，除此之外，地方任何政策制度的设计或设定都不具有正当性和合法性。而地方法治建设的横向关系旨在研究地方或区域间关系（可简称为"地地关系"）的法治化问题，一个国家地地关系法治化的核心是地方或区域相互之间的经济、社会与文化等的制度性合作，特别是跨省市级行政区域的经济协调与合作，但是在我国现有法律法规体系中，地方或区域之间合作发展的权利与义务法律关系并没有系统性的制度安排，往往只有行政层面的协商或协议，缺乏法律层面的规制，因此地地关系的法治化是一个必须给予正视和亟待解决的重要问题。

第一节 中国地方权力配置法治化现状检视

检视中国央地纵横向关系法治化现状，首先要从检视中国地方的权力配置开始，讨论地方权力配置必须将其放到央地权力关系中来考察，而且宪法与法律对地方权力的规定本身就是在界定中央与地方的权力关系格局，从现有的中国法律来看，地方权力配置主要由宪法和若干法律来规范，这些宪法和法律对中国地方的立法权、行政权和司法权在实然层面的规定，初步确立了地方权力的法律地位。但是，我们从宪法与法律对地方权力配置规定的梳理与检视中发现了有待进一步研究和解决的问题，对这些问题的分析有助于我们在法制建设和域外观察的宏观背景下，在制度建设与现实发展的张力中获得理性认知并提供完善的路径与建议。

一 地方立法权的法律规定与分析

地方立法是我国整个国家立法体系当中的一个重要部分，现有的中央立法与地方立法之间、法律法规供给与现实社会需求之间始终存在着一种张力，这种立法层面的内部性与外部性矛盾和纠结终将促发我国立法体系的深刻改革与创新。

1. 地方立法权的法条梳理与述要

对地方立法权的法律规定主要体现在《中华人民共和国宪法》（以下简称《宪法》）、《中华人民共和国立法法》（以下简称《立法法》）和《中华人民共和国民族区域自治法》（以下简称《民族区域自治法》）的相关条款之中。其规定内容可以概括为以下几个方面：

一是一般性地方立法权。一般性地方立法分为地方性法规与地方政府规章两类，比如《宪法》第100条规定，省、自治区、直辖市人大和常委会，在不同宪法、法律、行政法规相抵触的前提下，可以制定地方性法规；设区的市人大和常委会，在不同宪法、法律、行政法规和本省、自治区的地方性法规相抵触的前提下，可以依照法律规定制定地方性法规。[①]《立法法》第72条规定，省、自治区、直辖市人大和常委会根据本行政区域的具体情况和实际需要，在不同宪法、法律、行政法规相抵触的前提下，可以制定地方性法规；设区的市人大和常委会根据本市的具体情况和实际需要，在不同宪法、法律、行政法规和本省、自治区的地方性法规相抵触的前提下，可以对城乡建设与管理、环境保护、

---

① 参见《中华人民共和国宪法》，《中华人民共和国全国人民代表大会常务委员会公报》2018年4月15日。

历史文化保护等方面的事项制定地方性法规。① 第82条规定，省、自治区、直辖市和设区的市、自治州政府，可以根据法律、行政法规和本省、自治区、直辖市的地方性法规，制定规章。② 以上《宪法》和《立法法》分别对地方性法规和地方政府规章的立法权限进行了较为明确的规定，省级行政区域与设区市的立法空间有所不同，对设区市和自治州的立法权限具有严格限制，制定地方性法规或政府规章必须严格限制在《立法法》规定的立法事项权限内，虽然《立法法》对已经制定超出规定范围的地方性法规和政府规章仍然有效，但是在《立法法》实施后设区市和自治州将没有例外的立法权限。

二是先行性地方立法权。省、自治区、直辖市和设区的市、自治州可以根据地方实际需要，在国家尚未制定法律或行政法规的情况下，先行制定地方性法规。如《立法法》第73条规定，除本法第8条规定的事项外，其他事项国家尚未制定法律或者行政法规的省、自治区、直辖市和设区的市、自治州根据本地方的具体情况和实际需要，可以先制定地方性法规；在国家制定的法律或者行政法规生效后，地方性法规同法律或者行政法规相抵触的规定无效，制定机关应当及时予以修改或者废止。③ 第74条规定，经济特区所在地的省、市人大和常委会根据全国人大的授权决定，制定法规，在经济特区范围内实施。④ 这项被称为地方具有法律授权的先行先试立法权，规定各省级行政区域和设区的市级行政区域及经济特区在国家尚未出台法律法规的情况下，或根据地方性事务和具体行政管理事项需要，可以先行制定地方性法规或政府规章。《立法法》为此提供了较大的立法实践空间。比如部分省或设区市先行出台了诸如"行政程序规定"或"重大行政决策程序规定"等政府规章，为全国人大制定行政程序法或国务院制定重大行政决策程序条例提供了地方立法的实践与经验。

三是特殊性地方立法权。《宪法》《立法法》和《民族区域自治法》

---

① 参见《中华人民共和国立法法》，《人民日报》2015年3月19日。
② 参见《中华人民共和国立法法》，《人民日报》2015年3月19日。
③ 参见《中华人民共和国立法法》，《人民日报》2015年3月19日。
④ 参见《中华人民共和国立法法》，《人民日报》2015年3月19日。

对民族自治地方的立法权限作出了不同于一般地区的规定，无论是立法主体、立法范围还是立法事项上都具有一定的特殊性和区域性，突出体现了民族区域自治的治理特征和法律保障。如《宪法》第 116 条、《立法法》第 75 条与《民族区域自治法》第 19 条都有相同的规定，民族自治地方的自治区、自治州和自治县人大有权依照当地民族的政治、经济和文化的特点，制定自治条例和单行条例。① 而《立法法》第 75 条在《宪法》第 116 条规定的基础上又进行了扩充性规定，自治条例和单行条例可以依照当地民族的特点，对法律和行政法规的规定作出变通规定，但不得违背法律或者行政法规的基本原则，不得对宪法和民族区域自治法的规定以及其他有关法律、行政法规专门就民族自治地方所作的规定作出变通规定。② 民族自治地方的自治区、自治州特别是自治县可以对法律和行政法规作出适合本地区特点和需要的变通规定，这与全国其他地区立法权限的规定有着很大的不同，说明宪法与法律赋予了民族自治地方较为充分以及符合少数民族地区社会发展特点的自治权。

四是地方立法权的限制。通常说"授权之下必有限制"，地方立法权的限制性规定体现在：首先，下位法不得与上位法相抵触，即地方性法规不得与宪法、法律、行政法规等上位法规相抵触，地方政府规章不得与法律、行政法规、地方性法规等上位法规相抵触。比如《宪法》第 100 条规定了制定地方性法规不得同宪法、法律和行政法规相抵触的原则，《立法法》第 87 条规定了宪法具有最高的法律效力，一切地方性法规、自治条例和单行条例、规章都不得同宪法相抵触；再如《立法法》第 73 条规定了在国家尚未制定法律法规的情况下，地方可以根据本地实际需要先制定地方性法规，在国家制定的法律法规生效后，地方性法规同国家制定的法律法规相抵触的规定无效，地方应当及时予以修改或者废止；又如《立法法》第 82 条规定了没有法律、行政法规、地方性法规的依据，地方政府规章不得设定减损公民、法人和其他组织权

---

① 参见《中华人民共和国宪法》，《中华人民共和国全国人民代表大会常务委员会公报》2018 年 4 月 15 日；《中华人民共和国民族区域自治法》，《中国民族》1984 年第 6 期。

② 参见《中华人民共和国立法法》，《人民日报》2015 年 3 月 19 日；《中华人民共和国宪法》，《中华人民共和国全国人民代表大会常务委员会公报》2018 年 4 月 15 日。

利或增加其义务的规范。① 其次,法律对地方性法规和地方政府规章的位阶和效力的规定不可僭越。如《立法法》第 88 条、第 89 条、第 91 条和第 92 条规定了法律的效力高于行政法规、地方性法规、规章,行政法规的效力高于地方性法规、规章;地方性法规的效力高于本级和下级地方政府规章;省、自治区政府制定的规章效力高于本行政区域内的设区的市、自治州政府制定的规章;部门规章与地方政府规章之间具有同等效力,在各自的权限范围内施行;同一机关制定的法律、行政法规、地方性法规、自治条例和单行条例、规章,特别规定与一般规定不一致的,适用特别规定;新的规定与旧的规定不一致的,适用新的规定。② 再次,民族自治区域和特别行政区域的地方性法规和政府规章对法律法规所作出的变通性规定和施行范围等具有法律上的限制。如《立法法》第 75 条规定了民族自治地方制定的自治条例和单行条例对法律法规的规定作出变通规定的,不得违背法律法规的基本原则,不得对宪法和民族区域自治法的规定以及其他有关法律、行政法规专门就民族自治地方所作的规定作出变通;再如《立法法》第 90 条规定了自治条例和单行条例以及经济特区法规依法或根据授权对法律、行政法规、地方性法规作出变通规定的,在本自治地方适用自治条例和单行条例的规定或在本经济特区适用经济特区法规的规定。③ 最后,对地方政府规章制定和施行规定了时效和内容的限制性条件。如《立法法》第 82 条规定了地方应当制定地方性法规但条件尚不成熟的,因行政管理迫切需要,可以先制定地方政府规章;规章实施满两年需要继续实施规章所规定的行政措施的,应当提请本级人大或者其常委会制定地方性法规;没有法律、行政法规、地方性法规的依据,地方政府规章不得设定减损公民、法人和其他组织权利或者增加其义务的规范。④

2. 地方立法权尚待研究和解决的主要问题

从我国现有的宪法和法律对地方立法权限的规定看,地方立法权的

---

① 参见《中华人民共和国宪法》,《中华人民共和国全国人民代表大会常务委员会公报》2018 年 4 月 15 日;《中华人民共和国立法法》,《人民日报》2015 年 3 月 19 日。

② 参见《中华人民共和国立法法》,《人民日报》2015 年 3 月 19 日。

③ 参见《中华人民共和国立法法》,《人民日报》2015 年 3 月 19 日。

④ 参见《中华人民共和国立法法》,《人民日报》2015 年 3 月 19 日。

行政区域性特征非常突出，再加上我国央地立法事权划分得不清晰，造成中央与地方立法长期处于一种模糊的状态，由此出现了三个棘手的问题。

一是中央与地方立法权划分问题。从宪法和法律对央地立法权的规定来看，似乎看不出央地立法权是如何划分出来的，可以说划分标准是模糊的和无法确定的。从我国立法史来看，我国的立法在"54宪法"之前的几年实施的是分散立法模式，而"54宪法"之后实施的是中央集权立法模式，1979年施行《人大和政府组织法》之后实施的是中央集权与地方分权的立法模式。① 中央立法与地方立法应该如何归位？到现在还是一个比较混乱而又无法定论的问题，这恐怕是央地立法模式频繁变更所造成的立法思路与立法权限两个方面的紊乱所致。再从中央与地方立法的划分标准来看，按照学界现有的观点，中央与地方立法权无非是以"重要程度"和"影响范围"② 为标准来划分，但这些划分标准是借鉴西方立法的划分方式，再套用到现有中央与地方立法划分的既定现实中总结或推导出来的，并不能合理解释中央与地方立法分权的应然状态，即使以"重要程度+影响范围"③ 标准来划分中央与地方立法权限仍然会出现逻辑上的悖论，因为以"重要程度"为标准的逻辑与以"影响范围"为标准的逻辑大相径庭，不同的顺位将导致不同的立法效果。我国现行宪法、立法法和地方组织法关于中央与地方立法权限划分的规定不甚清晰，现有的中央与地方立法模式的思路、权限、标准和方法有可能随着制度建设发展的外部性而陷入立法困境，这是一个亟待深入研究和解决的立法方向性问题。

二是地方事权与立法权不统一的问题。有些不具有立法权的地方只是因为有这个事权就可以将地方立法凌驾于国家法律之上，比如《中华人民共和国文物保护法》第24条规定，国有不可移动文物不得转让、抵押。但是《苏州市古建筑保护条例》第15条规定，鼓励国

---

① 参见李林《关于立法权限划分的理论与实践》，《法学研究》1998年第5期。

② 参见封丽霞《中央与地方立法权限的划分标准："重要程度"还是"影响范围"》，《法制与社会发展》2008年第5期。

③ 参见孙波《论地方专属立法权》，《当代法学》2008年第2期。

内外组织和个人购买或者租用古建筑，该部地方性法规从制定、报批到公布用时不足30天，可谓神速①。显然苏州市的地方性法规与国家的法律相抵触。但是另外，苏州市不可移动的古文物之古建筑众多，保护文物是苏州市政府的事权，但其财政又无法承担这么多古建筑的维护和修缮费用，因此在实践中想出了利用民间的资本来介入古建筑维护的办法，出卖了包括苏绣创始人沈涛故居"绣园"、唐寅故居"桃坞别院"、精美白花木雕的"唫德园"等古宅，为使这一购买行为合法化而出台了这样一部地方性法规。从法理上讲，《苏州市古建筑保护条例》第15条规定并不具有合法性，但却具有合理性，虽没有法权的支撑，但却有事权的需要。地方事权呼唤立法权的问题带有较为广泛的普遍性，这是一个伴随着央地事权改革而亟待解决的地方立法事权问题。

三是跨省级行政区域立法缺位问题。《宪法》与《立法法》对地方立法权规定的一个显著特征是：地方立法是一种行政区域内的制度规范，在实施的范围上只能在省、自治区、直辖市或设区的市、自治州的行政区域范围内施行，地方法所管辖的区域有着特定的行政界域与限制，不可以越出行政区域的范围。而现实却是随着区域经济、社会和文化的融合性发展，跨省级行政区域或市级行政区域的协作和联合已经成为常态，比如京津冀区域、长三角区域、粤港澳大湾区、长江经济带等跨省级行政区域的协同发展趋势越来越成为中国区域发展的主流，政策层面与技术层面的各种战略部署和发展规划已经非常成熟，合作协调发展也在加速推进，可是我国到目前为止还没有一部法律法规能够对各类区域合作各方主体的权利与义务关系从法律层面进行规范和确认，对协同发展各方主体的权利进行保障或救济，现有的宪法、法律、行政法规、地方性法规和规章等全部缺位，区域发展促进和规制方面的法律法规滞后于社会发展的问题非常突出，这已经不是我国区域发展中一个要不要立法的理论问题，而是一个现有立法理

---

① 2002年9月27日苏州市第十二届人民代表大会常务委员会第三十八次会议制定，2002年10月23日江苏省第九届人民代表大会常务委员会第三十二次会议批准，2002年10月25日苏州市人民代表大会常务委员会出告公布。

论很难解决的需要理论创新的立法问题，也是一个由谁来立法和如何立法的重大实践问题。

二 地方行政权的法律规定与分析

地方行政权力配置属于中央和地方行政权力纵向配置的一个重要组成部分，是国家行政权力与地方行政权力在经济、社会和文化等方面进行充分的利益博弈后，形成的中央与地方行政权力分配的制度架构。地方行政权在国家行政权运行体系中具有重要的基础性功能，"地方行政权是指由地方各级政府或其他行政主体担当的执行法律，对行政事务主动、直接、连续、具体管理的权力，是国家权力的组成部分"①，但根据宪法与法律的相关规定，主要讨论的还是地方政府作为行政主体行使的行政权。

1. 地方行政权的法条梳理与述要

对地方行政权的法律规定主要体现在《宪法》《中华人民共和国地方各级人民代表大会和地方各级人民政府组织法》（以下简称《地方组织法》）和《民族区域自治法》的相关条款之中，其规定内容可以结合相关性政府规章概括描述为以下几个方面。

一是一般性地方行政权。地方政府无论是县级以上还是乡镇，也无论是民族区域还是非民族区域，都应该依据宪法和法律规定行使职权，这就是行政职权法定原则。行政职权法定如果从地方行政权的内容看，应该包括行政事权（如安全保障、发展经济、文化建设、社会保障和公共治理等事权）、财产事权（如财政收入与支出、财产管理等事权）和组织人事权（如行政组织、人事管理等事权）等权力；如果从地方行政权的形式看，应该包括行政立法权、行政决策权、行政执行权、行政决定权、行政领导权、行政管理权、行政保障权、行政执法权等权力法定，这两种分类都可以在现行的宪法与法律条款规定中获得印证。由此，地方行政权只有通过法律法规的授权才能行使，对于各级政府的行政权而言必须是"法无授权即禁止"。如《宪法》第107条规定了县级以上地方各级政府依照法律规定的权限，管理本行政区域内的经济、教

---

① 应松年、薛刚凌：《论行政权》，《政法论坛》（中国政法大学学报）2001年第4期。

育、科学、文化、卫生、体育事业、城乡建设事业和财政、民政、公安、民族事务、司法行政、计划生育等行政工作，发布决定和命令，任免、培训、考核和奖惩行政工作人员。① 第108条规定了县级以上的地方各级政府领导所属各工作部门和下级政府的工作，有权改变或者撤销所属各工作部门和下级政府的不适当的决定。②《地方组织法》第59条具体规定了县级以上地方各级政府关于执行决议与发布决定和命令以及规定行政措施、领导所属部门和下级政府工作、改变或撤销所属部门或下级政府不适当的命令或决定、管理国家行政机关工作人员、执行经济和社会发展计划和预算以及管理行政区域内各项行政工作、保护和保障全民和集体所有以及公民所有财产和权利、保护各种经济组织权益、保障少数民族的权利和尊重少数民族的习俗、帮助少数民族按照法律实行区域自治和发展各项事业、保障妇女的各项权利等十项基本职权。③ 第60条规定了地方政府的行政立法权，即省、自治区、直辖市的政府可以根据法律、行政法规和本省、自治区、直辖市的地方性法规，制定规章；设区的市的政府可以根据法律、行政法规和本省、自治区的地方性法规，制定规章。④ 第61条具体规定了乡、民族乡、镇政府关于执行决定与发布决定和命令、执行经济和社会发展计划与预算以及各项行政工作、保障全民和集体以及公民私人的财产和权利、保护各类经济组织的权益、保障和尊重少数民族的权利与习俗、保障法律赋予妇女的各项权利等七项基本职权。⑤

二是区域性地方行政权。中国是一个多民族融合的国家，而且民族自治地方幅员辽阔、资源丰富，在国家层面的普通法如《宪法》和

---

① 参见《中华人民共和国宪法》，《中华人民共和国全国人民代表大会常务委员会公报》2018年4月15日。
② 参见《中华人民共和国宪法》，《中华人民共和国全国人民代表大会常务委员会公报》2018年4月15日。
③ 参见《中华人民共和国地方各级人民代表大会和地方各级人民政府组织法》，《人民日报》2015年8月30日。
④ 参见《中华人民共和国地方各级人民代表大会和地方各级人民政府组织法》，《人民日报》2015年8月30日。
⑤ 参见《中华人民共和国地方各级人民代表大会和地方各级人民政府组织法》，《人民日报》2015年8月30日。

《人大和政府组织法》，特别法如《民族区域自治法》等，都对民族区域的行政自治权给予了宣示性和特别性的规定。特别是《民族区域自治法》共25条以"一条一权"的方式列举了民族区域的行政自治权，民族区域行政自治权的特别性在于其可以根据本地区的情况和实际需要出台政策，在不违反宪法和法律规定的前提下，并在行政执行、行政决策、行政决定、行政管理和行政执法等方面具有不同于非民族区域的行政自治特别权，法律中规定的民族自治地方的自治机关既包括民族自治地方的人大及其常委会，也包括民族自治地方的人民政府，在地方行政权项下特指民族自治地方的人民政府。比如《宪法》第115条规定，自治区、自治州、自治县的自治机关行使宪法第三章第五节规定的地方国家机关的职权，同时依照宪法、民族区域自治法和其他法律规定的权限行使自治权，根据本地方实际情况贯彻执行国家的法律、政策。① 第117条规定，民族自治地方的自治机关有管理地方财政的自治权；凡是依照国家财政体制属于民族自治地方的财政收入，都应当由民族自治地方的自治机关自主地安排使用。② 第118条规定，民族自治地方的自治机关在国家计划的指导下，自主地安排和管理地方性的经济建设事业。③ 第119条规定，民族自治地方的自治机关自主地管理本地方的教育、科学、文化、卫生、体育事业，保护和整理民族的文化遗产，发展和繁荣民族文化。④ 第120条规定，民族自治地方的自治机关依照国家的军事制度和当地的实际需要，经国务院批准，可以组织本地方维护社会治安的公安部队。⑤

《民族区域自治法》根据《宪法》的规定对民族自治地方自治机关

---

① 参见《中华人民共和国宪法》，《中华人民共和国全国人民代表大会常务委员会公报》2018年4月15日。

② 参见《中华人民共和国宪法》，《中华人民共和国全国人民代表大会常务委员会公报》2018年4月15日。

③ 参见《中华人民共和国宪法》，《中华人民共和国全国人民代表大会常务委员会公报》2018年4月15日。

④ 参见《中华人民共和国宪法》，《中华人民共和国全国人民代表大会常务委员会公报》2018年4月15日。

⑤ 参见《中华人民共和国宪法》，《中华人民共和国全国人民代表大会常务委员会公报》2018年4月15日。

的行政权作出了较为详尽的规定，主要有第 4 条、第 21 条至第 45 条等。这总计 26 条规定的民族自治地方的行政权主要分为几类：①国家机关行政执行权前提下的行政自治权，即行使宪法规定的国家机关的行政职权，同时依照宪法规定的权限行使行政自治权；②语言文字、人才培养、学科建设、劳动就业等方面的行政自治权；③组织本地方维护社会治安的公安部队的行政自治权；④经济建设行政自治权，即根据本地特点和需要制定经济建设的方针、政策和计划，自主地安排和管理地方性的经济建设事业，合理调整生产关系和经济结构，自主安排地方基本建设项目的行政自治权；⑤生态资源环境行政自治权，即确定生态资源的所有权与使用权，管理和保护生态环境与自然资源，优先合理开发和利用自然资源的行政自治权；⑥自主管理本地企事业，开展对外贸易活动、边境贸易、开辟对外贸易口岸的行政自治权；⑦地方财政行政自治权，即管理地方财政、自主安排使用财政收入，结合本地实际制定各项开支标准、定员、定额的制度安排，实行税收减免，设立地方商业银行和城乡信用合作组织的行政自治权；⑧科教文卫体行政自治权，即决定本地教育规划、发展民族教育、发展普通教育和高等教育，发展民族文化事业和文化建设，决定本地科学技术发展规划，决定本地医疗卫生事业发展规划，发展体育事业，开展科教文卫体方面交流协作的行政自治权；⑨人口与环境发展行政自治权，即管理流动人口，实行计划生育和优生优育，保护和改善生活环境和生态环境，实现人口、资源和环境协调发展的行政自治权。①

三是地方行政权的限制。宪法和法律对地方行政权的限制体现在：首先，地方行政权自下而上的纵向服从关系，如《宪法》第 110 条规定了地方各级政府对上一级国家行政机关负责并报告工作，地方各级政府都是国务院统一领导下的国家行政机关，都服从国务院②。其次，地方行政权要受本地区人大及其常委会的程序性制约，如《宪法》第 104 条规定了县级以上的地方各级人大常委会讨论、决定本行政区域内各方面

---

① 参见《中华人民共和国民族区域自治法》，《中国民族》1984 年第 6 期。
② 参见《中华人民共和国宪法》，《中华人民共和国全国人民代表大会常务委员会公报》2018 年 4 月 15 日。

工作的重大事项，监督本级人民政府的工作，撤销本级人民政府不适当的决定和命令。①《地方组织法》第54条规定了地方各级政府是地方各级人大的执行机关，是地方各级国家行政机关；第8条和第44条分别规定了县级以上人民代表大会和人大常委会行使的职权，各级人大审查和批准本行政区域内国民经济和社会发展计划、预算以及执行情况报告，讨论并决定本行政区域内政治、经济、教育、科学、文化、卫生、环境、资源保护、民政、民族等工作的重大事项，选举和罢免本级政府的正职和副职及其组成人员，并可以撤销本级政府的不适当的决定和命令；人大常委会根据本级政府的建议可以决定对本行政区域的国民经济和社会发展计划、预算的部分变更，决定本级政府副职和部门正职的个别任免，决定撤销本级政府副职职务。② 最后，民族区域行政自治权的特别限制，如《宪法》第120条和《民族区域自治法》第24条都规定了民族自治地方组建地方公安部队要受到国家统一军事制度的限制，并须经国务院批准。再如《宪法》第118条和《民族区域自治法》第25条都规定了民族自治地方在国家计划的指导下，自主地安排和管理地方性的经济建设事业③。又如《民族区域自治法》第28条规定了民族自治地方必须根据法律规定和国家的统一规划，对可以由本地方开发的自然资源，优先合理开发利用④。

2. 地方行政权尚待研究和解决的主要问题

从问题导向的视角看，在地方各级政府的行政层面，行政法定的原则并没有完全在地方行政权行使的过程中体现出来，一方面是宪法与法律有对地方行政权行使的规定和授权以及约束和限制的规定；另一方面凸显出宪法与法律对行政权的规定缺失和授权不足，因此导致了行政权出现不适当使用甚至是滥用，这样的案例有很多，问题的导

---

① 参见《中华人民共和国宪法》，《中华人民共和国全国人民代表大会常务委员会公报》2018年4月15日。
② 参见《中华人民共和国地方各级人民代表大会和地方各级人民政府组织法》，《人民日报》2015年8月30日。
③ 参见《中华人民共和国宪法》，《中华人民共和国全国人民代表大会常务委员会公报》2018年4月15日；《中华人民共和国民族区域自治法》，《中国民族》1984年第6期。
④ 参见《中华人民共和国民族区域自治法》，《中国民族》1984年第6期。

因是多方面的，但以下几个方面的主要问题是行政权行使过程中需要着力研究和解决的。

一是中央与地方事权关系不清，法律规制缺失。地方行政权出现的问题很大一部分跟中央与地方事权关系紊乱密切相关，是地方行政权问题的导因。首先是中央与地方事权范围划分不清晰，由于政府职能转变不到位和责任划分缺乏明确标准等因素影响，我国基本公共服务供给中存在中央与地方事权范围模糊、职责交叉重叠、责任不够具体明确等问题。① 中央与地方事权的划分缺乏一个清晰的分类标准，中央政府事权、地方政府事权、中央政府与地方政府共同事权的划分在法律和政策制度层面都缺乏明晰的规范，央地事权划分不清必将导致地方行政权的种种怪象，有些地方政府的财政事权承担了本应该由中央政府财政事权或央地政府共同财政事权承担的事项，导致地方政府事权过多过滥而投入不足的问题。其次是中央与地方事权与责任划分缺乏法律法规依据，由于《宪法》和《地方组织法》对地方事权只有原则规定，但这种原则规定若无行政法规加以具体规定，则并无法律上的效力与约束力，顶多只是一种法律宣誓而已，即使有政策规定但毕竟无法替代法律，难怪在《国务院关于推进中央与地方财政事权和支出责任划分改革的指导意见》中也指出，"现行的中央与地方财政事权和支出责任划分还不同程度存在不清晰、不合理、不规范等问题"，"有的财政事权和支出责任划分缺乏法律依据，法治化、规范化程度不高"。②

二是地方行政权盲目扩张，法律控制弱化。由于地方GDP为主导的政绩观左右了地方政府的行政行为，在全国有些地方特别是欠发达地区，地方政府为了发展经济、建设基础设施和公共工程，在居民房屋拆迁、农民土地征收等涉及公民利益的行政行为中不适当行使甚至滥用行政权，"利用公权力侵害私有产权、违法查封扣押冻结民营企

---

① 参见党秀云、彭晓祎《我国基本公共服务供给中的中央与地方事权关系探析》，《行政论坛》2018年第2期。
② 《国务院关于推进中央与地方财政事权和支出责任划分改革的指导意见》（国发[2016] 49号），《预算管理与会计》2016年第9期。

业财产等现象时有发生"①。虽然国家出台了《中共中央国务院关于完善产权保护制度依法保护产权的意见》，提出了坚持平等保护、全面保护、依法保护、共同参与和标本兼治的原则和具体举措，但是政策层面对地方行政权的软约束是无法替代法律规制的强约束的，而且政策层面的文件或条文也并不具有司法适用的效力。我们经常说"行政权力法定"，但是约束行政权力特别是地方行政权力的扩张和滥用并没有形成相应的具有约束力的法律规范，这个"法定"仍然被悬置着，虽然经常看到有些地方出台了行政权力清单制度和行政决策程序制度等，但了解之后会发现这些制度有一个共同点，即没有违反以后的责任追究制度，不设定追究制度就不可能有强制的约束力，但是要设定责任追究的话，需要法律的规定或授权，没有相应的法律法规又谈何授权呢！

三是地方行政权的法律规定缺失或授权不足。一般对行政权的检视都会把重点放在法律法规是否对行政权的规制上，往往忽略了对行政权的赋权不足问题的研究，其实在对地方行政权进行考察后会认识到这也是一个值得研究的问题，在跨省级行政区域、市级行政区域甚至是县级行政区域的合作过程中，地方政府作为一级行政主体相互之间需要签订区域合作的行政协议或合同，以明确各方主体的权利与义务法律关系，但是却找不到可以援引的法律和法规，也就是说，我国现有的所有法律并没有对地方政府跨行政区域的合作提供制度安排。比如长江三角洲区域三省一市的大区域协同发展的四个省级行政主体连签个合作协议的法律依据都没有，这不能不说法律制度拖了后腿。再如粤港澳大湾区在可预见的未来将成为继全球的"三大湾区"②之后的全球性"大湾区"，但是区域内的广东省内若干城市与香港和澳门要想签署府际或政府与其他主体间的联合发展协议，其法律的依据也是缺失的。还有就是随着全

---

① 《中共中央国务院关于完善产权保护制度依法保护产权的意见》，《交通财会》2016年第12期。

② 目前全球有纽约、旧金山、东京三大湾区。所谓"湾区"是指，以开放性、创新性、宜居性和国际化为其最重要特征，具有开放的经济结构、高效的资源配置能力、强大的集聚外溢功能和发达的国际交往网络，发挥着引领创新、聚集辐射的核心功能，已成为带动全球经济发展的重要增长极和引领技术变革的领头羊。

球化的发展,从我国实践看,很多省市都与外国地方政府签有经济、社会或文化合作协定,但是全球范围内的国际合作、国内省市与其他国家的地方或城市签订经济合作或交流协议和协定的法律法规的授权性规范是缺失的,这些都有待法律制度的明确规定,像类似于这样的跨国跨区域合作现象已经成为中国未来经济发展的新引擎、新动能,这种新经济现象正在呼唤着法律制度的转型和创新。

三 地方司法权的法律规定与分析

地方司法权是否存在,这是一个学界争论不休且无定论的问题,司法权从较为广义的层面看包括司法检察权和司法审判权,但从较为狭义的层面看就是司法审判权,此处的地方司法权主要以司法审判权为研究对象。无论从实然层面还是应然层面看,地方司法权有日益强化和结构稳固的趋势,地方司法权从宪法与法律规定来看,也与地方立法权和地方行政权一样获得了相应的法律地位,但从当下的宪法和法律制度供给以及中央与地方事权关系改革的趋势看,地方司法权将会成为一个理论与实践性问题,值得深入研究。

1. 地方司法权的法条梳理与述要

地方司法权可以从《宪法》、《地方组织法》以及《中华人民共和国人民法院组织法》(以下简称《法院组织法》)和《中华人民共和国刑事诉讼法》(以下简称《刑诉法》)、《中华人民共和国民事诉讼法》(以下简称《民诉法》)、《中华人民共和国行政诉讼法》(以下简称《行政诉讼法》)等宪法与法律规定来体现。

一是宪法与组织法规定中的地方司法权。《宪法》第101条规定了县级以上的地方各级人大选举并且有权罢免本级法院院长和检察院检察长。第104条规定了县级以上的地方各级人大常委会监督本级法院和检察院的工作。第132条规定了最高法院监督地方各级法院和专门法院的审判工作,上级法院监督下级法院的审判工作。[1] 第133条规定了地方各级法院对产生它的国家权力机关负责。第137条规定了

---

[1] 参见《中华人民共和国宪法》,《中华人民共和国全国人民代表大会常务委员会公报》2018年4月15日。

最高检察院领导地方各级检察院和专门检察院的工作，上级检察院领导下级检察院的工作。① 第 138 条规定了地方各级检察院对产生它的国家权力机关和上级检察院负责。② 《地方组织法》第 8 条规定了县级以上的地方各级人大行使下列职权：选举本级法院院长和检察院检察长；选出的检察院检察长，须报经上一级检察院检察长提请该级人大常委会批准；听取和审查本级法院和检察院的工作报告。③ 第 10 条规定了县级以上地方各级人大有权罢免本级人大常委会由它选出的法院院长和检察院检察长；罢免检察院检察长，须报经上一级检察院检察长提请该级人大常委会批准。④ 第 44 条规定了县级以上地方各级人大常委会行使监督本级法院和检察院工作、决定法院院长和检察院检察长的代理人选、决定代理检察长并报备案、任免法院和检察院审判员和检察员以上司法人员以及批准任免下一级检察院检察长、决定中级人民法院院长和检察院分院检察长的任免、决定撤销由它任命的法院和检察院司法人员六项职权⑤。

归纳起来看，地方各级检察院既要受最高检和上级检察院领导，又要同时向本级国家权力机关及上级检察院负责；地方各级法院既要受最高法院和上级法院的监督，同时也要受本级人大常委会的监督，除此之外，地方各级法院院长、副院长、庭长、副庭长、审判委员会委员、审判员和检察院检察长、副检察长、检察委员会委员、检察员的选举、罢免和撤销等均由本级地方人大及其常委会实施，并要向地方本级人大报告工作。这样的宪法和地方组织法的规定，就决定了地方各级法院和检察院司法权与地方国家权力机关的人事决定权有了属地管辖的勾连。另

---

① 参见《中华人民共和国宪法》，《中华人民共和国全国人民代表大会常务委员会公报》2018 年 4 月 15 日。

② 参见《中华人民共和国宪法》，《中华人民共和国全国人民代表大会常务委员会公报》2018 年 4 月 15 日。

③ 参见《中华人民共和国地方各级人民代表大会和地方各级人民政府组织法》，《人民日报》2015 年 8 月 30 日。

④ 参见《中华人民共和国地方各级人民代表大会和地方各级人民政府组织法》，《人民日报》2015 年 8 月 30 日。

⑤ 参见《中华人民共和国地方各级人民代表大会和地方各级人民政府组织法》，《人民日报》2015 年 8 月 30 日。

一个重要问题是，地方各级法院和检察院的所有司法工作运行的经费均由地方财政保障和提供，这又使得地方法院与检察院的司法权与地方行政机关的财政管理权有了属地管辖的勾连，人事属地管辖与财政属地管理的双重地方化，形成了地方司法权现存的运行结构和功能形态。在地方各级司法机构中形成了司法组织及机构设置由地方主导，司法职权由地方自行设定，司法人员由地方组织人社部门管理和审批，财物由地方保障和供给，地方司法机关的人财物命门都被地方掌控。

二是法院组织法及三大诉讼法规定中的地方司法权。最新颁布的《法院组织法》第 21 条规定了高级法院审理：法律规定由其管辖的第一审案件，下级法院报请审理的第一审案件，最高法院指定管辖的第一审案件，对中级人民法院判决和裁定的上诉、抗诉案件，按照审判监督程序提起的再审案件，中级人民法院报请复核的死刑案件；第 23 条规定了中级人民法院审理：法律规定由其管辖的第一审案件，基层法院报请审理的第一审案件，上级法院指定管辖的第一审案件，对基层法院判决和裁定的上诉、抗诉案件，按照审判监督程序提起的再审案件；第 25 条只规定了基层法院审理第一审案件。①

《刑事诉讼法》对地方司法权的规定体现在地方法院管辖刑事案件的条款上，如第 19 条规定了基层法院管辖第一审普通刑事案件；第 20 条规定了中级人民法院管辖第一审刑事案件，包括危害国家安全、恐怖活动案件，可能判处无期徒刑、死刑的案件；第 21 条规定了高级法院管辖的第一审刑事案件，是全省（自治区、直辖市）性的重大刑事案件；第 23 条规定了上级法院可以审判下级法院管辖的第一审刑事案件，下级法院认为案情重大、复杂，需要由上级法院审判的第一审刑事案件，可以请求移送上一级法院审判；第 24 条规定了刑事案件由犯罪地的法院管辖，如果由被告人居住地的法院审判更为适宜的，可以由被告人居住地的法院管辖；第 25 条规定了几个同级法院都有权管辖的案件，由最初受理的法院审判，在必要的时候，可以移送主要犯罪地的法院审判；第 26 条规定了上级法院可以指定下级法院审判管辖不明的案件，

---

① 参见《中华人民共和国人民法院组织法》，《法制日报》2018 年 10 月 29 日。

也可以指定下级法院将案件移送其他法院审判。①

《民事诉讼法》对地方司法权的规定也体现在地方法院审理民事案件的级别管辖、地域管辖、移送管辖和指定管辖等条款上。如第17条规定了基层人民法院管辖第一审民事案件；第18条规定了中级法院管辖第一审民事案件，包括重大涉外案件或在本辖区有重大影响的案件，最高法院确定由中级人民法院管辖的案件；第19条规定了高级法院管辖在本辖区有重大影响的第一审民事案件；第21条规定了对公民提起的民事诉讼由被告住所地法院管辖，被告住所地与经常居住地不一致的则由经常居住地法院管辖，对法人或者其他组织提起的民事诉讼由被告住所地法院管辖；第22条规定了下列民事诉讼由原告住所地法院管辖，原告住所地与经常居住地不一致的由原告经常居住地法院管辖，对不在中国领域内居住的人提起的有关身份关系的诉讼，对下落不明或者宣告失踪的人提起的有关身份关系的诉讼，对被采取强制性教育措施的人提起的诉讼，对被监禁的人提起的诉讼；第23条规定了因合同纠纷提起的诉讼，由被告住所地或者合同履行地法院管辖；第24条规定了因保险合同纠纷提起的诉讼，由被告住所地或者保险标的物所在地法院管辖；第25条规定了因票据纠纷提起的诉讼，由票据支付地或者被告住所地法院管辖；第26条规定了因公司设立、确认股东资格、分配利润、解散等纠纷提起的诉讼，由公司住所地法院管辖；第27条规定了因铁路、公路、水上、航空运输和联合运输合同纠纷提起的诉讼，由运输始发地、目的地或者被告住所地法院管辖；第28条规定了因侵权行为提起的诉讼，由侵权行为地或者被告住所地法院管辖；第29条规定了因铁路、公路、水上和航空事故请求损害赔偿提起的诉讼，由事故发生地或者车辆、船舶最先到达地、航空器最先降落地或者被告住所地法院管辖；第30条规定了因船舶碰撞或者其他海事损害事故请求损害赔偿提起的诉讼，由碰撞发生地、碰撞船舶最先到达地、加害船舶被扣留地或者被告住所地法院管辖；第31条规定了因海难救助费用提起的诉讼，由救助地或者被救助船舶最先到达地法院管辖；第32条规定了因共同海损提起的诉讼，由船舶最先到达地、共同海损理算地或者航程终止地

---

① 有关条款参见《中华人民共和国刑事诉讼法》，《人民日报》2012年3月18日。

的法院管辖;第 33 条规定了下列案件由本条规定的法院专属管辖,因不动产纠纷提起的诉讼由不动产所在地法院管辖,因港口作业中发生纠纷提起的诉讼由港口所在地法院管辖,因继承遗产纠纷提起的诉讼由被继承人死亡时住所地或者主要遗产所在地法院管辖;第 34 条规定了合同或者其他财产权益纠纷的当事人可以书面协议选择被告住所地、合同履行地、合同签订地、原告住所地、标的物所在地等与争议有实际联系的地点的法院管辖,但不得违反本法对级别管辖和专属管辖的规定;第 35 条规定了两个以上法院都有管辖权的诉讼,原告可以向其中一个法院起诉,原告向两个以上有管辖权的法院起诉的,由最先立案的法院管辖。①

《行政诉讼法》对地方司法权的规定还体现在地方法院管辖行政案件的条款上。如第 14 条规定了基层法院管辖第一审行政案件;第 15 条规定了中级人民法院管辖下列第一审行政案件,对国务院部门或者县级以上地方政府所作的行政行为提起诉讼的案件,海关处理的案件,本辖区内重大、复杂的案件,其他法律规定由中级人民法院管辖的案件;第 16 条规定了高级法院管辖本辖区内重大、复杂的第一审行政案件;第 18 条规定了行政案件由最初作出行政行为的行政机关所在地法院管辖,经复议的案件也可以由复议机关所在地法院管辖;第 19 条规定了对限制人身自由的行政强制措施不服提起的诉讼,由被告所在地或者原告所在地法院管辖;第 20 条规定了因不动产提起的行政诉讼,由不动产所在地法院管辖;第 21 条规定了两个以上法院都有管辖权的案件,原告可以选择其中一个法院提起诉讼,原告向两个以上有管辖权的法院提起诉讼的,由最先立案的法院管辖;第 22 条规定了法院发现受理的案件不属于本院管辖的,应当移送有管辖权的法院,受移送的法院应当受理;受移送的法院认为受移送的案件按照规定不属于本院管辖的,应当报请上级法院指定管辖,不得再自行移送;第 23 条规定了有管辖权的法院由于特殊原因不能行使管辖权的由上级法院指定管辖,法院对管辖权发生争议的由争议双方协商解决,协商不成的报它们的共同上级法院指定管辖;第 24 条规定了上级法院有权审理下级法院管辖的第一审行

---

① 有关条款参见《中华人民共和国民事诉讼法》,《人民日报》2012 年 10 月 22 日。

政案件，下级法院对其管辖的第一审行政案件，认为需要由上级法院审理或者指定管辖的，可以报请上级法院决定。①

归纳起来看，《刑事诉讼法》第 19 条至第 21 条规定了地方各级法院审理刑事诉讼案件的级别管辖，第 23 条规定了地方法院审理刑事诉讼案件的越级管辖和移送管辖，第 24 条规定了地方法院审理刑事诉讼案件的地域管辖，第 25 条规定了地方法院审理刑事诉讼案件的优先管辖和移送管辖，第 26 条规定了地方法院审理刑事诉讼案件的指定管辖。《民事诉讼法》第 17 条至第 19 条规定了地方各级法院审理民事诉讼案件的级别管辖，第 21 条至第 32 条规定了地方法院审理民事诉讼案件的地域管辖，第 33 条规定了地方法院审理民事诉讼案件的专属管辖，第 34 条规定了地方法院审理民事诉讼案件的协议管辖，第 35 条规定了地方法院审理民事诉讼案件的选择管辖和优先管辖。《行政诉讼法》第 14 条至第 16 条规定了地方各级法院审理行政诉讼案件的级别管辖，第 18 条至第 20 条规定了地方法院审理行政诉讼案件的地域管辖，第 21 条规定了地方法院审理行政诉讼案件原告的选择管辖和法院的优先管辖，第 22 条规定了地方法院审理行政诉讼案件的移送管辖，第 23 条至第 24 条规定了地方法院审理行政诉讼案件的指定管辖、协议管辖和越级管辖。

从刑事、民事和行政三大诉讼法受案和管辖的规定看，地方司法权的地域性特征、辖区性特征非常明显，地方法院审理的绝大多数案件都具有地方性，现行宪法和组织法以及诉讼法的法律制度安排亦认可地方司法权的地方化特征。根据《宪法》第 57 条、第 85 条、第 96 条、第 105 条、第 128 条和第 134 条的规定②，对地方立法权、行政权和司法权

---

① 有关条款参见《中华人民共和国行政诉讼法》，《中华人民共和国全国人民代表大会常务委员会公报》2017 年 7 月 15 日。

② 《中华人民共和国宪法》第 57 条规定："中华人民共和国全国人民代表大会是最高国家权力机关。"第 85 条规定："中华人民共和国国务院，即中央人民政府，是最高国家权力机关的执行机关，是最高国家行政机关。"第 96 条规定："地方各级人民代表大会是地方国家权力机关。"第 105 条规定："地方各级人民政府是地方各级国家权力机关的执行机关，是地方各级国家行政机关。"第 128 条规定："中华人民共和国人民法院是国家的审判机关。"第 134 条规定："中华人民共和国人民检察院是国家的法律监督机关。"

的法律定位与权力属性应该理解为,既然地方各级国家权力机关和地方各级国家行政机关可以行使地方立法权和地方行政权,自然地方各级司法机关也能够行使地方司法权,地方各级人民法院行使地方审判权,地方各级人民检察院行使地方法律监督权。而且地方司法权来源于宪法与法律规定的本级人民代表大会,而非来自于最高法院或上级法院,这样的理解是符合宪法和法律含义的,地方司法权的存在具有合法性和正当性。

2. 地方司法权尚待研究和解决的问题

《宪法》第131条、《法院组织法》第4条均规定,人民法院依照法律规定独立行使审判权,不受行政机关、社会团体和个人的干涉。[①]但实际上地方各级法院独立行使审判权仍然存在着重重困难,正如习近平总书记在《关于〈中共中央关于全面推进依法治国若干重大问题的决定〉的说明》中所指出的:"司法领域存在的主要问题是,司法不公、司法公信力不高问题十分突出。"而其根源一般被认为是司法独立难以得到保障。在妨碍独立行使司法权的各种因素中,司法权的地方化尤其受到关注和批评。[②]实际上省级以下地方各级法院的司法权地方化的结构和功能之形成,与地方各级法院是否能够独立行使审判权确实具有一定的关系,但未必是问题的全部。

一是地方各级法院人财物的地方保障体制和机制影响其独立行使审判权。地方各级法院人财物和权力运作上的地方保障体制和机制直接涉及地方党委、人大、政府等部门,地方党委机关、权力机关与行政机关都与地方各级法院有着千丝万缕的紧密联系,这在我国现有的体制现状中已是一个基本的常识性认知,因此对地方各级法院独立行使审判权的影响就会来自于地方的方方面面,特别是涉及地方经济发展的重大经济调整及其文化产业、旅游产业、高科技产业以及服务产业等事关地方发展命脉的重要事项上,需要地方各级法院"保驾护航",这也是地方各级法院服务于地方经济社会和文化发展的一贯口号和行动原则,因此在实际运作过程中这种保驾和护航也不乏在司法权上片面保护和消弭不利

[①] 参见《中华人民共和国宪法》,《中华人民共和国全国人民代表大会常务委员会公报》2018年4月15日;《中华人民共和国人民法院组织法》,《法制日报》2018年10月29日。

[②] 参见姚国建《中央与地方双重视角下的司法权属性》,《法学评论》2016年第5期。

于地方发展的各类诉讼，在这种情势下要求地方各级法院独立行使司法权是困难的，地方各级法院在人财物及权力运作上都与地方有如此紧密的联系，因此地方各级法院很难代表中央意志行使司法权，而更多的是代表地方意志行使司法权。

二是中央与地方司法事权划分争论不休影响央地司法体制机制改革的深入推进。地方各级法院的司法权究竟是国家层面的事权，还是地方层面的事权，抑或是国家和地方的共同事权，这个问题在央地事权划分的理论与实践中迄今还是一个没有定论和结果的问题，也就是说，在中央与地方事权改革的大背景之下，是否也存在中央与地方司法权的事权划分问题，一种观点认为，无论地方那一级的司法机关还是国家的司法机关，其司法权都是国家事权，人财物应该随事权移转，由中央承担；另一种观点认为，地方各级司法机关的司法权是地方事权，人财物应该由地方承担；还有一种折中的观点认为，地方各级司法机关的司法权是中央与地方的共有事权，人财物应该共同分担。[①] 面对这种司法权的事权划分不确定性以及宪法与地方组织法规定的确定性，地方各级司法机关在现存的司法体制中，并没有积极推进司法权事权变革的内在动因和法律依据，所以必然会一以贯之地在司法权行使过程中呈现出偏向于地方、服务于地方的区域司法理念与价值，这一取舍并不奇怪，从某种角度看现存的地方各级司法机关运行体制和机制与现有法律规定并没有矛盾，而主张司法权是中央事权的观点并不具有合法性与正当性，其无论在理论证成上还是实践操作中似乎都与宪法和地方组织法的规定不相吻合。

三是地方各级法院在审理案件过程中难以做到完全独立行使审判权。《民事诉讼法》第 20 条规定，最高人民法院管辖下列第一审民事案件：在全国有重大影响的案件，认为应当由本院审理的案件；第 198

[①] 参见葛洪义、江秋伟《中国地方司法权的内在逻辑》，《南京社会科学》2017 年第 1 期；姚国建《中央与地方双重视角下的司法权属性》，《法学评论》2016 年第 5 期；刘文华《也论事权与财权的统一》，《法学研究》2008 年第 1 期；蒋惠岭《中央司法事权的八项"基本待遇"》，《法制日报》2015 年 12 月 8 日；刘松山《地方法院、检察院人事权统一管理的两个重大问题》，《法治研究》2014 年第 8 期；郝银钟《法院去地方化改革的法理依据与具体路径》，《法律适用》2013 年第 7 期。

条规定，最高法院对地方各级法院已经发生法律效力的判决、裁定、调解书，上级法院对下级法院已经发生法律效力的判决、裁定、调解书，发现确有错误的，有权提审或者指令下级人民法院再审。① 而《宪法》第131条和《法院组织法》第4条都明确规定，人民法院依照法律规定独立行使审判权，不受行政机关、社会团体和个人的干涉。② 从以上几个法律的条款规定可以看出，一方面是宪法和法院组织法规定，人民法院依照法律规定独立行使审判权；另一方面是民诉法规定，最高法院或上级法院对地方各级法院或下级法院审理的案件有权提审或指令再审。这样的规定在实践中造成了地方各级法院或下级法院经常在案件审理中请示上级法院而能够避免"错案发生"或"错案追究"，原本法律规定的最高法院对地方各级法院以及上级法院对下级法院的审级监督关系实际上变成了上下级法院事实上的"领导责任关系"，导致地方各级法院无法完全依照法律规定独立行使审判权。

四是法外作用力对地方各级法院独立行使审判权的负面影响。实际上地方党委机关、权力机关和行政机关如果作为一个集团性个体都不是影响审判权独立行使的主要因素，打着党委、人大或政府的名义来干预司法，这样的案例在实践中是很少的，因此问题的关键不在这里。真正影响审判权独立行使的是地方各级党政领导以个人的名义通过司法体制外的个人资源或个人权威介入或影响司法体制内的司法权力，这些领导可能来自于地方党的部门、人大常委会、人民政府以及其他要害部门，因为其领导的身份和权威在起着作用，地方各级领导可以用各种巧妙的手段和方法暗中干预司法，这种违背法律的不正当干预事件之所以能够发生，是因为我国的地方各级法院整体上并不独立，这个所谓的"不独立"并不仅仅是地方各级法院的人财物依赖地方的体制与机制，而是人情影响与权力威慑对司法人员的法外作用力，这种法外的作用力和影响力往往会导致独立行使审判权的欲罢不能。虽然中办和国办印发了《领导干部干预司法活动、插手具体案件处理的记录、通报和责任追究规

---

① 参见《中华人民共和国民事诉讼法》，《人民日报》2012年10月22日。
② 参见《中华人民共和国宪法》，《中华人民共和国全国人民代表大会常务委员会公报》2018年4月15日；《中华人民共和国人民法院组织法》，《法制日报》2018年10月29日。

定》，可以有效减少领导干部在明处干预司法，但是并不能够有效预防某些地方党政领导干部与某些地方各级法院领导干部或审判人员的暗通款曲，导致产生影响裁判公正的负面效果。

第二节　央地关系与地地关系法治化研究观点述评

一　央地纵向关系法治化研究观点述评

央地纵向关系法治化要研究的是中央与地方关系的法治化问题，中央与地方的关系可以有多种不同的研究视角，如果说经济学视角的中央与地方关系主要体现为利益的博弈，那么政治学视角的中央与地方关系则主要体现为权力的博弈，社会学视角的中央与地方关系又可以主要体现为治理的博弈，而法学视角的中央与地方关系则主要体现为规则的博弈。伯特兰·罗素对于国家与地方关系有一个精辟的观点，他认为，"在权力集中于一个组织——国家的情况下，如要避免产生极端专制的流弊，就必须把那个组织里面的权力广泛地分散开，并使下级组织享有大量的自治权"①。由此看来，中央与地方关系的实质是权力和利益的分配关系，解决这一问题的关键在于使央地关系法治化，用法治思维来思考央地关系，用法治规则来规范央地关系，用法治方式来治理央地关系。

1. 央地纵向关系的法治思维

有观点认为，中央与地方冲突主要包括行政权力和利益方面的冲突，因此在中央与地方争议解决机制上的法治思维是，确立中央与地方的法律分权模式，确立解决中央与地方争议的基本原则，建立中央与地方争议的立法解决机制、行政解决机制和司法解决机制等，建立健全中央与地方争议的责任追究机制。② 中央与地方关系法治化必须

---

① ［英］伯特兰·罗素：《权力论》，商务印书馆1991年版，第208页。
② 参见薛刚凌主编《中央与地方争议的法律解决机制研究》，中国法制出版社2013年版，第193—215页。

遵循、遵守宪法的原则框架，必须以体现可操作性的规范化和制度化作为其基础和保障，必须以实现民主化、科学化和均衡化要求为现实目标，必须以建立权力划分的动态性协调机制为依托，必须以保障人权、实现社会和谐为最终目标；在中央权力与地方权力的依法划分与运行中充分体现民主、法治、公平、自由、科学、均衡以及和谐的精神，为保障中央与地方的权力运行不偏离宪法所确立的框架和结构，应当建立中央与地方关系的宪法保障制度。① 应尽快将中央与地方关系规范化、制度化，建立起完善的规制中央与地方关系的法律体系；试行增设解决中央与地方关系问题的司法平台；设立中央与地方间联络、协调机构，用于缓解争端，增进双方理解与信任；完善中央对地方的有效监管机制。② 实践表明，我国尝试用宪法、地方组织法、立法法等制度来推进这个过程，但由于缺乏一部调整中央与地方关系的基本法，导致中央和地方关系的透明度低、随意性大、政治化与人治化倾向比较严重，解决两者关系的关键在于中央和地方的责权利必须进行科学合理的分配，并得到清晰的制度化规定，尤其重要的应当及时建立和完善符合我国国情的立法冲突解决机制、地方财政体系及司法制度。③ 另外，推进中央与地方关系改革，需要切实转变中央与地方政府职能，科学界定和合理划分中央与地方的权力，正确处理和依法规范地方政府部门与上级业务主管部门、与本级地方政府的关系，加强中央权威性，增强政策执行力，扩大地方自主权，建立地方利益表达与平衡机制，建立中央部委与省级地方政府的协商机制，理顺中央与地方的财政收支关系。④ 一种稳定并可预期的我国中央与地方间

---

① 参见杨海坤、金亮新《中央与地方关系法治化之基本问题研讨》，《现代法学》2007年第6期；或参见金亮新《中央与地方关系法治化原理与实证研究》，《浙江学刊》2007年第4期。

② 参见李猛《探究我国中央与地方关系法治化现状与发展路径》，《西北民族大学学报（哲学社会科学版）》2015年第3期。

③ 参见吴东镐《我国中央与地方关系的法治化议题》，《当代法学》2015年第4期。

④ 参见任进《和谐社会视野下中央与地方关系研究》，法律出版社2012年版，第191—198页。

的权力关系不仅要寻求职权法定,而且要探索权力行使的法治化与正当性;程序体系为中央与地方之间的权力配置奠定了法治基石,而在程序的判断标准尚未确立的情况下,目的正当就为中央与地方权力行使的法治化指明了方向;中央与地方之间的权限划分仅仅是一种手段,目的在于通过规范治理权力的行使,实现人民的统治。① 另外,完善中央与地方关系,必须加强宪法制度和观念文化的有机结合,就要树立分权理念,合理划分权限;增强民主意识,扩大地方对中央决策的参与;强化法治观念,实现中央与地方关系的法治建构。② 在国家与地方关系上,与国家整体主义法治观相对的是地方中心主义法治观,地方才是国家法治建设的主战场,地方法治在国家法治格局中处于中心地位,地方是规则制度的主要创新者,地方是宪法法律的主要实施者,地方是矛盾纠纷的主要解决者,地方是公平正义的主要输送者。③ 在中央与地方的参照系中,地方法治建设属于区域法治建设的范畴,全国法治建设与地方法治建设是整体与局部的关系、普遍与特殊的关系。地方法治建设是在全国政治法治统一、国体政体统一、经济社会统一、文化思想意识形态统一和中国共产党统一领导的前提下,是在一部《宪法》、一个中国特色社会主义法律体系、统一司法制度、统一法律语言的前提下开展地方法治建设的,这是开展地方法治建设的政治前提和法治要求。④ 如果我们从政府与国家、政府与社会、政府与市场的多重复合结构关系来看中央与地方关系的话,那么,中央与地方政府间职能分工和权力匹配的制度化是关键;在公共服务供给中有效推进社会建设,构建政府、社会、公众等多元主体参与的地方政府合作治理是地方政府治理模式重塑的战略重点;立足于

---

① 参见徐清飞《我国中央与地方权力配置基本理论探究——以权力属性的分析为起点》,《法制与社会发展》2012 年第 3 期。
② 参见李海亮、任进《中央与地方关系的宪法文化解析》,《国家行政学院学报》2012 年第 2 期。
③ 参见黄文艺《认真对待地方法治》,《法学研究》2012 年第 6 期。
④ 参见李林《建设法治国家必须大力加强地方法治建设》,李林、田禾主编《中国地方法治丛书》,2012 年,"序"第 4 页。

国家基本制度建设的制度创新和民主建设则是现代国家建设赋予地方政府治理模式重塑的制度使命。① 但是，一味地强调法治建设中国家自上而下的推动作用而忽视地方的主体作用，既是一种"计划经济"的思维体现，也可能延误法治建设的整体进程。② 因此，法治中国与地方法治的互动是当前中国法治建设必须正视的一个问题，法治中国为地方法治确立目标和方向，地方法治为法治中国进行贯彻和落实；法治中国对地方法治进行规范和引导，地方法治为法治中国进行试点和探索；法治中国对地方法治环境进行培养和扶植，地方法治为法治中国进行积累和量变。加强法治中国与地方法治之间的良性互动，实现两者的有效衔接，防止两者的背离，有利于法治中国与地方法治的协同推进。③

2. 央地纵向关系的法治规则

有观点认为，中央与地方关系法治化的核心范畴之一是中央与地方立法关系的法治化。我国可能属于有些人称的"集权—分权型"，即立法权主要由中央行使，地方可以在一定的条件与限制下行使中央授予的地方立法权，否则就不可能有层层的地方性立法，更不可能会有地方先行立法。④ 而且，中央与地方应在法治基础上形成新型的权利义务关系，应以现行宪法的规定为依据，制定一部《中华人民共和国中央与地方关系法》，贯彻权力制约的基本原则，形成中央权力与地方权力之间的分立与制约。⑤ 在立法体制未进行大的改制前，立法权限划分得再怎样清楚都很难保证实行；转型期，一切都在变动，立法的主体以及主体间关系也会随时变动；应该让中央和地方各显神通、大量

---

① 参见徐晨光、王海峰《中央与地方关系视域下地方政府治理模式重塑的政治逻辑》，《政治学研究》2013 年第 4 期。

② 参见周尚君《国家建设视角下的地方法治试验》，《法商研究》2013 年第 1 期。

③ 参见韩业斌《法治中国与地方法治互动的路径选择》，《法学》2015 年第 9 期。

④ 参见李亚虹《对转型时期中央与地方立法关系的思考》，《中国法学》1996 年第 1 期。

⑤ 参见刘小兵《中央与地方关系的法律思考》，《中国法学》1995 年第 2 期。

立法。① 但是，针对地方立法中所发生的立法侵权、立法越权以及立法无序的问题，首先应以宪法为根据，合理具体地明确中央和地方的立法权限，尤其是中央和地方权力机关的立法范围；其次是加强立法监督，变立法监督的放任为立法监督的有效实现。② 我国目前的地方制度可概括为有限行政分权制，即地方作为国家的分治区存在，没有独立的法律地位，但又存在一定程度的分权，只是地方分权不充分，并缺乏法律保障，因此，地方制度改革的近期目标应当实行法律分权制，赋予地方独立的法律地位。另外，要通过法律手段保障分权，通过立法确立中央与地方事权的划分，建立中央与地方冲突的解决机制。③ 我国社会转型背景下中央与地方立法关系法治化，应该是实现中央立法集权与地方立法分权的"适度"与"均衡"，中央立法与地方立法之间已不再是单纯的上下级关系和隶属关系，中央与地方已成为两个具有不同权力内涵和利益考虑的立法主体，具有不同的行为目标、价值和功能。④ 另外，目前我国主要把立法事项的"重要程度"作为中央与地方立法权限的划分标准，这不仅容易造成中央立法在某些事项上的"虚置"与"空缺"，而且容易造成地方在一些亟须以地方立法形式加以调整的事项上的"不作为""难作为"或"乱作为"，由此，我国中央与地方立法事项的划分应合理引进"影响范围"的标准和方法。⑤ 然而，作为"影响范围"的"地方性事务"来确定省级地方立法的界限和范围在法律上并不明确和清晰，应该包括地方政权建设，地方文化、教育，司法

---

① 参见李亚虹《对转型时期中央与地方立法关系的思考》，《中国法学》1996 年第 1 期。
② 参见徐向华《论中央与地方的立法权力关系》，《中国法学》1997 年第 4 期。
③ 参见应松年、薛刚凌《地方制度研究新思路：中央与地方应用法律相规范》，《中国行政管理》2003 年第 2 期；薛刚凌《论府际关系的法律调整》，《中国法学》2005 年第 5 期。
④ 参见封丽霞《中央与地方立法关系法治化研究》，北京大学出版社 2008 年版，第 506 页。
⑤ 参见封丽霞《中央与地方立法权限的划分标准："重要程度"还是"影响范围"？》，《法制与社会发展》2008 年第 5 期。

和行政,地方市场经济管理,地方社会权益保障等。① 另外,根据事权与财权相统一原则,中国应采用集中与分散相结合的模式,赋予地方政府相应的税权,体现在尽快出台与税权相关的法律依据上,合理划分税收立法权、税收收入归属权、征收管理权及其他税权,尽快出台相关配套措施。② 中央与地方关系的制度性重构应该以强化中央权威为首要前提,以地方自治为根基,以规范化的事权与财权划分及其均衡制约为主要内容。③ 因此,中央与地方应该在三个层面进行分权:中央与地方的立法分权、中央与地方的财政分权、中央与地方的治理分权。立法权能够也应当进行中央层次和地方层次的划分,各自能够对一部分国家事务和社会事务行使决定权。④ 中央与地方治理分权要求国家治理的职能需要做出调整,一些事务需要向地方授权,要构建地方治理的"政府—社会—市场"的三分结构,构建地方治理的分权化体制机制,形成以公共权力为核心、各种治理权威分工合力的多元治理格局。⑤

3. 央地纵向关系的法治方式

有观点认为,在立法、行政过程中进行政府间权力范围的调整有很

---

① 参见孙波《论地方事务——我国中央与地方关系法治化的新进展》,《法制与社会发展》2008年第5期。2015年修正的《中华人民共和国立法法》第72条对地方性法规的立法作出了分层规定,省级以上人民代表大会及其常委会根据本行政区域的具体情况和实际需要,在不同宪法、法律、行政法规相抵触的前提下,可以制定地方性法规。设区的市的人民代表大会及其常委会根据本市的具体情况和实际需要,在不同宪法、法律、行政法规和本省、自治区的地方性法规相抵触的前提下,可以对城乡建设与管理、环境保护、历史文化保护等方面的事项制定地方性法规,法律对设区的市制定地方性法规的事项另有规定的,从其规定。第73条分别规定,为执行法律、行政法规的规定,需要根据本行政区域的实际情况作具体规定的事项;属于地方性事务需要制定地方性法规的事项。从《立法法》的这两条规定来看,作为设区的市的地方立法界限和范围法律规定是基本清晰的,但作为省级地方立法的界限和范围法律规定的非常模糊和不确定,什么是"本行政区域的实际情况"?什么是"地方性事务"?都没有明确和清晰的概括式或列举式规定,导致省级地方立法的界限和范围不清。

② 参见[美]葛维宝等编《中央与地方关系的法治化》,译林出版社2009年版,第302—306页。

③ 参见魏治勋《中央与地方关系的悖论与制度性重构》,《北京行政学院学报》2011年第4期。

④ 参见孙波《中央与地方立法分权的宪政解读》,《河北法学》2009年第8期。

⑤ 参见范逢春《全球治理、国家治理与地方治理:三重视野的互动、耦合与前瞻》,《上海行政学院学报》2014年第4期。

大的弊端，应该用司法方式调节中央和地方政府关系，通过裁决个别纠纷，可以间接协调政府间关系，通过司法改革、司法独立和司法权的适当统一，减少上级对下级法院行政干预的同时注入判例法的因素。① 而且，中央与地方府际关系的法律保障应该体现在，加强中央与地方关系的立法上，确定中央与地方事权的划分规则，明确中央政府和地方政府的事权，建立中央与地方关系的监督保障机制。② 中央地方彼此的权限，应尽可能地在宪法的位阶上加以明确界定，成为"宪法保留"的宪法制度；同时必须仔细地界定双方的权限事项，对于剩余事项实行竞合立法制；中央的立法也可实行原则性立法模式，实施必要的授权立法制度；而为确保立法的合宪性，以及中央法律的优越性，中央与地方宜建立两级的违宪审查制度，且此制度应该由目前的"立法审查"改为"司法审查"为宜。③ 而且，要以"法律保留"为重心来推进中央与地方关系法治化，在"法律保留"的指导下，明晰中央与地方的权限划分，健全相应的监督机制，确立和完善相应的权限协调机制和纠纷解决机制。④ 概言之，中央与地方关系法治化的焦点在于，地方政府由宪法所赋予的双重地位必须得到尊重和保障，一方面，地方作为中央政府的执行机关，有接受中央委托履行中央政令的职责；另一方面，地方有法定范围的自主权，有按照地方人民的意愿提供高质量公共物品的主体资格。⑤ 另外，在中央与地方合理分权的路径选择上，应该由系统内分权向系统外分权发展，由行政分权制向法律分权制模式转变，由重放权轻监督向分权与监督相结合转变。⑥

---

① 参见刘海波《中央与地方政府间关系的司法调节》，《法学研究》2004年第5期。
② 参见熊文钊《论中国中央与地方府际权力关系的重构》，《河北法学》2005年第9期。
③ 参见陈新民《论中央与地方法律关系的变革》，《法学》2007年第5期。
④ 参见张艳《我国中央与地方关系困境与出路》，《内蒙古大学学报》（哲学社会科学版）2008年第4期。
⑤ 参见朱丘祥《中央与地方行政分权的转型特征及其法治走向》，《政治与法律》2009年第11期。
⑥ 参见上官莉娜《合理分权：内涵、地位及路径选择——以中央与地方关系为视角》，《中南民族大学学报》（人文社会科学版）2014年第4期。

二 地地之间横向关系法治化研究观点述评

地方法治横向关系的法治化是要研究跨行政区域间关系的法治化问题。这里的跨行政区域,是指跨越两个县级以上地方行政区域,既包括同级别的不同行政区域间的跨越,也包括不同级别的不同行政区域间的跨越,还包括因经济、地理、环境等分界形成的非行政区域内部间的跨越,以及与外部行政区域或非行政区域间的跨越,比如长江经济带区域、环渤海区域、长三角区域、珠三角区域(或粤港澳大湾区)等国家战略区域,以及集聚型的跨行政区域的国家级城市群发展区域等,如长三角城市群、珠三角城市群、京津冀城市群、长江中游城市群、成渝城市群等。所以说,研究地方法治的关系问题,不同区域之间横向关系的法治化是一个绕不过去的重要问题,其中以区域协商、区域合作、区域立法、区域共同体构建等法治化建设为主要内容。因此,研究地方法治不应该忽视对区域法治相关问题的关注,从区域法治视角来研究地方法治可以更多地进行横向问题的研究。另外,区域法治更多的是研究不同行政区域或非行政区域间的法治关系问题。地方法治过程中,横向关系的法治化问题已经日益凸显出来,经济、社会和文化的一体化发展呼唤着不同行政区域之间协作发展、合作发展和融合发展的法治关系的思维和方式。要保证地方府际关系的理性发展,必须将府际关系纳入到法律框架之中,通过立法程序科学地在各地政府之间配置权力,避免其随意性和不稳定性;府际合作的基本要求需要立法设定,法律应是地方政府之间合作的基本保障。[①]

1. 地地之间横向关系法治化的立法模式

地方法治的横向关系法治化要解决跨行政区域的立法问题,从现有研究文献来看,大致可归纳出国家立法、国家与地方联动立法、地方立法三种不同的法制建构观。

(1)国家立法模式。有观点认为,一方面,区域经济法作为国家层面的区域调控法,目的在于克服区域经济的市场失灵和政府失灵,为区域经济协调发展和可持续发展提供制度保障,区域经济法应该是由区

---

① 参见薛刚凌《论府际关系的法律调整》,《中国法学》2005年第5期。

域经济基本法和区域经济管理机构组织法、经济区划法、区域经济规划法、区域经济协调发展法、区域经济合作法、反区域经济垄断和反区域不正当竞争法、区域经济可持续发展法、特别经济区法等区域经济部门法所构成的有机联系的体系。① 另一方面，保障和促进我国各经济区域的平衡、协调发展，必须坚持中国经济法的基本理论以及党和国家的政策导向，应从区域经济法的主体制度、区域市场规制法制度、区域调控法制度、区域经济法的责任制度等方面构建国家层面的区域经济法制度框架体系。② 而且，应将中央经济区域发展的战略目标及相关政策上升为国家层面的法律，制定区域性法律的"基本法"，完善《地方组织法》和《立法法》，明确平级的地方立法机关联合制定跨行政区域的地方性法规和政府规章，并尽快制定《行政协议法》，对区域经济一体化进程中大量出现的行政协议进行规范。③ 另外，我国现阶段的跨行政区域立法可以参照《立法法》第72条规定的国务院部门联合立法的模式，对涉及区域内两个以上的省份、自治区和直辖市的共同性行政管理事项，建立由国家部委联合的区域行政立法模式，联合制定适用于整个区域的行政规章。④ 而且，通过法律法规大数据检索统计分析，国家层面有关区域合作的行政立法更灵敏地反映了经济发展，中央有关区域合作立法早于地方立法，总体上还处于专门的统一立法正在探索，以及单行法律、行政法规的分散规定不断丰富和积累的阶段，因此，在国家层面应加快区域合作的统一立法进程，规定区域合作的法律机制和区域合作协议的共同性问题等。⑤

（2）国家与地方联动立法模式。以上国家层面立法模式的观点可能带来的问题是，难以针对全国千差万别的区域合作发展现状制定统一适用的规制模式；而各省级行政区域分别立法模式又无法消除区域

---

① 参见殷洁《区域经济法的学理解析及其体系构架》，《社会科学》2008年第7期。
② 参见徐孟洲《论区域经济法的理论基础与制度构建》，《政治与法律》2007年第4期。
③ 参见牛睿《加强区域立法协调 构建东北老工业基地振兴的法治环境》，《理论界》2007年第8期。
④ 参见陈书全《区域经济一体化背景下跨区域行政立法模式研究》，《中国海洋大学学报》（社会科学版）2011年第1期。
⑤ 参见叶必丰《区域合作的现有法律依据研究》，《现代法学》2016年第2期。

合作发展产生的经济、社会和文化的矛盾和冲突。因此，有学者提出了合作立法的观点，区域经济调整应该分为不同的层次，区分中央与地方的界限，建立以国家层面的宏观调控法与地方层面的中观调控法并行调整的"二元结构"立法模式。① 而且，可以通过全国人大及其常务委员会专门授权，通过协商达成共识约束各自立法模式，这种模式介于共同立法模式与磋商立法模式之间，既要求维持现有宪法法律框架的稳定性，又要求区域立法合作的约束力。② 另外，区域立法应该强化综合性，区域法制需要一个国家与地方合作立法的体系性构建，一是由全国人大及其常务委员会制定调整区域发展的特别法和一般法，如区域发展促进法等；二是由国务院或所属部委制定调整区域发展的行政法规和行政规章，如实施长三角区域或珠三角区域综合发展促进条例或办法等；三是由省级人大及其常务委员会或省级人民政府制定调整省内区域发展的地方性法规和政府规章，如宁镇扬、长株潭等经济发展条例或办法等。③

（3）地方立法模式。地方层面的立法模式又可分为超行政区域立法、行政区域内立法两个方面。对于地方超行政区域立法的问题，有观点认为，对于相关省份的共同事项而言，中央行政立法缺乏针对性，而地方规章的范围又过于局限，有必要在此中间层次上增加一个跨区划的区域行政立法形式，在法制统一的前提下，经国家权力机关或国务院授权，由相关省市政府在协商自愿的基础上组成区域行政立法委员会，作为区域行政立法机构，制定能在相关省内统一适用的行政立法，这是区域经济一体化发展的需要，也填补了行政立法层次中的断层和空缺，更是新时期下发挥地方行政立法积极性、主动性的另一种表现形式。④ 超行政区域立法包括区际间或省际间的共同立法、磋商立法和协作立法等合作立法形式，比如有观点认为，超行政区域立法协作是一个值得提倡

---

① 参见董玉明《区域经济法律调整的二元结构解析》，《山西大学学报》（哲学社会科学版）2004年第3期。
② 参见宋方青、朱志昊《论我国区域立法合作》，《政治与法律》2009年第11期。
③ 参见朱未易《试论我国区域法制的系统性建构》，《社会科学》2010年第10期。
④ 参见方世荣、王春业《经济一体化与地方行政立法变革》，《行政法学研究》2008年第3期。

的趋势，开展省际间政府立法协作、制定适用于某一区域的行政立法应通过修改立法法和其他相关法律，使区域行政立法合法化，并明确立法主体、可协作的权限和范围，解决法律渊源和位阶问题，理顺立法审查监督机制。① 但是，跨区域立法协调实现难度更大，持续时间更长，难以满足区域发展需要，更为重要的是存在法律障碍，在现行的法律体系下，我国的跨区域联合立法缺乏《宪法》《组织法》和《立法法》的授权，在法律上是不适格的。② 而对于地方行政区域内立法的问题，有观点认为，在当前改革不断深化的形势下，各种经济和社会关系都处于不断调整之中，要求国家层面的立法一步到位是不现实的，需要抓住改革试验的契机，采用省级行政区域立法的方式，在省级行政区域内的城市圈先行先试，体现区域立法的独立性和引导性，比如《武汉城市圈资源节约型和环境友好型社会建设综合配套改革试验促进条例》就是区域分别立法的典型之一。③ 另外，可以通过订立联合立法协议，制定区域统一规则，通过省级人大或政府的联合立法或协作立法，制定统一法规或章程，减少区域内的多头立法或重复立法。④

2. 地地之间横向关系法治化的软法规制

地方法治的横向关系法治化除了地方各行政区域之间为了合作发展采用合作立法的硬法规制形式外，还可以采取行政协议或行政契约等行政协调的软法规制形式。关于软法，弗朗西斯·斯奈德认为，"软法是原则上没有法律约束力但有实际效力的行为规则"。而马尔奇·霍夫曼则认为，软法是指"不具有任何约束力或者约束力比传统的法律即所谓硬法要弱的准法律性文件"⑤。因此，有观点认为，我国

---

① 参见王春业《论区域性行政立法协作》，《当代法学》2007 年第 3 期；王春业《论省际区域行政立法协作》，《行政法学研究》2007 年第 2 期。

② 参见何渊《我国区域协调发展的法制困境与解决路径》，《南京社会科学》2009 年第 11 期。

③ 参见刘友凡《以科学发展观为指导 探索区域立法的新途径》，《政策》2009 年第 12 期。

④ 参见易凌、王琳《长三角区域法规政策冲突与协调研究》，《浙江社会科学》2007 年第 6 期。

⑤ 参见廖凡《论软法在全球金融治理中的地位和作用》，《厦门大学学报》（哲学社会科学版）2016 年第 2 期。

《宪法》《立法法》和《地方组织法》虽然没有像美国那样专门规定"协定条款",而只是赋予地方政府一些管理地方事务的职权,但这并不能否定地方政府具有缔结行政协议的权力,《宪法》《立法法》和《地方组织法》实际上暗示或间接地赋予了协议缔结权,只要在宪法和法律规定的管理权限内,地方政府之间就有权缔结行政协议。① 而且,地方人民政府以行政协议的形式来处理行政区域边界纠纷和协调共同面临的发展问题,法律上是允许和承认的,为了实现区域经济一体化,区域政府间缔结各种行政协议,在主体资格上并无瑕疵。② 区域发展既要考虑全国的统一性,也要考虑地方的特殊性;既要使中央政府乐此不疲,也要让地方政府参与其中,这就是中央政府与地方政府的联合方案,通过缔结中央与地方的行政协议或颁布共同立法等公法机制实现区域一体化。③ 况且,"长三角"和"泛珠三角"正在自发生成和示范"省际协议"模式,试图通过契约模式来解决特定区域内的经济和社会发展问题,"省际协议"所代表的契约治理模式应该借鉴地方联合立法模式和州际契约的经验,并在中央政府的规制下加以完善和推广。④ 总体而言,区域行政协议大致包括了四种类型,一是跨省不同行政层级政府间的区域行政协议;二是跨省相同行政层级政府间的区域行政协议;三是省域内部不同行政层级政府间的区域行政协议;四是省域内部相同行政层级政府间的区域行政协议。⑤ 因此,区域经济合作,都是以本区域之间的政府协议为基础架构起来的,政府协议属于一种对等性的行政契约,具有一种准立法行为的性质,在区域合作中具有法制协调、化解纠纷与补充立法的功能,行政协议法治化最重要的方面是明确缔约的法

---

① 参见何渊《环渤海地区行政协议的法学思考》,《北京交通大学学报》(社会科学版) 2008 年第 4 期。

② 参见叶必丰《长三角经济一体化背景下的法制协调》,《上海交通大学学报》(哲学社会科学版) 2004 年第 6 期;叶必丰《我国区域经济一体化背景下的行政协议》,《法学研究》2006 年第 2 期。

③ 参见何渊《试论区域一体化中的公法》,《中国矿业大学学报》(社会科学版) 2006 年第 2 期。

④ 参见于立深《区域协调发展的契约治理模式》,《浙江学刊》2006 年第 5 期。

⑤ 参见汪建昌《区域行政协议:概念、类型及其性质定位》,《华东经济管理》2012 年第 6 期。

律依据、推进和扩大公众在行政协议中的参与以及建构行政协议争端解决机制。① 但是，区域行政协议运行过程中还存在着一定的问题，诸如区域行政协议缺少规范性，区域行政协议运行机制不健全，区域行政协议主体缺乏契约精神等。② 而且，在我国以行政协议为基础实施区域性行政协调的地区（如长三角、泛珠三角地区），对行政协议的法律效力并未作出明确规定，这种现状有碍区域经济的合作与发展，需要积极推进区域性地方立法和完善区域性行政协调。③ 另外，需要充分保障地方政府在区域合作中的自主权，这种地方自主权主要来自宪法的规定和中央的授权，只有影响中央和地方政治平衡的区域合作协议才需要得到中央的批准，包括可能涉及中央最终决定权的区域合作协议，可能影响中央控制力的区域合作协议，以及可能影响协议非成员方利益的区域合作协议。④

但是，对于区域间合作立法或行政协议而言，持不同观点的学者认为，依照宪法和《立法法》的有关规定，既有的法律形式只涉及中央和地方之间的协调，并不存在地方联合立法层次，也未曾授予地方政府具有任何行政协议缔约权，这只是地方政府为解决自身问题和共同问题所进行的一种积极探索，应为我国现行体制所容忍，使其最终融入到现行宪政框架的制度化建制中来。⑤ 而且，我国现行宪法和法律对地方缔约权缺乏明确的授权，我国区域法律治理也没有直接的宪法和法律依据，而合法衍生的地方缔约权的权威会远远大于单个的地方自主权或自治权本身，并有可能进而挑战中央的权威从而影响政治平衡。⑥

3. 地地之间横向关系法治化的合作治理

地方法治的横向关系法治化还涉及区域多元主体间的合作治理法治

---

① 参见喻少如《区域经济合作中的行政协议》，《求索》2007 年第 11 期。
② 参见汪建昌《区域行政协议：理性选择、存在问题及其完善》，《经济体制改革》2012 年第 1 期。
③ 参见周叶中、曹阳昭《我国区域法制建设简论》，《当代法学》2012 年第 2 期。
④ 参见何渊《论区域法律治理中的地方自主权》，《现代法学》2016 年第 1 期。
⑤ 参见陈丹《我国区域法制协调发展的若干宪法问题思考》，《云南大学学报法学版》2008 年第 4 期。
⑥ 参见何渊《论我国区域法律治理的合宪（法）性控制及宪法修改》，《南京社会科学》2015 年第 5 期。

化问题，在区域的合作治理中最主要的问题是跨行政区域的治理。有观点认为，跨域治理的内涵包括地理空间上的跨行政区联合行动，组织单位中的跨部门交流，传统公共部门与私营、民间组织之间的伙伴关系，以及横跨各种政策领域的专业化合作，是一种超越分歧、跨越边界、以协同互动为目的的新型治理模式；本质上跨域治理区别于传统意义上政府作为单一治理主体的模式，而倡导一种多元和整体治理的模式。① 跨域治理作为一种多元主体参与的协作治理，即强调中央政府和地方政府合作关系的构建，鼓励地方政府之间的联合行动，关注公私伙伴关系的建立，鼓励非政府组织与公民社会的积极参与，这种多元主体的协同治理将成为当前解决区域问题，促进区域协同治理，实现区域可持续发展的有效治理工具。② 在跨域治理过程中，从治理主体看，府际合作治理是一种政府主导，社会公共组织、私人部门共同参与的合作治理；从治理机制和模式看，府际合作治理是一种强调问题解决、目标导向与管理创新的多元化治理；从治理的价值理念看，府际合作治理是建立在尊重、信任、协调、共赢基础上的合作治理；从治理方式看，府际合作治理是一种强调制度创新的制度性治理。③ 但是，地方政府跨域合作是应对公共事务外溢，推进国家治理体系和治理能力现代化的有效手段，但它同时也蕴含着威胁宪政框架稳定的潜在风险，因而有必要运用法治化手段对其加以治理，确保其在法定目的和空间范围内有序运行，需要先行解决地方政府的独立主体地位、中央政府的制度供给义务和纠纷解决机制这三个基础性问题。④ 另外，区域府际合作治理的法治化要求推动以区域治理关系为调整对象的区域行政法的产生与发展，区域行政法不仅要遵循行政法基本原则，还要遵循区域非主权原则、区域多元平等原则、区域利益均衡原则等区域行政法的特有原则，区域行政法框架体系

---

① 参见王鹏《跨域治理视角下地方政府间关系及其协调路径研究》，《贵州社会科学》2013年第2期。

② 参见张成福、李昊城、边晓慧《跨域治理：模式、机制与困境》，《中国行政管理》2012年第3期。

③ 参见朱最新《区域合作视野下府际合作治理的法理界说》，《学术研究》2012年第9期。

④ 参见张彪《地方政府跨域合作的法治化治理》，《南京社会科学》2016年第8期。

应当包括三个部分:围绕行政机关地域管辖限制与跨域治理客观需求的有效平衡,社会组织法律授权和共同体成员自治规则授权的有机统一构建的区域行政主体制度;政府负责下多元治理主体之间以信任为基础交织互动,共同承担公共责任的区域行政行为制度;以及以区域行政监督和多元化区域行政救济为核心的区域行政监督救济制度。①

第三节 央地关系与地地关系法治化的域外考察——以美国为例的分析

在我国宪法与法律语境中,中央与地方的关系是指国家层面与省级及其以下市、县、乡镇的纵向法权关系;而在美国的宪法语境中,中央与地方的关系只能限于联邦与各州的纵向法权关系。美国所谓的"地方"一般是指美国联邦各州以下,不包括州的市、县、镇的由州宪法规定的纵向法权关系,这是分析中美两国央地纵横向关系的不同语境,但这种区别并不影响我们对两国央地纵横向关系,特别是中央与省一级或州一级在宪法上法权关系的分析。美国联邦宪法对州权的规定,采用的是"限制而非授予"的原则,即宪法没有禁止州行使的权力,推定归州所有。通俗地说,就是说你没有你才没有,没有否定就是肯定。相反,对于联邦权力,采用的是"授予而非限制"的原则,即宪法规定联邦可以行使的权力,联邦才有权力。通俗地说,就是说你有你才有,没有肯定就是否定。因此,联邦宪法在授予联邦权力的同时又规定了州权力的限制,较好地处理了联邦与各州的权力配置关系,而且对州际关系也作出了规定,美国在联邦与州的纵向关系以及州际横向关系的宪法规定经两百多年而历久弥新,可以说,该宪法堪称规制联邦与州权力的法典。虽然美国是联邦制国家,我国是单一制国家,但是,这并不妨碍我们借鉴《美利坚合众国宪法》及其修正案(以下

---

① 参见刘云甫、朱最新《论区域府际合作治理与区域行政法》,《南京社会科学》2016年第8期。

简称《联邦宪法》)关于州权力与限制的有益经验。因此,现以《联邦宪法》及其修正案中有关州权力与限制为例进行分析,以期为我国正确处理中央和地方关系以及地方与地方之间的关系提供域外法上的借鉴与参照。

一 美国联邦与州纵向关系法治化考察

《联邦宪法》在授予联邦权力的同时又对各州的权力作出了明确规定,这种联邦与州纵向集权与分权的统一为央地关系法治化提供了最高层级的法治保障,《联邦宪法》对联邦政府与州政府之间的权限划分及其相互关系作了明确规定,美国的联邦制实际上是一种"有限分权制",《联邦宪法》规定的联邦政府和州政府各自的权力大致分为五类:列举权力、专有权力、禁止权力、共有权力和保留权力;美国州政府与地方政府(市、县〈郡〉、市镇和乡)的权限由各州宪法和法律来确定,与联邦政府没有直接的法律关系。[①] 联邦政府除了自己的专有权力外,各州几乎有绝对的自由决定内部宪法结构,但《联邦宪法》的"共和保障条款"授权联邦保证各州政府的共和形式,并不受司法审查,因而由国会全权实施。[②]《联邦宪法》对联邦与各州关系法治化大致体现在以下几个方面。

1. 美国联邦与各州权力的划分

《联邦宪法》第十修正案规定了联邦和州立法权限划分的准则:联邦拥有和行使宪法"授予的权力",州拥有和行使"保留的权力",联邦与州分享政治权力,联邦与州在各自的权力范围内享有最高权力。各个州在联邦内部也被视为独立于联邦的国家主体,拥有很大的自主权,除了宪法规定授予联邦的权力之外,其他的权力都是属于州的。"美国人很久以来已习惯了同时生活在不止一个'最高的'宪法之下,我们同时依赖于《合众国宪法》和各州宪法。""《宪法》原初的制度安排

[①] 参见薛刚凌主编《中央与地方争议的法律解决机制研究》,中国法制出版社2013年版,第165—166页。

[②] Luther V. Borden, 7 Howl: Pacific States Telephone & Telegraph Co. v. Oregon. 223 U. S. 118.

是，必须永远承认各州的突出地位，而实际上，第十修正案确认了这种制度安排。"① 比如以州政府的调控豁免权为例，《联邦宪法》第十修正案和联邦主义的宪法结构，能够起到禁止联邦政府去调控各州或其下级政府本身的活动，地方各州政府具有了一定的调控豁免权，联邦政府不能直接调控这些政府本身，也不能通过强制手段，迫使地方各州政府去执行联邦任务。② 另外，《联邦宪法》第一条第八款还规定，各州具有依照国会所规定军纪训练民兵及任命军官之权，第四条第一款规定，各州有法令、判例与司法程序制定与规制之权，第四条第二款和第二十一修正案第二款规定，各州有按照属地法律管辖之权。

但是，在充分尊重各州权力保留的同时，《联邦宪法》在不同的条款里突出规定了宪法和法律的优先地位，比如第一条第八款关于国会的权力规定中就为联邦政府的权力扩张以及抑制各州的权力提供了可能的空间，只不过这种宪法文本可能性的实现，最终有待于联邦法院的宪法解释。因此，各州保留的权力受到联邦宪法和法律的限制和制约，这在下面所评析的联邦宪法及其修正案对地方各州权力的禁止性规定中表现的就更加明显，难怪制宪会议的弗吉尼亚州代表梅森拒绝在宪法案上签字，他对宪法的反对意见认为，"没有公民权利宣言，总体政府的法律，高于各邦的法律和宪法，分散在各邦宪法里的公民权利宣言，没有保障"③。联邦与州的权力配置关系在起草宪法之初就规定好了，在制宪会议辩论讨论中，"会议通过：全国议会对各邦单独无能为力立法的所有事务，都具有立法权。全国立法机构对所有执行各邦议会立法可能干扰联邦和谐的情况，都有立法权；各邦通过的立法，若全国议会认为违背联邦条款或违背联邦授权签订的一切有效

---

① ［美］阿纳斯塔普罗：《美国1787年〈宪法〉讲疏》，赵雪纲译，华夏出版社2012年版，第251、262页。

② 参见张敏等《以中央制约地方：论美国联邦宪法中"州际贸易条款"的"潜伏效应"》，《南京大学法律评论》1999年第2期。

③ ［美］麦迪逊：《美国制宪会议记录》，尹宣译，辽宁教育出版社2003年版，第771页；马万利：《反联邦党人与1787年费城制宪会议》，《中国政法大学学报》2008年第1期。

条约，可以否定"①。在这一意义上，制宪会议已就联邦与地方各州的权力如何相互制约明确了基本原则，也为联邦宪法限制地方权力条款的出台奠定了基调。可以看出，《联邦宪法》中的地方权力保留源于其分权制衡的原则——以权力制衡权力，包括横向的权力制衡：联邦立法、行政、司法三权分立；纵向的权力制衡：联邦与各州权力分立。

《联邦宪法》规定各州具有经过法定程序提出对宪法的修宪请求权。如该宪法第五条规定意味着美国各州有两种途径行使修宪请求权：一是美国国会参众两院议员虽为国会议员，但他们具有双重的利益代表身份，涉及国家利益时（外交政策等），他们是国家利益的代言人；涉及各州利益时，他们又是各自州利益的代言人。根据《联邦宪法》规定，众议院议员由各州选区（按照人口比例）人民直接选举产生，参议院议员由各州人民直接选举产生，可以说这种选举模式突出体现了各州利益代表的正当性权利表达机制，较为充分地体现了《联邦宪法》政治操作过程中的各州对联邦法律制定的影响力。二是各州议会或修宪会议有权经法定程序提出对联邦宪法的修宪请求权。根据第五条规定的法定程序，宪法修正案可以由三分之二以上的州议会提出。这种州的修宪请求权，表面上似乎是各州议会或修宪会议的权力，实际上体现了人民的权力，因为各州议会议员必须由各州人民来选，必须代表州民的利益，所以《联邦宪法》第五条规定关于修正案的制度安排，从一个侧面说明，"我们还是既看到了人民的终极权威，也看到了人民为了最好地利用这种权威而自己施加的限制"，② 可以说第五条的规定，构建了一种联邦与各州在修宪权与国会批准权上的相互制约机制。

除此之外，各州议会或修宪会议还享有宪法修正案的批准权。《联邦宪法》第五条规定，宪法修正案经"四分之三之州议会或经四分之

---

① ［美］麦迪逊：《美国制宪会议记录》，尹宣译，辽宁教育出版社2003年版，第33页。

② ［美］阿纳斯塔普罗：《美国1787年〈宪法〉讲疏》，赵雪纲译，华夏出版社2012年版，第219页。

三之州修宪会议批准"而发生实际效力。但这里的"州批准修正案的权力并非各州所固有,而是由《宪法》让渡给它们的"①。在解读《联邦宪法》中我们会发现,不但宪法及其修正案需要各州制宪会议批准通过才能生效,比如第七条规定,"经九州制宪会议批准后,本宪法即应成立,在批准本宪法之各州内,亦即发生效力"。如第十八修正案第三款、第二十修正案第六款、第二十一修正案第三款、第二十二修正案第二款等规定。换言之,如果州议会或修宪会议没有批准某个修宪案,则产生的结果是:由于修宪案未经各州批准,因而不发生宪法效力。比如1789年关于众议员人数调整及其薪酬之变更的提案、1810年关于接受或保留贵族爵位或荣誉称号的提案、1861年关于授予或给予国会权力的提案、1924年关于国会限制未成年人劳动的提案、1972年关于不得以性别为由否定或限制法律上的权利平等的提案、1978年关于合众国政府所在之特区为州的提案等均是未获得各州批准的宪法修正案。② 可见"各州根据《宪法》保留了相当大的权力,包括批准《宪法》修正案的那种专属权力"③。

2. 美国联邦对各州权力的限制

《联邦宪法》虽然规定各州这样和那样的权力,但是出于联邦与各州权力制衡的考虑,在《联邦宪法》中也同时规定了若干对各州权力的限制,对各州的限制性规定,无论是完全或绝对的禁止,还是有条件的禁止,都是联邦与各州博弈的结果。各州在获得一部分权力的同时,也必须交出另外一部分权力,并要受到联邦宪法的制约,使得联邦的国家权力和主权权力得到强化,并不受各州的干涉;因为在制宪会议之前,联邦的权力弱于各州的权力,这从1781年前的《邦联

---

① [美] 阿纳斯塔普罗:《美国1787年〈宪法〉讲疏》,赵雪纲译,华夏出版社2012年版,第218页。

② 参见 [美] 阿纳斯塔普罗《美国1787年〈宪法〉讲疏》,赵雪纲译,华夏出版社2012年版,第331—332页。

③ [美] 阿纳斯塔普罗:《美国1787年〈宪法〉讲疏》,赵雪纲译,华夏出版社2012年版,第264页。

和永久联合条例》的规定就可以看得很清楚。① 这种现象导致了整个社会的权力到处服务于各部分的权力,就好像一只头脑听从四肢指挥的怪物,② 难怪联邦党人出于对州宪法和法律有可能凌驾于《联邦宪法》和法律的忧虑,要提出强化联邦权力,约束州权力的坚定立场和立法思路。③

从《联邦宪法》及其修正案的具体规定来看,对各州权力限制的规定主要体现在八个方面:一是对各州立法权的限制,如《联邦宪法》第一条第十款中的规定。二是对各州征税权的限制,如《联邦宪法》第一条第九款和第十款中的规定,对于从任何一州输出的货物,不得征收税金或关税;任何一州,未经国会同意,不得对进口货或出口货征收任何输入税或关税。④ 三是对各州协定缔结权的限制,如《联邦宪法》第一条第十款中的规定,无论何州,不得缔结条约、结盟或加入联盟。四是对各州货币发行权的限制,如《联邦宪法》第一条第十款中规定,无论何州,不得铸造货币;不得发行纸币;不得使用金银币以外之物作为偿还债务之法定货币。五是对各州选举权的限制,如《联邦宪法》第二条第一款规定,各州应依照该州州议会所规定手续选派选举人若干名,但参议员,或众议员,或在合众国政府下受俸或任职之人,均不得被派为选举人。六是对各州司法权的限制,如《联邦宪法》第三条第二款和第六条、宪法修正案第十一条中的规定,如罪案发生于不止一州,审判应在国会以法律规定之一处或数处地点进行。⑤ 七是对各州建州权的限制,如《联邦宪法》第四条第三款规定。八是对各州权力有可能侵损公民权利的限制,如《联邦宪法》修正案第十三条第一款、第十四条第一款、第十五条第一款、第十九条、第二十四条第一款和第

---

① 参见美国《邦联和永久联合条例》第二条规定:"各州保留其主权,自由与独立,以及其他一切非由本邦联条例所明文规定授予合众国国会的每一种权力、司法权与权利。"

② 参见[美]汉密尔顿、杰伊、麦迪逊《联邦党人文集》,程逢如、在汉、舒逊译,商务印书馆1980年版,第234页。

③ 参见[美]汉密尔顿、杰伊、麦迪逊《联邦党人文集》,程逢如、在汉、舒逊译,商务印书馆1980年版,第228—234页。

④ 参见姜士林等主编《世界宪法全书》,青岛出版社1997年版,第1615、1617页。

⑤ 参见《联邦宪法》第三条第二款其中隐含的禁止性规定是,除法律规定外,各州不得审判跨州之诉讼。

二十六条第一款等条款的规定。

3. 美国联邦与各州权力关系的互动

联邦与州及其地方政府的关系除了根据联邦宪法和法律的规定明确各自的权限外，还通过行政与政治的途径和手段进行着权力划分的博弈，而这种作用不是单向的而是双向的，联邦与州及其地方政府间可以利用各自的资源及其有效手段进行行政和政治利益的博弈。从联邦对于州和地方政府的作用看，联邦政府对州和地方的事务和活动进行有效监督与控制体现在：首先是中央对地方事务的直接监督和管制，其次是中央运用财政手段对地方实施的间接控制。[1] 另外，从美国各州和地方政府对于联邦政府的作用看，首先是通过政治途径影响联邦政府。美国最高法院通过对"加西亚诉圣·安东尼奥市运输局"一案审理后认为，《联邦宪法》第十修正案规定并不具有司法上的强制力，并进一步推论，各州抵御联邦干预其事务范围的主要手段并非体现在违宪诉讼上，而是体现在国会的结构中，即不管各州人口基数或其他特征的差异，它们在参议院均具有平等的代表权。[2] 即主要是通过国会两院议员选举和议员们在国会的活动实现州与地方政府对联邦政府施加的影响，国会两院的议员既代表国家，又在某种程度上代表着各州和地方政府，体现着鲜明的地方性特征，一旦涉及各州或地方政府的利益，这些议员就会成为州和地方政府利益的代言人，我们可以从美国国会两院议员的选举规则看出其背后的利益代言，参议员由各州选民直接选出，每州2名，实行各州代表权平等原则。现有议员100名。当选参议员必须年满30岁，作为美国公民已满9年，当选时为选出州的居民。任期6年，每2年改选1/3，连选得连任。众议员数按各州人口比例分配，由直接选举产生，每州至少1名，人数固定为435名，必须年满25岁，作为美国公民已满7年，当选时为选出州的居民。任期2年，连选得连任。两院议员长期连任现象极为

---

[1] 参见童之伟《美国中央与地方间的双向作用方式》，《武汉大学学报》（社会科学版）1991年第4期。

[2] 参见薛刚凌主编《中央与地方争议的法律解决机制研究》，中国法制出版社2013年版，第171页。

普遍。议员不得兼任其他政府职务。这就是说,通过这种选举规则,各州的利益及其诉求会被国会两院的议员通过对法律案或其他议案的赞成或否决的票决形式来影响行政决策。其次是组成压力集团影响联邦政府。美国的各类利益集团非常庞杂,其中有些就是以维护州和地方的利益为其成立的根本。这些组织和机构不时会对国会两院进行游说和施加各种影响。最后是利用联邦政府对州及其地方政府的依赖性影响前者。这种你中有我、我中有你的交织状态已经很难进行清晰界分,联邦、州和地方三级政府职权纵横交错,不得不相互依赖,州和地方政府往往利用联邦政府对它们的依赖,[①] 将州和地方的利益裹挟或隐藏在联邦决策的项目之中。

二 美国州际横向关系法治化考察

作为联邦制国家的美国,根据联邦宪法,联邦和各州享有各自独立的立法权和司法权,国内各州或地方的法律各异且司法系统自成体系,基于美国这样一个法治和体制的背景,美国州际或地方之间关系的法治化是一个值得关注和研究的问题,这里的州际关系既包含各州之间的冲突关系,如表现为州际法律冲突等;还包含各州之间的合作关系,如州际协定或行政协议的缔结等;另外美国除州际关系外,地方政府之间的横向合作关系也值得研究。

1. 联邦宪法对州际关系的规制

无论州际关系如何发展和演变,联邦宪法对其的规制以及最高法院的司法调节始终是国家层面的调控关键。《联邦宪法》对州际关系的规定主要体现在第 1 条第 10 款第 3 项、第 4 条第 1 款、第 4 条第 2 款和第 14 修正案,《联邦宪法》第 1 条第 10 款第 3 项的规定对州际合作进行了宪法规制,确定了州际协定的国会审查规则。第 4 条和第 14 修正案的规定,美国对州际关系的联邦宪法规制主要体现为三个原则:充分信任与尊重、各州公民间平等待遇、正当法律程序与平等保护。第一,该条规定与美国《统一外州判决执行法》规定的依照完全

---

① 参见童之伟《美国中央与地方间的双向作用方式》,《武汉大学学报》(社会科学版) 1991 年第 4 期。

信任和尊重条款执行外州判决，以及美国《第二次冲突法重述》第93条规定的在美国的一个州中做成的有效判决在一姊妹州中应得到承认，可以看出从《联邦宪法》《统一外州判决执行法》到《第二次冲突法重述》在对待州际司法判决的信任与尊重上是一致的。第二是各州公民间平等待遇原则，《联邦宪法》第4条第2款规定，每州公民均得享有其他各州公民之一切特权与豁免权，① 这一规定为各州公民间的平等待遇提供了宪法保证②。第三是正当法律程序与平等保护原则，《联邦宪法》第14修正案规定，无论何州均不得制定或实施剥夺合众国公民之特权或豁免之任何法律；无论何州，未经正当法律程序，不得剥夺任何人之生命、自由或财产；亦不得拒绝给予在其管辖下之任何人以法律上之同等保护③。这一规定为各州公民权利保障提供了正当法律程序与平等保护。

2. 美国冲突法规则对州际冲突法律适用的指引

冲突法是一种在不同实体法之间提供选择基础的法律制度，④ 而美国冲突法并不对州际冲突和国际冲突进行严格区分，各州法院解决州际冲突与解决国际冲突的规范基本相同，美国《第二次冲突法重述》（以下简称《冲突法重述》）其基本规则同时适用于州际法律冲突和国际法律冲突两个方面，⑤ 如《冲突法重述》第3条规定：在本冲突法重述中，"州"一词指具有独立法律体系的区域。第4条规定：（1）州的"本地法"，指除该州冲突法规则以外的、该州法院用以解决所受理的争议的一整套标准、原则和规则；（2）州的"法律"指该州的本地法及该州的冲突法规则。⑥ 这也就意味着，美国各州和地方在享有各自独立的立法权和司法权的体制背景下，处理美国州际或区际法律冲突与处

---

① 参见姜士林等主编《世界宪法全书》，青岛出版社1997年版，第1615、1618页。
② 参见赵相林、刘英红《美国州际法律冲突与我国区际法律冲突比较》，《比较法研究》2000年第1期。
③ 参见赵相林、刘英红《美国州际法律冲突与我国区际法律冲突比较》，《比较法研究》2000年第1期。
④ 参见王承志《美国第三次冲突法重述之萌动》，《时代法学》2004年第1期。
⑤ 参见赵相林、刘英红《美国州际法律冲突与我国区际法律冲突比较》，《比较法研究》2000年第1期。
⑥ 参见美国《第二次冲突法重述》（1971），引言第3条、第4条。

理美国与其他国家国际法律冲突遵循的冲突法规则是一样的,《冲突法重述》虽然没有强制性约束力,但能够为解决州际法律冲突以及州际民商事法律适用提供路径与权威指引。比如《冲突法重述》第6条第2款规定了7项法律选择的规则,体现了"最密切联系"原则,其中的"州际及国际体制的需要""法院地的相关政策""其他利害关系州的相关政策以及在决定特定问题时这些州的有关利益"和"特定领域法律所依据的政策"等法律选择规则突出体现了冲突法理论的"政府利益说"和"法院地法说"的主旨要义。创立政府利益说的学者布雷纳德·柯里认为,每一个国家,在实施它自己法律所依据的政策时,都具有某种政府的利益。① 实质就是要求法院确定准据法时对所在州和政府利益进行分析,既要对其自身法律的目的进行政策评估,也要对其他利害关系州的法律目的进行分析,以确定适用的法律能促成这些目的的实现,因为每一个州的实体法都包含一定的目的与政策。② 但无论是"政府利益说"还是"法院地法说",其目的都在于最大限度地维护法院地所属州和政府的利益,由此看来,州际法律冲突实际上是州际利益冲突和政府利益冲突,法律选择原则背后是州和政府的利益在起作用,冲突法规则的适用实质上是州际关系中政府利益最大化的裁量。政府利益表达的是立法者的政治目标,政府利益分析理论要求法官在审理案件过程中不得不考虑法律规范的政治目的,而国际私法所涉领域为传统私法领域,诉讼的目的是公正维护当事人的利益,因而不宜以政府利益作为其出发点。③ 这样的法律选择原则和规则就有可能将私人利益的法律保护置于从属地位,这恐怕也是《冲突法重述》遭到美国法学界诟病的一个重要原因。

然而,社会的发展永远比法律规制来得要快,如果我们以美国同性婚姻缔结与承认问题为例来看州际法律冲突问题,可能会让我们进一步思考冲突法的局限性。同性婚姻缔结与承认在美国既无联邦宪法和法律

---

① 参见李文玺《当代美国冲突法理论》,《中外法学》1988年第2期。
② 参见马志强《美国〈第二次冲突法重述〉中最密切联系原则评析》,《公民与法》2010年第5期。
③ 参见肖永平、王承志《第三次冲突法重述:美国学者的新尝试》,《武汉大学学报》(哲学社会科学版)2004年第1期。

的规制，也无冲突法规则的适用，而在州和地方法律与政策又各行其是，给州际或区际法律冲突带来许多的不确定性和不可预期性。出于对个别州接受同性婚姻会约束其他州和联邦法律承认其效力的担心，美国国会于1996年通过了婚姻保护法案，从联邦立法角度，该法将"婚姻"定义为"一个男人和一个女人的结合"，同时，该法将同性婚姻和"民事伴侣"的州际承认问题留给了各州自行处理①。这是一个需要加以讨论和解决的问题案例，提出公共利益的前提是，当法律对某个人权益的保护会导致占社会绝大多数人的权益丧失时，国家就会通过公共政策的方式将绝大多数人的利益上升为公共利益，并对其进行保护，这种公共政策当然是通过国家的各种立法来体现的。② 同性婚姻的缔结与承认给州际或区际法律冲突的解决提出了一个棘手的难题和挑战，直接影响了州际或区际以及地方政府间关系和公共政策走向，也对州际或区际及其地方政府的公共利益评估产生了影响。

3. 州际协定③或行政协议对州际关系的调整

（1）州际协定对州际关系的调整。州际协定是美国联邦宪法所期望和促进的一种最重要的州际合作机制和跨州区域治理机制。它是美国联邦主义背景下各州依据宪治原则构建的一种自主治理跨州区域公共事务的重要机制。通过这种机制可以组织起各州之间的制度性区域公共管理行动，构建跨州区域协作共同体，以此推动跨州区域公共事务走向协作性、一体化治理，④ 其目的主要是保证各州的生存和发展。美国州际

---

① 参见［美］拉夫·迈克尔《美国冲突法革命的衰落与回归》，袁发强译，《华东政法大学学报》2011年第6期。

② 参见鲁世平《美国冲突法政策革命时代之法哲学思考》，《大连海事大学学报》（社会科学版）2016年第2期。

③ 这里的州际协定是从《联邦宪法》第一条第10款第3项的规定原文翻译而来，在其原文中对应的词是"Agreement"，该条规定的中文版普遍译成"协定"，但美国州际协定有许多原文用"compact"，如"Republican River Compact（里帕布里肯河流域协议）"，所以学界研究文献有两种译法，有译作州际"协定"的，也有译作州际"协议"的，虽然两种译法均可，本文用"协定"，而在转引时尊重原文。不同译法的代表性著作可参见［美］约瑟夫·F.齐默曼《州际合作：协定与行政协议》，王诚译，法律出版社2013年版；吕志奎《区域治理中政府间协作的法律制度：美国州际协议研究》，中国社会科学出版社2015年版。

④ 参见吕志奎《州际协议：美国的区域协作管理机制》，《太平洋学报》2009年第8期。

协定经过几百年的发展，由《联邦宪法》加以规制，并通过联邦最高法院因州际协定而引发诉讼的典型判例，使得州际协定进入了法治化和制度化阶段，已经形成系统调整州际合作关系的具有特殊法律地位的判例法制度体系。从《联邦宪法》第1条第10款第3项规定的含义表面上看，似乎是在表达非经国会同意所有的州际协定不得缔结或缔结无效，但现实在于不是所有的州际协定都需要国会同意，"只有那些试图改变政治控制或权力，以至于影响宪法权威的州际协定必须得到国会的批准，其他的一般州际协定则并不需要"[①]。这样的区别对待州际协定并确定其法律地位，源于1893年联邦最高法院对"弗吉尼亚州诉田纳西州案"的判例。

就此开始，联邦最高法院逐步掌握了对州际协定缔结的法律解释权和主导权，并先后通过5个关键判例进一步明确了缔结州际协定的法律地位。"弗吉尼亚州诉田纳西州案"将州际协定分为政治性协定和非政治性协定，并取消了非政治性协定获得国会批准的强制性要求；"格林诉比德尔案"宣布成员州与州际协定相冲突的法律违宪；"戴尔诉西姆斯案"剥夺了成员州法院在有关州际协定的诉讼中解释本州宪法的绝对权力；"欣得里德诉拉普拉塔&切利河灌溉公司案"强化了州际协定对成员州公民的约束力；"凯勒诉亚当斯案"明确了经国会批准的州际协定将成为联邦法律。[②]

州际协定的多边主体。从缔结州际协定的成员数量看，州际协定已经发展形成了多边，甚至是全国性和广泛性的州际或区域协定或协议。协定缔结的主体已经不再局限于两个州之间的合作协议，而是扩大到更加广泛的多元主体——从一个州到多个州、地方或区域的所属州，甚至是全美国的所有州，而且还有州与联邦之间的协定。比如有代表性的，以个别事项关联的州为主体签署的有《纽约新泽西港务管理局协议》（2个州）、《科罗拉多河协议》（7个州）、

---

① 何渊：《州际协定——美国的政府间协调机制》，《国家行政学院学报》2006年第2期。

② 参见杨成良《美国州际协定法律背景的变迁》，《山东师范大学学报》（人文社会科学版）2005年第5期。

《跨州税收协议》（20个州）、《州际应急管理互助协议》（除加州外的49个州）；以地方或区域的州为主体签署的有《南部区域发展政策协议》（美国南部地区13个州）、《中西部区域高等教育协议》（美国中西部地区8个州）、《中西部客运铁路协议》（美国中西部地区9个州）；以全美所有州为主体签署的有《儿童安置州际协议》（全美所有州）、[①]《州际未成年人协定》（全美所有州）[②]；以联邦与州为主体签署的有《特拉华河流域协议》（4个州与联邦政府）、《拘留者州际统一协议》（联邦政府与所有州）[③]。

　　州际协定的基本类型。1920年至1998年还在发挥作用的217个州际协定，除了25个边界协定外，其余的州际协定已涉及教育、医疗、能源、交通、税收、区域发展和自然资源的保护与利用等25个领域。[④]州际协议的类型具体可分为：（1）多边与双边州际边界协议，如俄克拉何马与得克萨斯边界协议（2000年）；（2）双边与多边州际分配或发展协议，如中西部客运铁路协议（2000年）；（3）双边与多边州际规制协议，如州际保险品规制协议（2003年）；（4）双边与多边州际再分配协议，如州际应急管理互助协议（1996年）；（5）联邦与多边州际分配协议，如特拉华河流域协议（1961年）；（6）联邦与多边州际规制协议，如拘留者州际统一协议（1934年）。[⑤]

　　州际协定的争端解决。随着美国州际协定内容的不断拓展和延伸，处理州际利益冲突的方式和手段也越来越多样化和多元化。比如在联邦国家层面，有国会立法调控、联邦最高法院的司法调节，甚至是对州际争端或政府间诉讼进行司法审判；而在州的层面，有政府间谈判、协

---

　　① 参见吕志奎《区域治理中政府间协作的法律制度：美国州际协议研究》，中国社会科学出版社2015年版，第3页。
　　② 参见杨成良《论美国联邦体制下的州际合作》，《世界历史》2009年第5期。
　　③ 参见吕志奎《区域治理中政府间协作的法律制度：美国州际协议研究》，中国社会科学出版社2015年版，第99页。
　　④ 参见杨成良《论美国联邦体制下的州际合作》，《世界历史》2009年第5期；吕志奎《区域治理中政府间协作的法律制度：美国州际协议研究》，中国社会科学出版社2015年版，第3页。
　　⑤ 参见吕志奎《区域治理中政府间协作的法律制度：美国州际协议研究》，中国社会科学出版社2015年版，第97—99页。

商,中立的第三方调解,或仲裁机构仲裁等简易审理程序解决争端。

(2) 州际行政协议对州际关系的调整。除州际协定外,美国在此基础上还衍生发展出了另一种协调州际合作关系的制度安排,这就是州际行政协议,他是美国州际协定发展到现代又一种被广泛采用的解决州际合作问题的软法机制。有观点认为,州际协定这一美国最为重要的区域法治协调模式开始不断受到挑战,其弊端也不断显现,诸如烦琐的程序和冗长的周期、缺乏灵活性或弹性,以及不可变通性等,在这种背景下,美国需要的是一种更为简便、更为灵活,也更具透明度的机制,而州际行政协议正是这样一种机制,对于非正式的行政协议,缔结程序则更为简便,行政协议的修改程序也相对简单,这种相对简易的程序使得行政协议具有很强的灵活性,足以应对不断变化的社会变迁。在美国,州际协定和行政协议都是实现区域法制协调的重要机制,它们之间并不存在相互取代的关系,而是互补关系,州际关系的重要程度决定了各州到底是采用州际协定、正式的行政协议,还是非正式的行政协议,涉及重大政治问题的,刚性的州际协定机制是不错的选择,而对于涉及简易的行政问题或紧急问题的,柔性的行政协议机制似乎更有用武之地。①

4. 区域联合会和地方政府间合同的横向合作模式

美国各州和地方政府为了解决跨行政区域的问题,诸如跨行政区域的都市地区治理问题、跨两个以上地方政府共同事项问题等,采取了一系列行之有效的形式和机制,诸如地方兼并、市郡合并、联盟、多功能都市行政区、职能移转、领土外部权力、区域联合会、政府间合同等,其中最能凸显横向合作法治化特点的是区域联合会机制和地方政府间合同制度。

(1) 区域联合会式的横向合作模式。美国同一区域内的地方政府有很多共同的问题单靠一个地方政府无力解决,而州或区域又不愿意设立一个区域性政府而增加一层束缚,也不愿意设立太多的特别目的的行政机构而增加机构之间的错综复杂关系。因此,美国许多州立法机关发展出一种解决区域性问题的新方法,即授权地方政府设立区域

---

① 参见何渊《美国的区域法制协调——从州际协定到行政协议的制度变迁》,《环球法律评论》2009 年第 6 期。

联合会,也称政府联合会或区域计划委员会,① 联合会虽然是自愿结合、协议协商行动,但并不是完全没有强制性手段,因为联邦政府和州政府对地方的经费援助往往只给予区域性计划,地方政府不参加区域联合会或不执行联合会建议的计划,很难得到联邦和州的经费援助,联邦政府和州政府往往直接通过援助款项推动联合会计划的实施,间接实现联邦计划和州计划的完成,所以说,通过区域性计划的实施在一定程度上服务于联邦政府计划和州政府计划的实现。② 区域联合会的建立虽然源于州立法机关的授权,但联合会的强制性权力和权限并不是从地方法律的授权中获得,而是通过区域性计划与联邦政府计划和州政府计划的紧密结合的耦合性,获得了超越单个地方政府行政权限的经济权力和手段,这也可以说是一种非硬法制度的软法效力和运作机制,非常具有借鉴价值。

(2) 地方政府间合同体现的横向合作模式。所有州的法律都授权地方政府进行横向合作以满足共同的利益,地方政府进行合作常用的方式是签订合同供给某种服务,以满足双方当事人即地方政府的利益。这种地方政府间的合同可以因为各种不同的事项而具有不同的内容和形式,其一是某个地方政府为了满足本地区居民的需要,购买其他地方政府提供的服务,如同购买私人公司的服务一样。其二是规定两个地方政府对于某些活动互相帮助,如两个地方政府共同维护边境街道的秩序、边境公园的管理,或者两个地方政府在遇到社会动乱时联合维护秩序和社会安全。其三是两个地方政府共同举办某一事业,规定合作机构的组织双方的权利和义务,不但同级地方政府之间可以签订合同,不同性质和级别的地方政府之间也可以签订合同,如市政府与县政府、市政府与州政府之间签订的行政合同。但是,地方政府之间签订合同要受到一个普遍性的限制,即地方政府只能在其职责和权限范围内签订合同,合同中规定的事项必须是双方都具有的权力,如两个政府间签订合同共同举办某一事业,该事业必须是双方都具有权力。而且地方政府间的合同出

---

① 参见陈光《论区域立法协调委员会的设立与运行——兼评王春业〈区域行政立法模式研究〉》,《武汉科技大学学报》(社会科学版) 2012 年第 1 期。
② 参见王名扬《美国行政法》,北京大学出版社 2016 年版,第 217 页。

于自愿，并不得损害地方政府的权力，不改变地方政府的结构。通过签订地方政府间的合同，地方政府可以得到自己不能提供的服务，为开展大规模的公共事业创造条件，降低成本，利用专门知识和技术，提高服务质量。① 地方政府间签订合同进行横向合作的方式源于州法律的规定和授权，并且受到法律规定的限制，是针对个别事项和活动进行的有针对性合作，与区域联合会的区域性计划相比，不具有整体性和长期性，不能系统和多方面解决地方政府之间的问题，区域联合会模式与地方政府间合同模式各有所长，可以互相弥补，发挥各自的优势。

三 《联邦宪法》是联邦与州以及州际利益博弈法治化的产物

无论是《联邦宪法》对各州权力的规定，还是对各州权力的限制，其目的正如联邦党人所言，"联邦政府和州政府事实上只不过是人民的不同代理人和接受委托的单位。它们具有不同的权力，旨在达到不同的目的"②。这种对州权力的规定和限制在国家宪法层面形成了联邦与各州权力关系的法治化格局，并在 200 多年的宪法实施中能够达到动态发展的权力平衡，确实有许多值得研究和借鉴之处。

《联邦宪法》对各州权力与限制的规定源于联邦与州的历史沿革和权力博弈，一方面各州在联邦宪法之前都已制定有州的宪法，各州宪法也获得了联邦宪法的承认和保障，并能够在"地方事务范围内获得自治的权力"，这就形成了某种程度的历史性的地方权力"优占"格局，正如阿纳斯塔普罗所言，"我们现在熟悉的 1787 年《宪法》中的许多语言，都可以在 1787 年之前的州宪法中找到。我们也可以看到，这部或那部州宪法所试验的各种制度和程序，很多都被完善成了我们现在在 1787 年《宪法》中所看到的形式"③。另一方面作为联邦制国家，各州权力作为地方治理的必要工具，联邦与州的权力博弈由来已久，从美国制宪会议开始到现在围绕宪法的赋权与反制从未停止过。对于联邦与州

---

① 参见王名扬《美国行政法》，北京大学出版社 2016 年版，第 217—218 页。
② [美]汉密尔顿、杰伊、麦迪逊：《联邦党人文集》，程逢如、在汉、舒逊译，商务印书馆 1980 年版，第 240 页。
③ [美]阿纳斯塔普罗：《美国 1787 年〈宪法〉讲疏》，赵雪纲译，华夏出版社 2012 年版，第 186 页。

的权力博弈,首席大法官马歇尔曾在"马卡洛诉马里兰州案"的判决中有一段经典论述:美国联邦宪法曾提交给各州人民讨论,并由他们特别选举出来的代表会议批准通过而"获得充分权威",因此,其结果是联邦"政府直接来自于人民,以人民的名义'建立和授予(ordained)'"①。各州的确拥有主权,但是这一主权与联邦的主权发生碰撞时,州的主权必须服从于联邦的主权,因为"美国联邦政府是人民的政府(无论这个事实对案件的影响是什么),不管是在形式上,还是在实质上,它都来源于人民。政府权力是由人民授予的,这种权力直接为人民行使,并且为了人民的利益"②。这段论述成为美国联邦主权经典性的界定,从根本上动摇了州权至上理论的全部依据。③

美国联邦与各州的权力博弈正如哈耶克所言,当联邦制宪会议在费城召开时,联邦主义运动的领袖发现他们面临一个两难困境:一方面每个人都承认联邦的权力尚不足够,因此必须加强;但在另一方面,当时的主要关注点仍然是限制联邦政府的权力,此外,力求改革的动机更是为了制止各州立法机构僭取权力。④ 因为哈耶克认为,在6个州的宪法中,竟然没有任何规定可以阻止立法机构根据常规立法程序进行修宪;即使有些州的宪法没有赋予立法机构这种无限的权力,但这些州的立法机构也常常以专横的方法无视宪法规定以及为这些宪法所旨在保护但却未明文规定的公民权利。⑤ 未曾想到的是,《联邦宪法》第十四修正案第一款规定的权利保护规则在此后的《联邦宪法》实施中"获得了完

---

① McCulloch v. State of Maryland, 17 U.S. 316 (1819). 美国国会于1816年4月10日通过法案,授权建立美国银行,然而,1818年2月11日,马里兰州众议院(general assembly)通过法案,除了马里兰州立法机关同意设立的银行以外,对所有州内的银行或者银行分支征税。因此,美国银行也在征税之列。那么,由此带来的问题是:州政府是否有权对国会建立的银行征税。事实上,这一问题直接关系到联邦政府与州政府的权力配置问题,也就是说,其关系到如何理解美国联邦宪法上的联邦制。

② McCulloch v. State of Maryland, 17 U.S. 316 (1819).

③ 任东来、陈伟、白雪峰:《美国宪政历程:影响美国的25个司法大案》,中国法制出版社2013年版,第58页。

④ [英]弗里德利希·冯·哈耶克:《自由秩序原理(上)》,邓正来译,生活·读书·新知三联书店1997年版,第231页。

⑤ [英]弗里德利希·冯·哈耶克:《自由秩序原理(上)》,邓正来译,生活·读书·新知三联书店1997年版,第230页。

全不曾预见的重要性"①，也因此印证了当初对于权利法案是否应该援引所产生的激烈争论，正如布拉德列法官所言，第十四修正案所禁止的乃是具有特征的政府行为，它具有更为深广的范围，使得某州的法律和行为无效，如果个人不受州政府的法律、习惯、司法或执法程序所支持，那么宪法防止各州侵犯的公民权利，就可能被个人的违法行为所损害。②或者说，第十四修正案在对公民权利保护方面，对地方各州有可能损害公民权利的作为或不作为的权力进行了具有法律后果的严格禁止，但是又赋予地方各州对管辖下的任何人给予同等保护的权力。因为，如果将一些基本权力转交给联邦中央政府掌握，而同时将其他的权力留给彼此独立的各州掌握，也同样能够有效地限制各级政府的权力；因为一个强大的美国中央政府能够成为一种对抗各州立法机构所具有的膨胀特权的平衡力量③。中央与地方的权力制衡往往只能是一种动态的平衡，权力的本性永远是扩张性的，但同时它又是一把双刃剑，因此人们也很快认识到，在《联邦宪法》必须授予政府的权力当中，一定有一些权力是可能被用来侵损个人权利的，因此有必要对这类个人权利加以特殊保护④。

然而，联邦党人在论及《联邦宪法》对于联邦与州的权力关系的平衡时认为，一方面，联邦政府是一个统一的政府，必须拥有"完整主权"，两个主权体是不能在同一个政治实体范围内同时存在的，所以为了保存自己，联邦政府必须吞掉州的权力，否则它将被州所吞食⑤。但另一方面，新联邦政府将充分具有两者的精神，即不至于侵犯各州的权利，也不至于侵犯各州政府的特权。如果一州的法令虽然不利于全

---

① [英]弗里德利希·冯·哈耶克：《自由秩序原理（上）》，邓正来译，生活·读书·新知三联书店1997年版，第238页。

② 参见欧爱民《立宪主义语境下对我国宪法权利属性的考问》，《法学评论》2006年第2期。

③ 参见[英]弗里德利希·冯·哈耶克《自由秩序原理（上）》，邓正来译，生活·读书·新知三联书店1997年版，第232页。

④ 参见[英]弗里德利希·冯·哈耶克《自由秩序原理（上）》，邓正来译，生活·读书·新知三联书店1997年版，第234页。

⑤ 参见王希《原则与妥协——〈联邦宪法〉的精神与实践》（增订版），北京大学出版社2014年版，第87页。

国政府，但在该州却深得人心，那么它会按照当地的方法单独依靠本州很快得到执行；如果联邦政府的一项制度在某些州的实施不得人心，倒反而会阻碍联邦政府制度的执行①。比如"纽约州诉合众国案"和"普林兹诉合众国案"说明，地方各州政府的自主权受到《联邦宪法》第十修正案和联邦主义原则的保护，除了司法机关基于宪法的立场对州进行的控制之外，联邦的立法机关和行政机关对州的立法和行政不具有任何有强制力的控制权，这种体制使州的政府能力和自主地位得以完整保持②。正如托克维尔所言，联邦依靠宪法和最高法院法官使各州服从，而各州则依靠他们抵制联邦的过分要求③。

《联邦宪法》对州际关系虽然未作出太多的规定，但是州际贸易、协定和管辖等问题确是州际关系的核心利益问题，《联邦宪法》对这几个方面作出的规定，源于宪法制定前各州在边界、商业、贸易和航运等方面不断出现的矛盾和冲突。另外，由于各州坚持自己的利益优先，联邦政府始终无法形成一个统一的西部开发政策，也无法对西进的移民提供保护，而且，为保护本州的经济利益，各州纷纷建立起贸易壁垒，如新泽西州对所有过港的外来商品和货物课税，纽约州则马上进行报复，对所有从新泽西州来的货品、商品征收进港费。④ 随着各州间利益矛盾的加剧和冲突的升级，直接威胁到各州的社会和政治稳定及其经济发展，因此主观上希望有一个解决州际冲突的条约或协议。最典型的州际冲突案例是1893年的弗吉尼亚州诉田纳西州案，该案中，弗吉尼亚州

---

① 参见［美］汉密尔顿、杰伊、麦迪逊《联邦党人文集》，程逢如、在汉、舒逊译，商务印书馆1980年版，第242页。

② 参见杨利敏《关于联邦制分权结构的比较研究》，《北大法律评论》2002年第5卷第1辑，第24页。能为这种体制提供确切说明的是进入20世纪90年代之后联邦最高法院的两个经典判决，1992年的纽约州诉合众国案和1997年的普林兹诉合众国案。在纽约州诉合众国案中，最高法院认为国会不具备通过法律指令州的立法机构去从事某种管制，或直接命令州为联邦的管制目的服务的宪法权力。在普林兹诉合众国案中，最高法院认为联邦既不能指令州制定某项立法，也不能命令州的官员或地区机构执行联邦的管制方案，后者构成联邦对州行政官员的征用。

③ ［法］托克维尔：《论美国的民主》（上卷），董果良译，商务印书馆1988年版，第169页。

④ 王希：《原则与妥协——〈联邦宪法〉的精神与实践》（增订版），北京大学出版社2014年版，第75页。

诉称其与田纳西州缔结的边界协定并没有得到国会的批准，因而违反《联邦宪法》第1条第10款第3项的"协定条款"，不具有法律效力。①另外，从《联邦宪法》实施到1921年间，已有36个州际协定曾获得过美国国会的批准，② 美国各州的州际冲突绝大部分源于利益冲突，调整这种冲突只有诉诸联邦宪法的高位调整和最高法院的权威判决，因此，我们可以说《联邦宪法》是各州利益博弈法治化的产物。

第四节　中国央地关系与地地关系的法治化进路

中央与地方关系法治化是《三中全会决定》和《四中全会决定》以来全面推进依法治国的题中应有之义，央地关系的法治化格局需要着力解决中央与地方权力关系的配置和格局，而央地立法权的职权、央地行政权的事权以及央地司法权的关系等，都是央地关系法治化要着力研究和解决的重要问题。

1. 明确央地与地地立法权的职责权限

根据最新《立法法》的规定，以及《三中全会决定》和《四中全会决定》的精神，明确规定了设区市具有的地方立法权，但只限于所在市行政辖区以及城乡建设与管理、环境保护、历史文化保护等方面的事项。

一是理顺中央与地方纵向立法权。我国中央和地方的纵向立法权一直都有明确的法律规定，也是目前从中央到地方立法所依循的规律，这种模式和结构具有很强的纵向稳定性，但是中央立法与地方立法要解决的问题是立法事权的划分问题，什么样的立法应该由中央承担，什么样的立法应该由地方承担。有些立法事项虽然属于中央立法事项，但地方立法更为方便；而有些立法事项虽然属于地方立法事项，但应当由中央

---

① State of Virginia v. State of Tennessee, 148 U. S. 503 (1893).
② 何渊：《论美国〈宪法〉"协定条款"的法律变迁及对中国区域法律治理的启示——从二元联邦主义到合作联邦主义再到新联邦主义》，《比较法研究》2016年第2期。

统一立法效果更好。首先是要贯彻立法权与事权相统一原则，有事权而无立法权的立法是无效的，要改变现在事权与立法权的不一致性，要使立法权与事权统一，要将中央的某些可以下放的立法权限下放给地方，或在国家出台的法律中给地方立法留有一定的空间，这样可以改变地方有事权却无立法权的窘境，让地方的事权、财权与立法权相统一，更好地调动地方积极性。其次是要建立一套中央与地方立法分权的标准，这个标准究竟应该以"重要程度"还是以"影响范围"，抑或是以"重要程度+影响范围"来划分，都可以进一步研究，但无论怎样划分，有一点应该明确，那就是中央与地方立法权划分背后的本质是事权划分，而"影响范围"与"重要程度"的标准划分并没有与事权划分相关联，自然事与愿违，实际上立法事权、行政事权、司法事权与财政事权应该是一个有机整体，要将事权划分与财权划分融入到立法权划分之中，形成央地立法权划分标准与事权划分标准相结合的机制。

二是拓展地方间横向立法权。地方间横向立法权在我国一直处于较弱的状态，既没有上位法的规定或授权，也没有单一制国家成熟的地方立法经验。随着中央与地方事权改革的深入，以及地方区域一体化发展的加快，央地立法权的分权模式将不再是中央立法主义的模式，而将是中央与地方立法分权的模式，特别是区域发展或区域联合协作方面的立法将成为未来地方横向立法的一个新模式，省与省、省与市，区域或流域、省际或城际之间的立法将会越来越多，这种区域型立法事权应该属于中央与地方的共同事权，目前国家法并没有对区域立法问题作出任何规定，这一领域还是个立法的处女地，而且根据《立法法》第73条的规定，给地方的区域立法提供了足够的立法空间和回旋余地。立法模式可以有多种选择：既可以是全国人大协调，由相关省市作为联合立法主体，省市间达成立法意向并经地方人大通过区域的地方性法规，也可以是由国务院牵头，吸收相关省市参与，由国务院制定区域性行政法规，还可以是由全国人大牵头，吸收相关省市参与，最后由全国人大制定法律。用何种立法模式要看立法事项的重要程度和影响范围而定。

2. 推进中央与地方行政权的事权改革

根据十八届《三中全会决定》和《四中全会决定》的精神，将大力推进中央与地方行政事权改革，逐步理顺央地事权关系，建立中央与地方事权划分和支出责任相适应的权力配置制度体系，加强中央与地方各自的事权和支出责任，进一步推进中央与地方事权划分与责任承担的法治化。

一是厘清中央与地方事权。首先是划分清楚中央事权，国防、外交、国家安全等直接关系国家主权的事项，以及整体安全的公共产品和服务事项应该直接划归中央管辖和执行。其次是划分清楚中央与地方共同事权，部分社会保障、跨行政区划的流域治理、环境保护、重大基础设施建设等重大项目应当由中央牵头，同时明确一定比例的支出责任给地方，既推动项目实施与落实，又能够保证地方有效参与。在央地共同事权的划分与分担上，央地按照事权划分相应承担支出责任，地方既可以承担部分的中央事权支出责任，也可以根据实际情况通过转移支付承担一部分地方事权支出责任。[1] 最后是划分清楚地方事权，区域性公共服务事项应当作为地方事权，如交通、警察、司法、消防、城市基础设施和管理、失业保险、居民最低生活保障等民生支出由地方承担和负责实施。

二是推进中央与地方事权法治化。推进中央与地方政府行政事权的规范化和法制化，完善中央与地方政府事权合法有效配置的法律制度，[2] 建议制定"中央与地方关系法"，对中央与地方政府的事权划分、履职主体、职权范围、变更程序、争议解决、法律责任等内容作出明确规定，使中央和地方关系能够在法律的框架内运行，形成央地纵向关系上的稳定性格局，使中央与地方能够在法制的基础上形成明确可预期的权利义务关系。

三是强化中央与地方事权的执行与落实。首先在顶层设计、宏观管理、政策调控、制度设定、职责履行和执法权力等方面要强化中央政府的权威，增强中央检查、监督和执法的效能；其次在统筹推进区域内基本公共服务均等化职责等方面要强化省级事权的承担、分担的职能，以

---

[1] 参见《中共中央关于全面深化改革若干重大问题的决定》，《求是》2013年第22期或《党建》2013年第12期。

[2] 参见《中共中央关于全面深化改革若干重大问题的决定》，《求是》2013年第22期或《党建》2013年第12期。

及强化对省辖市县事权执行与落实的监督管理职责；再次是要强化市县政府事权的执行与落实职责；最后是要根据地方事权承担或分担的内容制定地方事权执行结果的考核、验收和评估指标体系，以及地方事权执行情况的监测体系。

3. 理顺中央与地方司法权的相互关系

司法权主要是审判权，审判权的核心是裁判权。① 地方各级法院是否能够独立行使审判权，是衡量我国地方司法权存在的关键，解决地方各级司法权独立行使的各种挑战和障碍需要从以下几个方面入手。

一是明确地方司法权的人民定位。《宪法》第 2 条规定，中华人民共和国的一切权力属于人民②。宪法的这一规定揭示了中国司法权的来源，具有不同于联邦制国家或单一制国家的法律特征，人民通过各级人民代表大会行使国家的所有权力，这其中自然包括司法权，因此从本质上来讲，人民法院的司法权来自人民代表大会，而非来自上级法院，最高法院的司法权来自全国人大，地方各级法院的司法权则来自本级人大，并受本级人大的权力制约，这是我国地方司法权来源的宪法规定性，也是地方司法权来源的内在法理逻辑。

二是明确地方司法权的法律定位。根据《宪法》第 96 条、第 105 条和第 128 条的规定，既然地方人大是地方国家权力机关具有地方立法权，地方政府是地方国家行政机关具有地方行政权，那么我们可以作这样的合法性推导，即地方各级法院和检察院是地方国家司法机关应该具有地方司法权，实际上地方司法权已经在宪法和法律中获得了法理上的确认，只不过是需要获得宪法和法律上像对于地方立法权、地方行政权那样的制度性确认。

三是明确地方司法权的权限定位。根据《三中全会决定》和《四中全会决定》的精神，各级法院要确保依法独立公正行使审判权，要明确各级法院职能定位，规范上下级法院审级监督关系。严格依法划定地

---

① 参见葛洪义、江秋伟《中国地方司法权的内在逻辑》，《南京社会科学》2017 年第 1 期。

② 参见《中华人民共和国宪法》，《中华人民共和国全国人民代表大会常务委员会公报》2018 年 4 月 15 日。

方各级法院之间的审判权限,确保地方各级审判机关有条件和能力做到依法独立行使裁判权。① 在地方各级法院厘清审判权限的边界与范围的时候,需要全面与准确理解司法权作为中央事权的内涵,在与中央司法事权不冲突的前提下,划分中央与地方之间、地方各层级之间的地方司法事权,这不仅是一个紧迫的司法体制改革实践问题,而且是一个需要深入研究的司法理论问题。

四是推进地方司法权的责任监督。构建阳光司法机制,推进审判、检务、警务、狱务等司法公开机制,依法对执法与司法依据、程序、流程、结果和生效法律文书及时公开,② 建立统一的上网和公开查询制度。推进地方司法公开,如地方司法的信息公开应该贯穿在司法运行的全过程之中,公开司法人员的办案信息、案件审理的过程、案件的裁判结果及其理由等。③ 改革司法机关人财物管理体制,探索实行司法行政事务管理权与审判权或检察权分离,将地方司法行政的事权与地方司法的审判权与检察权分开,减少或逐步消除地方人财物保障对地方司法机关审判权与检察权的消极影响,探索实施跨区域司法监审新模式。建立司法机关过问案件的记录制度或责任追究制度,减少和杜绝法外权力或关系对独立行使司法权的干扰和影响;不断完善办案终身责任制,落实谁办案谁负责,减少和杜绝人情案、权力干预案等冤假错案的发生。

---

① 参见葛洪义、江秋伟《中国地方司法权的内在逻辑》,《南京社会科学》2017 年第 1 期。
② 参见《中共中央关于全面推进依法治国若干重大问题的决定》,《求是》2014 年第 21 期或《党建》2014 年第 11 期。
③ 参见姚国建《中央与地方双重视角下的司法权属性》,《法学评论》2016 年第 5 期。

第五章

地方法治建设的公民参与

"依法治国,建设社会主义法治国家"需要广大人民群众的积极响应和广泛参与,为此,在我国的宪法、法律法规和政策制度中有对公民参与的一些基本的规定和表述,但从公民参与地方法治建设中的实践来看,尚有许多的理论和现实问题亟待廓清和证成,公民参与地方法治建设无论是制度性安排还是政策性保障,都还有待于进一步的规范和构建。虽然我国宪法、法律和行政法规,以及地方性法规及地方政府规章等对公民参与都有一些基本的规定,但是这些规定并没有完全在地方法治建设层面得到实体性和程序性的制度体现和保障,这其中不难看出,公民参与的地方性制度和机制安排的缺失是一个关键性问题。

第一节 地方法治建设的公民参与及其权利的正当性与合法性

1. 公民参与权正当性的权利视角

早在 18 世纪 80 年代,弗吉尼亚代表乔治·梅森在美国制宪会议上认为,宪法是一种社会契约:打算组织政府的人们,在从人民手中拿走治理人民的权力以前,首先要保证把哪些权利保留给人民,作为交换条件,使人民有避免、揭露、抵制、制止政府作恶的手段。世界上永远不会出现不犯错误、不生罪孽的政府。因此,评断一部宪法的好坏，人民的权利得到多少保障，是第一标准。① 这就是梅森的宪法观，他是三个拒绝在宪法上签字的人之一，最核心的原因是，他认为人民的权利缺失，宪法最后定稿授予总统权力太多太重，有君主制的倾向；给予人民的权利太少，不像共和制的宪法。

公共权力本质上是一种异化的社会力量，因为它产生于社会反过来又凌驾于社会之上，公众的权力变成了支配公众的权力。② 人们不得不追问一个问题，人民将自己的某些权利委托出去，形成公共权力由一部分人掌握并行使，是否会如洛克所言，集中的权力难免公权私用、公权作恶，使政治权力反转成为侵害个人权利的利器③。因为，基于公共权力的公共性与特殊性，公共权力在其现实的运行过程中并不必然会真正代表社会整体的利益，并不必然会超越社会各利益集团的局限，也并不必然会排斥权力的握有者利用其推行有利于自己的法律或政策制度安排的行为。

恩格斯说过，"每一时代的理论思维，从而我们时代的理论思维，都是一种历史的产物，它在不同的时代具有完全不同的形式，同时具有完全不同的内容"④。权利作为一种文化和制度现象，与法和国家一同出现在人类社会，人们在长期的社会实践过程中创设了各种权利，每种权利的内容和形式其实都是适应于解决人类必须对付的各种生存和发展问题而产生的。庞德认为，权利这个词曾被用于六种意义。一是权利是指利益，就像在关于自然权利的很多讨论里所使用的那样；二是权利指法律上得到承认和被划定界限的利益；三是权利指通过政治组织社会的强力，来强制另一个人或所有其他人去从事某一行为或不从事某一行为的能力；四是权利指设立、改变或剥夺各种狭义法律权利从而设立或改

---

① 参见[美]麦迪逊《美国制宪会议记录》，尹宣译，辽宁教育出版社2003年版，第12页。
② 参见周光辉《论公共权力的合法性》，吉林出版集团有限责任公司2007年版，第11—12页。
③ 参见周少来《人性、政治与制度：应然政治逻辑及其问题研究》，中国社会科学出版社2004年版，第67页。
④ 《马克思恩格斯选集》第4卷，人民出版社1995年版，第284页。

变各种义务的能力;五是权利指某些可以说是法律上不过问的情况,也就是某些对自然能力在法律上不加限制的情况;六是权利还被用在纯伦理意义上来指什么是正义的。① 为了使人民有避免自身的和社会的权利遭受公共权力的侵害,公民参与权的创设和行使就成为一种制衡的力量,使之成为制约和监督公共权力不当行使的利器。公民参与权的正当性证成之所以要从正义性和合法性两个思维视角去论述,是因为公民参与权既是一种基本权利,又是一种公共权利,而且还是一种社会权利。

"国家的一切权力属于人民"的理念早在 18 世纪就已经有了比较精辟的论述。当时的思想家卢梭认为,人民主权是由公意行使的权力,公意的体现就是法律,而国家的代表是人民的公仆;康德也认为,人民的最高权力决定了所有公民在国家中的自由、平等和独立,而国家不过是用法律把人们联合起来的组织,因此人民有权制定反映自己意志的宪法。② 费希特也认为,当全体人民表达出他们的共同意志的时候,他们要组成一个法治共同体,就必须把他们那部分管理公众事务的权力转交给他们选举出来的政府,而政府必须对全体人民负责,它的职责也不过是执行全体人民的共同意志,让法律和正义统治国家;接着费希特又进一步指出,在宪法的执行过程中,只有行政权力才可能成为反叛者,人民则从来不是反叛者,人民实际上是最高的权力,在它之上没有任何权力,它就是其他一切权力的源泉。③ 关于公民参与权的正当性,用哈贝马斯的话来说,"人民主权的原则是以确保公民的公共自主性的沟通权和参与权所体现出来的。因此,法律是作为同等保护私人自主性和公共自主性的工具而获得正当性的"④。公民参与上升为公民的一种权利则是近现代才产生的,参与权的正当性源于人民权力和权利的正当性,大部分国家的宪法都有关于国家的权力属于人民,公民的权利必须保障的

---

① 参见[美]庞德《通过法律的社会控制》,商务印书馆 1984 年版,第 42—43 页。
② 参见梁志学《费希特〈自然法权基础〉评述》,《云南大学学报》(社会科学版) 2003 年第 2 期。
③ 参见[德]费希特《自然法权基础》,中文版序言,商务印书馆 2004 年版,第 14 页;梁志学《费希特〈自然法权基础〉评述》,《云南大学学报》(社会科学版) 2003 年第 2 期。
④ 周濂:《现代政治的正当性基础》,生活·读书·新知三联书店 2008 年版,第 199 页。

表述。比如《德意志联邦共和国基本法》第20条第二项规定:"全部国家权力来自人民。人民通过选举和投票表决并通过特定的立法、行政和司法机关行使这种权力。"①《俄罗斯联邦宪法》第3条规定:"俄罗斯联邦的多民族人民是俄罗斯联邦主权的拥有者和权力的唯一源泉。"②《法兰西共和国宪法》第3条规定:"国家主权属于人民,由人民通过其代表和通过公民投票的方式行使国家主权。"③《美利坚合众国宪法》虽然没有"国家的权力属于人民"的抽象表述,但是该宪法对人民的权利给予了更加具体的、可以进行司法适用的规定。如该宪法第9条修正案规定:"本宪法对某些权利的列举,不得被解释为否定或轻视由人民保留的其他权利。"第10条修正案规定:"宪法未授予合众国、也未禁止各州行使的权力,由各州各自保留,或由人民保留。"④ 这些国家的宪法虽然几经修订或增补,但在国家权力属性及其公民权利保障的规定方面并未有实质性变更。这说明,一个国家的权力属于人民的宪法原则是不能减损的,这一基本原则为公民履行宪法或法律规定的基本权利,以及根据基本权利派生和衍生出的合法性权利提供了正当性和合法性依据。

2. 公民参与权合法性的制度视角

国家法层面的宪法、法律及行政法规和规章从实体和程序上对公民(或公众)(以下统称公民⑤)参与进行了规定,《宪法》第2条明确规定,人民依照法律规定,通过各种途径和形式,管理国家事务,管理经济和文化事业,管理社会事务。再如《立法法》第5条规定,保障人民通过多种途径参与立法活动。在我国法制统一的体制下,地方性法规及政府规章遵循上位法,在地方立法、行政程序、行政决策以及环境保护、公共文化和社会治理等领域也对公民参与进行了实体和程序上的规

---

① 参见姜士林等主编《世界宪法全书》,青岛出版社1997年版,第793页。
② 参见姜士林等主编《世界宪法全书》,青岛出版社1997年版,第825页。
③ 参见姜士林等主编《世界宪法全书》,青岛出版社1997年版,第885页。
④ 参见姜士林等主编《世界宪法全书》,青岛出版社1997年版,第1615、1619页。
⑤ 公民参与与公众参与不但在法学研究中都有提及,而且在国家法与地方法关于参与的制度建构中也均作为法律用语进入法条之中,特别是在条款的规定中,公民与公众虽然略有语气的差别,但在法律主体定位上被赋予了基本相同的含义。

定，如《上海市制定地方性法规条例》第 4 条规定：制定地方性法规应当保障人民通过多种途径参与立法活动。通过对国家法与地方法关于公民参与规定的梳理，获得了如下几个方面的认知。

（1）国家法与地方法对于公民参与的制度建构开启了公民参与国家与社会治理的权利时代。公民参与权的合法性最直接的体现在法律法规制度的条文上，这种固化的条款给了公民参与一个制度化的解说和背书。我们可以从法律法规纵向的层面来进行一个逻辑的梳理，进一步说明公民参与权合法性的制度建构逻辑。

地方法是在国家法的统一立法体系下构建和运行的，地方根据《立法法》的授权，又具有可以根据地方实际情况进行先行先试立法的特权。地方法在某些领域的立法也可以在没有上位法的情况下进行探索和试验，因此发达省份走得更前和更快一些，比如地方出台的行政程序制度、重大行政决策程序制度，以及环境保护与公共文化服务制度等地方性法规或政府规章，虽然没有国家上位法的遵循和参照，但这些地方性法规和政府规章对公民参与作出的规定从某种视角看，要比国家法的规定更加开放和超前。

从我国《宪法》第 2 条的宣示性规定起，公民参与在国家法与地方法层面的很多法律法规中有所体现并给予具体的规范，这种规范公民参与的法律法规主要体现在立法程序法、行政程序法、行政决策程序法、公共治理法（如环境保护、公共文化服务等）四个方面。

一是从立法程序法的层面看，我国在国家法和地方法两个层级都建构有较为完整和体系化的立法程序制度，如国家层面的"立法法"和地方层面的"立法条例"形成了自上而下的立法程序规范，这些立法程序制度都在不同程度上对公民参与立法活动进行了规定。比如我国《立法法》第 5 条规定了保障人民通过多种途径参与立法活动，这不仅是对我国《宪法》第 2 条宣示性规定的进一步明确，也是对公民参与立法权的一种保障。该法从第 5 条到第 101 条共有 6 条 7 款对我国公民参与立法活动从法律案的启动、法律法规草案起草、法律法规审查等立法环节和程序上都对公民如何参与立法活动进行了实体和程序层面的规定。这是我国最高位阶的关于公民参与立法方面的法律，保障公民的立法参与权的规定较为明确而具体，如规定了在立法过程中既可以提出立法意见建议、参与立法起草、进行立法审查以及获得情况反馈等实体性权利，同时也规定了可以采取座谈会、论证会、听证会以及立法信息向社会公布征求公民意见等形式的程序性权利。另外，国务院按照我国《立法法》规定出台了两个国家层级的行政法规，即《行政法规制定程序条例》和《规章制定程序条例》，在这两部国务院关于行政法规和规章制定程序中，也对公民参与行政法规和规章的立法进行了实体和程序方面的规定。按照我国《立法法》以及《行政法规制定程序条例》和《规章制定程序条例》的规定，地方省级行政区域以及设区的城市具有地方立法权，特别是省一级层面在地方性法规和政府规章立法的制度建构方面也对公民参与立法活动给予了不同程度的规定，如果只统计省级行政区域，正式出台"地方立法条例（或程序规定）"的占应该制定地方立法制度省份的96.8%，虽然省际之间的立法程序规定有不平衡现象，比如有些省份的"立法条例"减省了《立法法》规定的公民参与立法的一些实体和程序性的规定，但公民参与立法活动在国家立法和地方立法层面基本形成了统一的法律规范。从国家层面和地方层面出台的相关性法律法规来看，公民立法参与活动归纳起来涵盖了公民参与的诸种具体权利，如立法项目建议权、法规草案提出权、法规审查建议权、法规起草参与权、重要意见表达权、立法信息知情权、立法过程监督权、公民意见反馈权等。

二是从行政程序法的层面看，行政程序法被视为"权利宪章"[①]，从实然视角看，我国在国家层面还没有一部完整的"行政程序法"，到目前为止，全国只有湖南、山东、江苏、宁夏和浙江等地先后制定出台了完整意义上的具有地方特色的行政程序规定（或办法）[②]，占了可以制定行政决策程序制度省份的16.1%，从已有的省级地方先行先试的立法实践来看，这些没有上位法依据且具有试水性质的地方性行政程序制度，开创了我国法律法规自下而上的立法先例，这种无上位法参照的

[①] 于立深：《地方行政程序法的实施与实效分析——以福建、广西、湖南为例》，《江汉论坛》2014年第9期。

[②] 虽然有些地方如福建、广西、辽宁等省份制定出台了诸如行政执法程序规定等单项行政程序制度，但并不具有完整意义上的行政程序制度要素，所以不作为分析对象。

立法探索和试验虽然可能产生一些立法风险，但可以为未来国家层面行政程序法的制定积累丰富的地方样本、提供先行的地方经验、获得试验的地方参数。从5个有代表性的省区制定出台的行政程序制度看，公民参与行政管理的规定相比公民参与地方立法活动的制度设计要更加具体和详细，这些省份的行政程序制度中关于公民参与行政管理的实体和程序规定，综合起来主要集中体现在公民具有7个方面的权利：第一是公民在参与行政管理、起草规章草案、重大行政决策、实施重大行政指导、行政绩效评估等方面具有提出意见和建议权；第二是公民在行政行为和行政决策进行听取意见、行政听证，以及涉及公众利益调整的行政会议等程序中具有参加会议和提出不同意见的质疑权；第三是公民在行政管理、行政决策、行政执法、行政指导、行政绩效等行政程序方面具有信息知情权和案卷查阅权；第四是公民在认为规范性文件违法、行政决策不适当的情况下具有申请审查权；第五是公民在制定规范性文件、行政执法、行政许可、行政确认、行政给付、行政指导和行政裁决等方面具有申请启动程序权；第六是公民对公共利益维护、行政决策作出、规章或规范性文件修改、行政违法违规行为具有投诉与举报并要求查处的监督权；第七是公民对行政行为违反法定程序、侵犯公民合法权益方面的行为具有依法申请行政复议或者提起行政诉讼的救济权。这七个方面的公民参与权利较好地体现了公民在参与行政程序过程中的申请权、知情权、陈述权、申辩权、监督权和救济权。

三是从决策程序法的层面看，地方重大行政决策法治化实践同样是在上位法没有先例的背景中开启的，也是先由地方政府规章立法颁行再到国家层面行政法规的制定这样一种自下而上的立法模式。① 据不完全统计，全国已有19个省级以上人民政府制定了"重大决策程序规定（或规则）"，从覆盖面看，制定重大决策程序制度的省份要比制定行政程序制度的省份广泛得多，占了应该制定重大决策程序制度省份的61.3%。地方的重大决策程序制度中普遍设定有公民参与重大决策的规

---

① 国务院《重大行政决策程序暂行条例（征求意见稿）》2017年向社会发布征求意见，并于2019年9月施行，而地方"重大决策程序规定（或规则）"等政府规章早已在十多年前的2005年就陆续制定颁行。

定，综合各省份制定出台的重大决策程序制度看，公民参与重大决策的权利归纳起来有以下几个方面：首先是公民具有提出重大行政决策、停止执行或修改重大行政决策、重大行政决策合法性审查，以及重大行政决策评估（包括后评估）的建议权；其次是公民具有通过政府提供的平台知悉重大行政决策信息的知情权；再次是公民在参与重大行政决策过程中（如公开征求意见、听证会、座谈会等形式）具有表达意见权及反馈权；最后是公民具有对重大行政决策的决定和实施进行监督的权利。公民参与政府重大行政决策的这四个方面的权利也比较充分地体现了公民参与的知情权、表达权和监督权。

四是从公共治理法的层面看，在国家在公共治理层面的法律法规制度建构中，公民参与主要体现在环境保护、公共文化服务两个方面的法律法规之中，虽然其他法律法规中也有公民参与的一些规定，如在选举与代表法、城乡规划法、食品安全法等法律法规中，但这类法律法规中对于公民参与的规定显得碎片化且系统性不够，因此并不具有理论分析的价值和典型性。从公共治理领域的地方法到国家法自下而上的立法模式中，对于公民参与在国家法与地方法两个层面都衔接得比较好的是环境保护与公共文化服务这两类法律法规，其中一个突出的特点是在这两个领域的立法实践中，地方仍然走在国家的前面，为国家制定法律提供立法经验和实践，从综合国家法与地方法制定出台的环境保护与公共文化服务这两类法律法规制度看，对公民参与权的保障归纳起来体现在以下几个方面：在环境保护等法律法规方面，第一是公民在环境政策、环境规划编修、环境保护法规起草、环境治理、建设项目环评等方面具有提出意见建议的表达权；第二是公民在环境保护法规、生态环境功能区划、自然资源开发利用、环境质量监测、环境污染及突发事件、环境行政许可与处罚、环境保护职责与机构及设置等方面具有信息公开的知情权；再次是公民在对待环境违法违纪、不履行环境保护职责行为等方面具有检举和控告的监督权；第三是公民在受聘担任环境保护社会监督员、依法参与环境保护工作、开展环境保护宣教等方面具有参加权；第四是公民在对待污染环境、破坏生态、损害社会公共环境的违法行为方面具有提起环境公益诉讼的救济权。在公共文化服务等法律法规方面，第一是公民在制定公共文化政策与法规、公共文化规划、公共文化服务与产品、公共文化服务评估等方面具有提出意见建议的表达权；第二是公民在提供公共文化产品与服务、公共文化设施兴建与合建或捐建等方面具有参与营运与管理的权利；第三是公民在公共文化服务信息方面具有知情权；第四是公民对违反公共文化服务法律法规的行为具有举报或投诉的监督权。在环境保护与公共文化服务法律法规中对公民参与的规定也较为充分地体现了公民参与的知情权、表达权、管理权、监督权和救济权。

（2）国家法与地方法对公民参与的规定还存在某些方面的不足，仍有完善的空间。国家法与地方法是在中国法制统一建构逻辑体系中运行的不同位阶的法律法规制度系统，从立法程序、行政程序、决策程序以及公共治理等方面的法律法规对公民参与的规定来看，无论是国家法或地方法的横向层面，还是从国家法到地方法的纵向层面，都还存在一些亟待研究和解决的问题。

第一，在国家立法层面上，公民参与权利的宪法规定只具有宣示作用，需要法律法规进行具体的具有操作性的规定才能保障实施。虽然公民参与权利属于一种受法律限制的基本权利，也就是说，参与权只有按照有关法律的规定才能行使，因此需要其他法律法规对公民参与权利或参与行为进行详细而明确的设定。如我国宪法第2条关于公民参与的规定要获得司法适用，那就需要在下位法或者地方法中予以明确规定才行，虽然我国宪法或宪法性法律并没有对公民参与权利给予明示，或者说我国宪法对公民参与权利的规定是隐性的话，那么最为明确地设定公民参与权利的则是我国的《中华人民共和国环境保护法》（以下简称《环境保护法》）第53条的规定：公民、法人和其他组织依法享有获取环境信息、参与和监督环境保护的权利。该法对公民参与环境保护的权利进行了明示，这是我国在法律层面第一次清晰地确认环境公众参与权利及其具体的参与内容，也奠定了环境公众参与的规范基础和基本制度构架。[①] 我国环保法将环境公众参与的权利分为环境信息知情权、环境保护参与权、环境保护监督权三个层面，这种三分法在一定程度上体现

[①] 参见徐以祥《公众参与权利的二元性区分——以环境行政公众参与法律规范为分析对象》，《中南大学学报》（社会科学版）2018年第2期。

了公众参与环境治理的法治逻辑架构。但是公民参与权利的行使是具体的，特别是受法律限制的公民参与权利行使亟待在主体与客体、实体与程序、范围与内容等要素上进一步予以明确规定，使得公民参与权利的行使能够在约束行政权力的不当扩张与恣意中获得一种力量。目前，国家层面的法律法规对公民参与权利的规定在总体上较为原则和抽象，缺乏具体的操作性，尤其是对于克减或损害参与人权利的救济在法律法规中并没有明确的规定。

第二，在国家与地方法律法规的结构体系上，国家法与地方法都存在对公民参与规定的不平衡现象。

首先是国家层面的法律法规对公民参与的规定存在不平衡性。国家法对公民参与规定得较为详细的法律法规，主要体现在《立法法》《行政法规制定程序条例》《规章制定程序条例》，以及《重大行政决策程序暂行条例》等程序性法律法规中，这些国家层面的程序性法律法规，对公民参与的规定相对比较完善，尤其在规定国家立法程序的法律法规中体现得较为系统和完备，将公民参与作为立法的前置程序；另外也体现在《环境保护法》《公共文化服务保障法》等少量的公共治理型实体法律之中。但是国家层面大量的涉及公共行政、公共服务、社会保障、公共治理等关系公共利益或国计民生的法律法规却很少对公民参与进行设定，特别是有些关系到公民权益的法律法规，如《社会保险法》《城乡规划法》《教育法》《大气污染防治法》《食品安全法》等，如果有也是不完整的或碎片化的，这不能不说是一种遗憾和不足，这种程序法与实体法在公民参与规定上的不平衡性应该给予重视并要得到纠正，寄希望于在修法的过程中能够补充完善。

其次是地方性法规及规章在结构体系上对公民参与的规定也体现出不平衡性。在全国各地出台的地方性法规及政府规章中，对保障公民参与的规定差异较大，有些省份的地方性法规或政府规章对保障公民参与规定的很少，甚至都达不到《立法法》或其他上位法对公民参与的要求，这种差异性绝大部分与地理区位、经济条件、文化资源等天然禀赋无关，而与立法机关及其立法者的公民权利意识与观念有关，因此从总体上看，这种不平衡性体现在三个方面：

一是因各地经济、社会和文化观念发展的差异所导致的不平衡。经济、社会与文化观念影响人们的行为方式，落后的观念和思维方式直接导致了有些地方立法部门和立法者封闭和落后的立法理念，没有在根本上从官本位向民本位进行立法思路的转型，使得立法为民理念总是落在口号层面，悬置了公民的参与权利而无法落地，或者走个形式或过场而已，这种差异或不平衡是立法思维层面上的。

二是在有国家上位法规定或参照的情况下各地立法的差异所产生的不平衡。我国部分省份在有《立法法》规定和参照的情况下仍然在本地区制定的"立法条例或程序规定"中减省了公民参与立法活动的一些重要程序规定，虽然各地减省的内容有所不同，但公民参与立法活动的权利在某些地方的"立法条例或程序规定"中有所减省已经是一个不争的事实。比较典型并具有代表性的有：2015年《山西省地方立法条例》有2条：法规草案应当向社会公布征求意见；公民可以对法律法规冲突的情形提出审查的建议。而2016年《广西壮族自治区立法条例》有2条，与《山西省地方立法条例》相同。2016年《青海省人民代表大会及其常务委员会立法程序规定》有2条：地方性法规草案可以采取座谈会、论证会、听证会等形式征求和听取意见，地方性法规草案有关问题存在重大意见分歧或者涉及利益关系重大调整的，可以通过听证会听取意见；地方性法规草案及其起草说明等向社会公布并征求意见，征求意见情况向社会通报。2017年《宁夏回族自治区人民代表大会及其常务委员会立法程序规定》有2条：法规草案听取意见可以采取座谈会、论证会、听证会等多种形式；法规草案及有关起草、修改的说明等应当向社会公布并征求意见。2017年《山东省地方立法条例》有2条，与《宁夏回族自治区人民代表大会及其常务委员会立法程序规定》相同。另外还有一些省份制定出台的"地方立法条例"也有所减省，很显然，这些省份有代表性的"地方立法条例"都是在我国《立法法》之后出台的，其中关于公民参与的规定与我国《立法法》对公民参与的规定差距较大。据不完全统计，各省份制定的"地方立法条例"中，减省公民参与规定的省份在40%左右，这个比例较高，说明地方立法与国家立法存在较大差异，是个值得关注和研究的问题。

三是在没有国家上位法规定或参照的情况下各地先行先试的差异所产生的不平衡。我国一些省份在国家上位法不足的情况下，能够根据本地的需要进行立法探索，制定出台具有创新内涵的地方性法规和政府规章，比如有5个省区政府率先制定出台了行政程序规定，19个省、自治区和直辖市制定出台了政府重大决策程序规定，这些行政程序和重大行政决策程序等政府规章都毫无例外地并且较为具体地规定了公民参与的条款，特别是在5个省级地方政府出台的行政程序规定中进一步强化和完善了公民参与的方式与程序，这是迄今为止体现公民参与最为详细的地方政府规章，如湖南有25条、山东有20条、江苏有14条、宁夏有10条、浙江有9条，这些规定公民参与的立法创新为国家层面出台行政程序法提供了非常坚实的基础，但是，大部分省份并没有制定出台行政程序的地方立法，制定"地方行政程序制度"的省份只占国内全部省份的16.1%。国务院在2019年公布了《重大行政决策程序暂行条例》，后于同类地方性法规的制定，而制定"地方重大决策程序制度"的省份也只占到了国内全部省份的61.3%，这种重要的地方立法出现较为严重的疲软现象也同样值得关注和研究，地方制定行政程序和重大决策程序制度的覆盖面直接决定了公民是否能够进行有效参与，以及在何种程度和范围上进行参与的问题。

第三，地方立法对公民参与的规定仍然体现出保守性和封闭性以及司法适用不能的窘境。地方立法对公民参与的规定只是体现在部分程序型地方立法中，并没有在事关地区经济与社会发展、民生利益或公共利益，以及公共治理等事关公众权益的实体性地方性法规和政府规章中最大化地体现出来，而且大部分地方法在涉及公民参与方面持有的一种封闭性、保守性思维和认知倾向，直接影响了公民参与的普及和发展，这种状况可能导致了两个方面的结果，一是表现在地方立法规定公民参与条款的形式化倾向，虽然地方性法规和政府规章对公民参与有所规定，但这些规定普遍呈现出非强制性、模糊性和无法操作的状况，导致有些规定和条款中看不中用，本应该是活的法条最后演变成了死的规定。二是表现在地方立法规定公民参与条款一旦进入行政诉讼程序，将出现司法适用不能的窘境，导致无法援引条款作为行政诉讼的依据，不具有司法适用性，难怪现在法院受理的行政诉讼案件中极少有援引地方性法规和政府规章有关公民参与或信息公开规定的案例。

第四，地方立法对公民参与的规定在实施过程中仍然缺乏知情权的支持。信息公开是公民参与的前提和条件，虽然在地方立法草案信息公开及征求意见中有较大进步，立法部门能够获得很多的反馈意见，如个税法修订征求到13万条公众的反馈意见①，但是在行政信息、重大行政决策信息，以及选举信息和公共治理信息等进行公开方面依然具有很大的改善空间，公民参与的知情权还未能全面落实，围绕公民参与有权获得的信息，其内容与范围、途径与渠道、方式与方法等方面依然没有进行明确的规定，特别是各地方出台的政府规章对行政事项和重大决策事项等可以公开的信息被有形或无形地屏蔽，比如我们以19个省份制定出台的"地方重大行政决策程序规定"为例，不难看出，其中许多省份的规定中并没有明确规定要在重大决策决定前将重大决策事项信息进行公开，有的只是规定重大行政决策应当采取适当方式扩大公众知悉范围，这并不能算是真正意义上的信息公开，规定让公民参与提出意见和进行监督，却不规定行政事项和重大决策事项应该或可以公开的信息让公众知悉，致使公民参与在某种程度上成了一种法条的形式和摆设。

第五，地方立法对公民参与的规定仍然缺乏公众层面的有效回应和响应。从地方出台的地方立法程序制度到政府行政程序制度，再到政府重大决策制度的制定和实施，公民的参与并不充分，政府及其部门的有限开放或有针对性地设置门槛和条件，大部分公民的参与意识缺乏、关注意识淡漠、专业能力缺乏，另外再加上政府提供的参与平台不足等不能不说是三大主要成因。虽然地方立法方面有些省份正在尝试先行先试的自下而上的立法创新模式，但这只是一种发达地区的立法试验，并不是我国立法的主流模式。我国当前的主要现实是，公民的参与制度是在人大和政府立法部门的主动引导和推动中逐步构建起来的，是一种从国家层面到地方层面自上而下的行政建构模式，还没有出现像西方发达国家那样自下而上的社会建构模式，前者是行政主导行为产生的公民参与制度，后者是社会公共治理行为产生的公民参与制度，两者具有本质的区别，其背后的逻辑是公民参与国家或社会治理的能力和水平的高低，

---

① 《个税草案关注度高收到意见超13万条》，《人民日报》2018年7月30日。

如何将我国公民的被动参与转型到主动参与，也是区分不成熟社会与成熟社会的一种标准。

第二节 法治建设中公民参与权研究的若干问题述评

就笔者收集到的关于公民参与研究的学术文献情况看，大多是对公民参与进行的政治学或社会学领域的研究，如公民参与环境治理、社会治理、社区治理、组织治理等，而法治建设的公民参与权行使主要体现在立法、行政和司法等领域，这些方面的法理学或法哲学研究成果较少，现就公民参与从权利视角的研究进行问题的切入，并就学界对这一问题的现有研究观点归纳为几个方面的问题，以便于对地方法治建设中的公民参与进行进一步的探索。

1. 公民参与权的权利属性问题

公民参与权究竟是怎样一种权利？其权利属性是什么？这是个需要厘清的法理学问题，就目前对公民参与权的研究文献检视，比较一致的观点认为参与权属于公民基本权利，但参与权在公民基本权利谱系中属于哪一类权利？具有何种特征？这确实是需要研究的问题。大体归纳起来有如下几种观点。一种观点认为，所谓公民参与权是指一国的公民，以国家主人的身份，依照法律的规定，通过各种途径和形式，参与管理国家和社会事务，以推进决策科学化、民主化的权利。公民参与权的理论基础源于三个方面：政治学基础——国家与社会的二元化；法理学基础——法律是广大人民群众意志和利益的反映；宪法基础——国家的一切权力属于人民，人民拥有监督权。[①] 也有观点认为，我国宪法在现有的基本权利体系中并没有公民参与权的规定，公民参与权的宪法保障还是一个空白。应该对其加以完善，添入公民公共事务参与权及其具体权利内容。[②] 但有观点认为，我国宪法的有关规定隐含有公民参与权行使

[①] 参见闫桂芳、张慧平《公民参与权剖析》，《理论探索》2004年第2期。
[②] 参见秦奥蕾《基本权利体系研究》，山东人民出版社2009年版，第207页。

和保障的实质,因此,参与权主要是指公民依法通过各种途径和形式,参与管理国家事务、管理经济和文化事业、管理社会事务的权利。这里的"各种途径和形式",包括选举、投票、协商、座谈会、论证会、听证会、批评、建议、通过平面媒体和网络讨论国家政务等。公民的知情权、参与权、表达权和监督权是相互联系,互为条件的一个整体。① 还有观点将公民参与权归纳为公民参与管理国家公共事务的权利,将公民参与权履行的方式概括为:社会用权——国家将本应属于社会主体的权利与权力还归社会,成为社会自主、自治的权力;公众参权——通过公众和社会组织集中和反映不同社会群体的意见和要求,直接参与国家行政、司法以及立法活动的决策过程;民众监权——通过公民集体行使公权利,去监督国家权力,既支持政府为民谋利益的举措,又遏制、抗衡、扭转政府有可能存在的不法、侵权行为。② 也有学者将公民参与权提升到人权的高度来认识,认为公民的参与权是公民的一项基本权利,是与自由权、平等权、社会权一样的人权的基本组成部分。③ 还有观点认为,公民参与权的本质属性应归为公民"权力"而非权利,它是指对公民意志实现的一定强制性的保障。比如公民政治参与,是通过投票等方式使得公民权力落实于政治结构之中,在转型社会体现为对政治制度本身的影响。④ 公民参与权根据其权力行使或权利履行的客体或对象可分为经济参与权、政治参与权、文化参与权和社会参与权,其中,经济参与权是参与权的核心,政治参与权是参与权的基础和前提,文化和社会参与权是参与权的扩展和延伸。

笔者认为,公民参与权成为我国宪法规定的公民基本权利是毫无疑问的,虽然《宪法》第2条规定中并没有明示公民参与权,但可以推定《宪法》中已经规定了公民参与的基本权利,只是这种公民参与权是一种受法律限制的基本权利或附条件的基本权利罢了。按照有关

---

① 参见姜明安《公民基本权利保障与和谐社会构建》,《检察日报》2006年12月18日。
② 参见郭道晖《公民的政治参与权与政治防卫权》,《广州大学学报》(社会科学版) 2008年第5期。
③ 参见邓聿文《将公民参与权作为一项公共品向社会提供》,《学习时报》2009年5月4日。
④ 参见贾西津《中国公民参与案例与模式》,社会科学文献出版社2008年版,第7页。

学者的观点，受法律限制的权利体现在：一是存在规定某一事项的法律是某一基本权利得以实现的前提；二是宪法确定了公民的某种基本权利，但在谁能行使该种权利的主体范围上需要考量其他法律的规定；三是宪法明确公民享有某项权利，但该项权利可能因为其他法律的规定而被阻滞；四是宪法规定某类主体享有某种权利，但该权利必须符合"合法"要件才有受保护的可能。而附条件的权利则包括：一是只有当具体条件成熟后，宪法上规定的权利才有望落到实处；二是对于某一权利，需要由国家来加以取舍：国家认为合理的则予以保护，认为不合理的则不予保护或加以禁止。① 如果法律没有规定某一事项的公民参与，那么宪法上的公民参与是无法实施的，因此这里的参与权是要受到法律限制的。

2. 公民的行政参与权问题

如果从公民行政参与权的视角进行研究，有观点认为，行政参与权是指行政相对人可以依照法律规定，通过各种途径参与国家行政管理活动的权利。② 还有观点认为，行政参与权是指行政相对人通过合法途径参加国家行政管理活动以及参与行政程序的权利。③ 也有的认为，行政参与权是行政机关在进行行政决策、制定规范性文件和制订行政计划时，应尽可能地听取和尊重行政相对人的意见，并赋予利害关系人以申请发布、修改或废除某项规章的权利。④ 另外，也有人专门对行政相对人参与权进行研究并认为，行政相对人的平等参与权是指在行政过程中，法律上所确认的行政主体与行政相对人的地位平等，他们平等地适用法律，行政相对人享有平等参与的机会并应受到行政主体平等对待的权利。⑤ 又有人从公民的行政程序参与权视角进行研究认为，行政相对人的行政程序参与权是由若干个具体程序权利所构成，他们只是获得通

---

① 参见胡玉鸿《论我国宪法中基本权利的"级差"与"殊相"》，《法律科学》（西北政法大学学报）2017年第4期。
② 参见应松年主编《当代中国行政法》（上卷），中国方正出版社2005年版，第148页。
③ 参见胡建淼《行政法学》，法律出版社2003年版，第135页。
④ 参见吴德星《行政程序法论》，载罗豪才主编《行政法论丛》第2卷，法律出版社1999年版，第104页。
⑤ 参见石佑启《论平等参与权及其行政法制保障》，《湖北社会科学》2008年第8期。

知权、陈述权、抗辩权和申请权。① 还有一种观点以环境行政公众参与为分析对象，提出了公众参与权利的二元性区分，即公众参与的"公众"包括"有利害关系的公众"和"无利害关系的公众"两种不同的主体，这两种类型的主体的参与权利的具体规则是有所不同的。"有利害关系的公众"在环境行政程序中享有行政正当程序的相关权利，并且享有实体法上的请求权。"无利害关系的公众"中，由法律授权的环保组织也享有正当程序相关的参与权利。公众本身是一个充满着利益区分和冲突的复杂构成，因此，公众参与权利的具体规则设计和法律解释必须考虑这种结构性的差异。② 公共行政政策的非利益相关的公民行政参与权问题，是一个值得加以研究的问题，一项公共政策的制定和实施，涉及社会的公共利益，非利害关系人的行政参与权的行使问题既是一个理论问题又是一个实践问题，如价格听证、环境听证及其他许多行政法规制定中的座谈会、论证会、听证会，参与人并不是行政行为的相对人或特定利害关系人，只是公共政策或公共利益的关注者或非特定利益当事人。根据课题的调研，在某些地方政府行政权不断扩张甚至是滥用的情形下，公民的行政参与权利即使有法律法规的规定都难以获得保障，参与权有日益被排斥、忽视和淡化的倾向，可以说，在所有不同类型的参与权行使实践中，行政参与权的行使难度是最大的，关键就在于地方政府，尤其是基层政府行政权力的阻滞，行政公权力对公民参与的私权利的排斥现象较为普遍。

3. 公民的立法参与权问题

我国的立法既包括国家及地方有立法权的人大及其常务委员会制定的法律和地方性法规，又包括国务院和具有行政立法权的地方政府制定的行政性规章和政府规章。因此有从行政立法和决策的视角对公民参与进行研究认为，公民参与立法是指，在行政立法和决策过程中，政府相关主体通过允许、鼓励利害相关人和一般社会公众，就立法和决策所涉

---

① 参见章剑生《行政程序中行政相对人参与权界说》，《杭州商学院学报》2003年第4期。

② 参见徐以祥《公众参与权利的二元性区分——以环境行政公众参与法律规范为分析对象》，《中南大学学报》（社会科学版）2018年第2期。

及的与其利益相关或者涉及公共利益的重大问题,以提供信息、表达意见、发表评论、阐述利益诉求等方式参与立法和决策过程,并进而提升行政立法和决策公正性、正当性和合理性的一系列制度和机制。① 公民立法参与权在近几年来我国的立法过程中得到了广泛的行使。比如社会保险法草案全文公布征求意见后,在社会上引起热烈反响,截至 2009 年 2 月 15 日,全国人大法工委共收到 7 万余件社会各界对社会保险法草案的关注和提出的建设性意见。另外,除了国家层面的法律法规以及地方层面的地方性法规和政府规章外,在规范性文件层面还有许多制度性规范,而且这些规范性制度对一个省、一个城市甚至一个区域都具有效力强大的调整功能,有的甚至超过了法律法规的规制效力,对于这一类公共政策制度的制定如何发挥公民参与的作用,理应归入广义的公民立法参与权范畴,但是,从法理层面对公共政策制度制定的公民参与权研究的并不多。

4. 公民的司法参与权问题

有一些观点认为,公民的司法参与权是指公民以个体或其形成的相关组织直接地参与司法活动,从而对人民法院和人民检察院在审理案件以及检察监督等诉讼过程中的行为产生影响与制约的权利。② 还有对司法中公民参与的模型进行了分析研究并认为,公民参与司法的群体一般有以普通网民为代表的公众群体和以法学家为代表的法律人群体。③ 有观点认为,司法权归根到底是人民的权力;司法机关之设立,很大程度上是为了给予社会主体有可能利用诉权或司法救济权来抵抗国家权力对社会主体的侵犯;司法机关既是国家权力机关,更应是人民群众抵抗国家权力侵犯的人民自卫机关和人民维权机关;司法活动的人民性要求在检察和审判过程中公民合法有序的直接参与。④ 实际上根据我国现有的司法实践,公民合法有序的司法参与可以并应该在两个层面展开,一是

---

① 参见王锡锌主编《行政过程中公众参与的制度实践》,中国法制出版社 2008 年版,第 2 页。
② 参见胡弘弘、邓晓静《公民的司法参与权研究》,《现代法学》2007 年第 6 期。
③ 参见王锡锌《公众参与和中国新公共运动的兴起》,中国法制出版社 2008 年版,第 207 页。
④ 参见郭道晖《尊重公民的司法参与权》,《国家检察官学院学报》2009 年第 6 期。

公民在司法实践领域的参与；二是公民在司法理论领域的参与。司法实践领域的参与包括：诉讼活动的参与、检务活动的参与、司法监督的参与、司法实体和程序制度制定的参与、犯罪预防和矫正事务的参与、司法调解的参与等；而司法理论领域的参与包括司法理论与实践的学术性参与、法律人的非讼性司法实践的研究型参与、司法理论与实践的专家咨询性参与等。但是，公民合法有序的司法参与仍然缺乏法律法规上的规定，特别是对公民司法参与权的设定缺乏实体和程序的保障，虽然在党和政府的政策性文件中对公民司法参与有所提及，但这不能代替法律的作用，法治是依法而治，不是依政策而治。

5. 公民的公共事务参与权问题

公民或公众除了在政治、立法、行政和司法等领域行使参与权之外，在公共事务领域如何有效行使公民或公众的参与权也是一个值得关注和研究的领域。有观点认为，在公共事务领域，公共服务创新的动力应该来源于享受公共服务的广大社会公众，但公民参与的缺失导致了公共服务创新的缺失，最终影响了公共服务的品质。① 实际上，公民依法有效参与公共事务倒是能够倒逼公共事务走向规范、高效和合作。现代公共事务包含政治性公共事务和社会性公共事务，如公共决策、公共行政、公共服务等。随着社会的发展，公共事务的治理越来越趋向于合作治理，② 而合作治理内含着不同主体的共治，公民参与公共事务的治理乃题中应有之义，问题在于公共事务的合作共治能够在多大程度上赋予公民行使参与权，以及法律法规和规则体系能够在多大程度上保障这种权利的履行。

第三节 地方法治建设公民参与的认知分析

笔者以南京都市圈城市居民为对象，开展了地方法治建设公民参

---

① 参见彭向刚、张杰《论我国公共服务创新中公民参与的价值及路径》，《吉林大学社会科学学报》2010 年第 4 期。

② 参见谭英俊《公共事务合作治理模式反思与探讨》，《贵州社会科学》2009 年第 3 期。

与的问卷调查，有效回收问卷 6500 份，在区域选择上既有发达地区、发展中地区，也有欠发达地区和贫困地区；被问卷人包括企业职工、农村居民、城市社区居民、教育科研部门职工、个体自由职业者等。调查问卷设计总体上围绕公民参与的六个方面：公民参与的主体认知、公民参与的权利认知、公民参与的对象认知、公民参与的渠道认知、公民参与的范围认知和公民参与的作用认知，共设计有 30 多个问卷调查问题。

一 公民参与本体性的认知分析

问卷以公民参与本体性为视角，就公民参与地方法治建设的主体性、重要性、目的性和充分性四个方面对问卷对象进行访谈，根据主要数据的统计显示：第一，在参与主体性方面，有受访者认为自己是地方法治建设主体的比例为 70%，而认为只有地方党委和政府才是地方法治建设主体的比例为 21%。第二，在参与重要性方面，有受访者认为公民参与地方法治建设具有重要作用的比例为 55%，而认为公民参与地方法治建设并不具有重要作用的比例为 48%。第三，在参与目的性方面，有受访者认为与个人利益有关就会参与的比例为 58%，而认为与公共利益有关会参与的比例为 39%。第四，在参与充分性方面，有受访者认为当前的公民参与并不充分的比例为 78%，而认为公民参与比较充分的比例为 26%；受访者认为公民参与不充分源于参与者自身因素的比例为 30%，而认为公民参与不充分源于参与者外部因素的比例为 70%。通过以上这些主要数据的综合分析和判断，可以获得如下几个方面的认知。

1. 对公民参与主体性的认知

大部分公众对地方法治建设的参与有比较正确的认识和积极的心理预期，大部分公众对于自己在地方法治建设中的主体地位的认识是基本正确的，但是也有一部分公众认为地方法治建设应该是党委和政府的事情，与个人没有多大的关系，这一认识的偏差导致公民参与地方法治建设的主体意识的欠缺和不足，这种认识欠缺和不足的背后因素却是复杂的；从客观方面来看，地方法治建设没有能够真正将公众发动起来，为他们提供参与的平台和渠道，并赋予他们作为参与主体的资格和权利，如知情权、表达权等参与的基本权利。而是将公民当作地方法治建设的被动者甚至旁观者，一味地由地方党委和政府在地方法治建设过程中"自拉自唱和自娱自乐"，这种现象从全国来看是客观存在的，而且也可以从78%的受访者认为参与不充分，且70%的受访者认为不充分源于参与者外部因素的民调中获得佐证。

2. 对公民参与重要性的认知

从民调的数据来看，公众对于参与地方法治建设重要性的认知存在理性与现实的矛盾和纠结。一方面是公众对公民参与地方法治建设具有重要性的肯定性认识，如民调显示为55%的认同率；另一方面是公众认为公民参与地方法治建设并不那么重要，或作用是有限的和局部的，如民调显示为48%的认同率，这两组数据只相差了7个百分点，可以说，公众对地方法治建设公民参与是否具有重要性的认识产生了非常明显的两极化现象，理性与现实之间存在着很大的非一致性，表征的是地方法治建设的现实状况与一部分（48%的受访对象）公众的希望、预期和理想产生了较大的差距，这种两极化的认知揭示了在地方法治建设过程中的诸多理论与实践的问题需要研究和解决。

3. 对公民参与目的性的认知

民调显示的个体利益导向决定参与的比例高达58%，而公共利益导向决定参与的比例只有39%，我们对这种所谓的"倒挂"现象并不感到奇怪和突兀，因为"人是利益的动物"，在市场经济和价值多元化的当代社会，公民权利意识增强的同时，"理性经济人"利益最大化意识也在不断增强，这种个体利益导向的思维方式直接贯穿于个体的行动逻辑之中，有可能导致部分公众对地方法治建设作为公共治理的认知和参与的主动性和积极性受到影响。另外，公共利益作为个体利益的同位概念，本身与个体利益的关系是"一个硬币的两面"，没有公共利益的保障也就不会有个体利益的实现，这可能也是39%受访者认同和参与的一个原因吧。但问题是，地方法治建设无论是在地方立法、法治行政、司法公正、法治社会等方面，还是在具体治理的各个操作环节，都贯穿着以实现公共利益为目标的价值追求，因此，如何引导公众从个体利益导向型参与向公共利益导向型参与的现代社会治理转型，就成了一个亟待研究和解决的现实问题。

4. 对公民参与充分性的认知

公民参与不充分是个一直存在的老问题，并没有实质性的推动和解决，民调显示，认为公民参与不充分的比例高达78%，而认为参与比较充分的只有26%，这种局面在十年来几次的民调中都没有什么质的改变，公民参与不充分的问题究竟在参与主体还是在参与相对方，问卷结果显示，主要原因依次排序为：信息不公开、参与权不落实、参与形式化、渠道太少、政府不欢迎、公民参与意识不足。如果认为这次民调是主观化的，那我们可以从各省份出台的地方立法程序制度和重大决策程序制度对公民参与的规定来看，也可以得到很明确的印证，有40%左右的省份制定的"地方立法条例"并没有按照我国《立法法》的要求来规定地方立法过程中公民参与的程序、范围和事项，而是有意无意地减省了公民参与的条款，甚至是一些关键程序。如果立法上对公民参与规定减省，必然导致现实中公民参与权利的减损；如果地方性法规对公民参与的规定都缺乏依据，也必然导致公民参与的不充分，或者有可能从制度化参与向非制度化参与转变，导致群体性事件，激发社会矛盾和冲突。

二 公民参与客体性的认知分析

问卷以公民参与的客体性为视角，就公民参与地方法治建设中的公权力制约与监督、政府效能满意度、政府信息公开以及公民的非制度化参与四个方面的问题进行了民意调查，根据主要数据的统计显示：第一，在公民参与与权力监督方面，受访者认为公民参与能够有效监督公权力的滥用与不适当扩张的比例为45%，而认为公民参与无法有效监督公权力的滥用与不适当扩张的比例为50%；受访者认为现实中行政权力能够受到法律法规制约的比例为53%，而认为现实中行政权力往往会突破法律法规约束的比例为45%；受访者认为现实中行使公权力只是对上一级部门或领导负责的比例为57%，而认为现实中行使公权力应该是对人民负责的比例为35%。第二，在公民参与与政府效能方面，受访者认为现在的政府效能较高和很高的比例为48%，而认为政府效能较低和很低的比例为47%；受访者在多项选择中认为政府效能不高的原因排前几位的依次为：行政机关人浮于事（比例为80%）、部门职能交叉（比例为76%）、领导履职能力不足（比例为69%）。第三，在公民参与与信息公开方面，受访者认为公民参与中信息公开是充分和较充分的比例为38%，而认为公民参与中信息公开是不充分和很不充分的比例为61%；受访者在多项选择中认为公民参与中信息公开不充分的主要问题排前四位的分别是：重大决策信息公开不充分（比例为78%）、行政程序信息公开不充分（比例为71%）、公共利益或民生利益重要调整的信息公开不充分（比例为62%）、不重要的信息公开充分而重要信息公开不充分（比例为58%）。第四，在公民参与与非制度化方面，受访者在多项选择中认为公民的非制度化参与或群体性矛盾与冲突事件的成因排在前四位的分别是：政府与民争利（79%）、政府处置失当（71%）、信息不公开（66%）、公民参与渠道不畅（54%）。通过以上这些主要数据的综合分析和判断，可以获得如下几个方面的认知。

1. 对公民参与与权力监督的认知

公权力的滥用和扩张、公权力不受法律法规约束、公权力只唯上不唯下一直是公权力腐败的三大祸根，公众对此也是深恶痛绝，防范的一种重要手段是引入公民参与，让公众能够参与到地方立法、行政管理、行政决策以及许多公共治理和社会治理的领域，从而起到监督与制约公权力腐败的功能，但是从问卷数据看，公众对防止公权力腐败和监督公权力滥用的期望值很高，但肯定性评价并不高，有50%的受访者认为，公民参与无法有效监督公权力的滥用与不适当扩张，而认为公民参与有效的肯定性认知不足50%，这种主观性认知数据显示出来的是公众对公民参与作用与效果的不乐观，也表现在公众对公民参与良性预期的某种失望与沮丧。这种失落或否定性的认知，我们通过另外两组问卷可以获得某种程度的印证，有45%的受访者认为，在现实中行政权力往往会不受法律法规的制约任性而为，行政权力往往凌驾于法律法规之上，甚至敢于突破法律法规的约束和控制，因此"将权力关进制度的笼子"也就不是一句虚妄之语。另外有57%的受访者认为，在现实中行政权力往往只对上一级部门或领导负责，只有35%的受访者认为，公权力的行使应该对人民负责，这就产生了公权力行使合法性和正当性在理论层面与现实层面的非一致性。公民对公权力的来源问题的感性认识与理性的认知有着较大的差别，其实公权力的来源问题并不是一个复杂的学理问题，而公权力的行使究竟对谁负责却是问题的关键，追问的是究竟谁是权力的拥有者，但是经验的判断却远超出对逻辑的认知。以上三组数据综合在一起，可以得出这样一个比较残酷或者说无法乐观的结论：公民参与在现阶段监督或制约公权力并防范腐败的作用是微弱和渺小的，公民参与权利还缺乏真正有效的立法制度安排和制约机制，公权力行使在现实社会中偏离了宪法和法律的宣示，甚至可以被超越或突破。最后归结到地方法治建设一个终结性的问题是，在宪法和法律宣示"一切权力属于人民"理念的同时，如何建立一种公权力行使最终能够向人民负责的法律制度体系和操作运行的程序机制。

2. 对公民参与与政府效能的认知

政府效能低也是被公众广泛诟病的一个老问题，但是从问卷调查数据看认为政府效能较高和很高的比例与认为政府效能较低和很低的比例基本持平，这是近几年来的一个比较明显的变化，以往公众对政府效能的评价往往持否定的态度，大大高于肯定性评价，这次肯定性评价的上升也说明几年来推行法治政府建设取得了较为明显的成效，但仍然具有较大的提升空间，存在的问题和改进的指向也比较明确，公众认为政府效能不高的主要问题集中在三个方面，依次为：行政机关人浮于事、部门职能交叉、领导履职能力不足。这些评价或质疑表达了公众的理性诉求和改善的期望，提示了政府行为模式要进行变革，以民为本、问政于民、问计于民。问卷数据对这三大问题的客观排序与目前学者进行实证研究的基本结论相吻合，也与地方政府一直在进行的法治政府建设和行政体制改革的问题导向和基本方向相一致。应该说公众的认知、学者的研究结论和政府的自我完善三者对问题的揭示取得了高度共识，知易行难，关键是如何加速推进改革。

3. 对公民参与与信息公开的认知

信息公开问题自2008年我国《政府信息公开条例》实施到现在的十年时间里逐步呈现了不同的变化，据公众问卷调查数据显示，有61%的受访者认为公民参与中的信息公开是不充分和很不充分的，只有38%的受访者认为公民参与中的信息公开是充分和较充分的；进一步来看，受访者认为信息公开不充分最主要的问题依次是：重大决策信息公开不充分、行政程序信息公开不充分、公共利益或民生利益重要调整的信息公开不充分、不重要的信息公开充分而重要信息公开不充分。不可否认，十年来各级地方政府在信息公开方面的努力虽然有所进步，但公众对政府信息公开不充分还是多有意见，与公众的预期存在很大的差距。信息公开是公民参与的基础和前置性条件，信息公开不充分让公众的参与成了"盲人摸象"和"聋子的耳朵——摆设"，这并不是信息公开法律法规制度设计的初衷，但现实中信息公开不充分的后果或者说负面效应可能是多方面的，甚至可能具有叠加的风险：或可能导致公民参与成为形式或走过场，或可能导致公民参与的质量不高，或可能导致公众不知情而社会谣言四起，或可能导致因公众的非制度化参与而引发社会矛盾和冲突，最后或可能导致公众对政府丧失信任等。因此，政府对信息公开充分或不充分直接影响政府的形象，也直接影响政府公共治理或社会治理的成效，而且还影响政府与公众建立的信任关系。

4. 对公民参与与非制度化的认知

公民参与与公民的非制度化参与是性质完全不同的两种参与类型，前者是在制度化层面进行的参与，所以也称为公民的制度化参与，而公民的非制度化参与一般是指参与主体采取不符合国家宪法、法律法规、规章或政策等实体或程序制度规定的手段步骤和方式方法而进行的旨在影响政府决策行为的过程与活动。公民的非制度化参与主要体现在几个方面：信访案件、群体性事件、社会矛盾和冲突、维权事件甚至犯罪案件等非正常的社会安全事件。公民的非制度化参与与公民的制度化参与虽然性质迥异，但是两者之间会转化，对公民的制度化参与如果处理不当，那么有可能会转化成公民的非制度化参与；但如果对公民的非制度化参与处置适当，就有可能转化成为公民的制度化参与，这种转化实际上是对一个地方政府执政能力的检验。不可否认，政府依靠着法律法规的授权和公权力的无所不能，其行为能力是异常强大的，这种强大和无敌是一把锋利的双刃剑，一旦政府公权力造福于人民那就会带来社会和谐和公众福祉，而一旦走向反面则后果不堪设想。但问题在于现实中政府的正向作用与反向作用往往会共存于公权力的执行系统中，公权力的负面作用往往会导致公民的非制度化参与，以及加剧社会的矛盾和冲突。从受访者的问卷数据来看，导致公民非制度化参与的成因依次为：

政府与民争利、政府处置失当、信息不公开、公民参与渠道不畅,这恐怕是政府公权力反向作用在社会层面的一个反映吧。

三 公民参与操作性的认知分析

问卷以公民参与的操作性为视角,就公民参与的渠道与途径、范围与对象、作用与效果三个层面对问卷对象进行访谈,根据主要数据的统计显示:首先,在公民参与的渠道与途径方面,受访者认为公民参与渠道与途径较多和很多的比例为31%,而认为公民参与渠道与途径较少和很少的比例为68%;受访者在多项选择中认为公民参与渠道与途径较少和很少的问题成因依次为:法律法规对参与渠道或途径没有规定或规定不明确(比例为77%)、政府或部门对提供参与渠道或途径并不积极(比例为65%)、地方政府重大决策事项排斥公众参与的现象较为普遍(比例为59%)、公共服务的网络平台普遍没有设置公众参与的窗口和反馈机制(比例为53%);受访者在多项选择中认为畅通公众参与应该有的渠道与途径依次为:应该在公共行政服务网络平台上设置公众参与窗口(比例为86%)、在立法及行政和司法领域的法律法规中详细规定公民参与的渠道或途径(比例为70%)、建立公民参与的满意度评价机制并向社会公开(比例为63%)、建立公民参与的回复或反馈机制(比例为58%)、建立干预或阻碍公民参与的追责机制(比例为52%)。其次,在公民参与的范围与程序方面,有受访者认为公民参与的范围和程序法律法规规定是全面和比较全面的比例为39%,而认为公民参与的范围和程序法律法规规定是不全面和很不全面的比例为59%;受访者在多项选择中认为公民参与范围和程序没有全面保障的问题成因多项选择依次为:有较多的地方性法规和规章对公民参与的范围和程序没有作出规定(比例为78%)、国家法律法规中对公民参与范围和程序的规定也不完整和明确(比例为66%)、地方政府及部门在公民参与范围和程序问题上消极不作为(比例为61%)、公权力对公民参与范围和程序设计的排斥较强(比例为50%)。最后,在公民参与的作用与效果方面,有受访者认为公民参与的作用与效果较好和好的比例为38%,而认为公民参与的作用与效果不怎么好和不好的比例为64%;受访者在多项选择中认为公民参与的作用与效果存在问题的原因依次为:事关民生利益和公共利益的重要行政和决策信息没有公开（比例为82%）、公民参与的渠道与途径不充分（比例为71%）、公民参与的范围和程序没有法治保障（比例为67%）、公民参与的能力与素质有待提高（比例为60%）、基层地方政府在公民参与上的抗拒与排斥（比例为53%）。通过以上这些主要数据的综合分析和判断，可以获得如下几个方面的认知。

1. 对公民参与的渠道与途径的认知

不可否认的是，我国的公民参与渠道和途径已经有了很大的进步，比如随着互联网和大数据的普及和发展，公民参与的便捷性、低成本性和高效性都有所提高，甚至成了公民参与渠道和途径的首选，但是从总体上看，地方公民参与的渠道和途径仍然不够充分。从公民参与渠道与途径的三组问卷调查数据来看，将近70%的受访者认为现实中公民参与渠道与途径很少和较少，这个比例很高，说明问题仍然比较突出，问题背后的问题不解决，公民参与的渠道和途径就不可能有实质性的改变，诸如法律法规缺失、政府及部门的不作为、重大事项封闭化运作不透明、网络参与的不合理封堵等。实际上畅通公民参与的渠道和途径是在为地方党委和政府化解矛盾，最大化地减少公民的非制度化参与可能带来的社会不稳定因素，有些地方领导人并没有搞明白充分的公民参与是在帮政府摆脱治理的困境。从问卷的数据看，公众对公民参与渠道和途径不足的吐槽是在表达一种权利诉求，这种权利诉求既具有合法性也具有正当性。从逻辑上讲，"中华人民共和国的一切权力属于人民"的宪法宣示，就应该有让人民表达意见建议、监督被委托人行使权力的权利，以及实现这些权利的渠道、途径和方法，这是宪法第二条宣示性规定的题中应有之义和逻辑必然性，但在现实中，我国有些地方并没有真正让公众体验到服务于公民参与权应该获得的诸多便利。为公民参与提供多元和便捷的渠道与途径是地方党委与政府义不容辞的神圣职责，问卷数据显示，畅通公众参与应该有的渠道与途径应该包括如下几个方面：在公共行政服务网络平台上设置公众参与窗口、在立法及行政和司法领域的法律法规中详细规定公民参与的渠道或途径、建立公民参与的满意度评价机制并向社会公开、建立公民参与的回复或反馈机制、建立干预或阻碍公民参与的追责机制。受访者提出的几个方面的建议切中了公民参与问题的实质，值得决策者深思和借鉴。

2. 对公民参与的范围与程序的认知

根据问卷调查数据显示，有近60%的公众认为现有公民参与范围和程序的法律法规规定是不全面和很不全面的，而且认为公民参与范围和程序没有全面保障的问题成因主要体现在：有较多的地方性法规和规章对公民参与的范围和程序并没有作出规定、国家法律法规中对公民参与范围和程序的规定也不完整和明确、地方政府及部门在公民参与范围和程序问题上消极不作为、公权力对公民参与范围和程序设计的排斥感较强等，这些选项都占据较高的比例，属于公众比较关注和反映集中的几个问题。我们认为，公民参与范围与程序虽有国家的宪法和法律规定，而且地方性法规和规章也在不同程度、不同范围上有些规定，但公民参与范围与程序在现实中是否能够达到宪法和法律法规所规定的效果，则是由诸多因素决定的。一方面，除有关法律法规规定的立法听证和行政听证有相对具体的范围和程序规定外，其他诸如与公众利益或公共利益有关的法律法规大都没有公民参与范围和程序的具体规定。要保障公民参与的范围和程序具体落实，只有宪法的原则性和宣示性规定是远远不够的，还必须有法律法规和实施细则作为配套制度来具体实施才能实现。另一方面，有些公权力部门的权力行使者往往将权力私有化、集团化，并无主动为公民参与提供服务与便利的动机和动力，相反会认为公民参与范围和程序规定的越多越具体就可能越不利于公共行政效率的实现和权力行使的便利。如果我们的公共管理领域或部门还用"闷着葫芦摇"的方式处理公共事务，那么往往会导致公众与政府之间的猜忌与误会，甚至是不信任；而如果对公民参与的范围和程序进行规范，不但有利于公民参与权利行使边界的厘清，也有利于公众能够在确定的程序中有序参与，参与的范围与程序越清晰，越能够给公众一个透明、公正和开放的形象。

3. 对公民参与的作用与效果的认知

根据问卷调查数据显示，有超过60%的受访者认为公民参与的作用与效果不怎么好和不好，并认为其问题的主要原因是：事关民生利益和公共利益的重要行政和决策信息没有公开、公民参与的渠道与途径不充分、公民参与的范围和程序没有法治保障、公民参与的能力与素质有待提高、基层地方政府在公民参与上的抗拒与排斥。这无意之中形成了对前面若干问题的一个概括，公民参与的作用和效果如何取决于如下几个关键点，首先是公民参与的信息公开是否全面，其次是公民参与的渠道与途径是否通畅，再次是公民参与的范围与程序是否明确，最后是公民参与的自身准备是否充分。这一问卷的数据所显示结果与学者的研究基本吻合，体现了公民参与的实践状况与理论研究结论的契合，公民参与作用的发挥将随着公民参与的逐步深入而产生质的变化。我们从2000年开始进行公民参与的调查和访谈，从近20年公民参与的实践来看，公民参与从无到有、从粗到细、从盲目到有目的、从无规则到有制度的发展过程，进步是主要的，但依然还有许多艰难的路途要走，可谓道路曲折前途光明。公民参与的作用与效果从构建民主、法治、自由的社会来看，应该体现在通过公民参与能够起到制约公权力的不当行使与扩张及其滥用，维护公共利益，维护公民自身合法权益的作用与效果，这是公民参与应该发挥的最重要的作用与效果。但我们也不能否认在公民参与的发展过程中，随着参与信息的更加公开、参与渠道的更加多元、参与范围的更加广泛、参与对象的更加深入和参与主体的更加成熟，将会导致更加深入的社会变革，"国家的一切权力属于人民"的宪法规定不再只是停留在宣示层面，而是能够实实在在地成为每个公民可以行使的权利。

第四节　地方法治建设公民参与的实现路径

公民参与的实现路径应该有两个方面，一是公民参与的内部要素完善，二是公民参与的外部环境营造。公民参与的内部要素完善关乎公民参与的自身素质和能力的提升与培养，诸如参与者权利意识的培养和建立、参与知识的习得和掌握、参与技能的具备和完善等，这是属于个体行为层面的内容；而公民参与的外部环境构建关乎整个社会是否具有允许公民参与、鼓励公民参与和推动公民参与等良好的政治和社会的生态环境，诸如能够为公民参与构建制度、搭建平台、建立机制、供给条件、提供渠道、保障权利等。在公民参与的内部个体要素和外部环境要素建设中，外部环境要素具有统领性作用和决定性功能，它往往能够左右我国公民参与是否能够健康发展和走向完善，因此构建和完善公民参与的外部要素系统具有十分重要的作用。

1. 构建规范的参与制度系统

我国关于公民参与的法律法规制度散见于各个不同法律类型或部门的法律法规规定中，形成了公民参与制度规定的法条分散性和碎片化状态，而对于公民参与的权利与义务、范围与程度、方法与路径、内容与形式、责任与职责、保障与救济等在当下的我国法律法规体系中还是一个空白，既没有形成完整的体系化的制度规范，也没有形成可操作性的制度安排，虽然有些地方在行政程序、决策程序、环境保护制度及公共文化服务制度等方面制定了公民参与的法规及条款，但却是个别化和小众化的，无论在国家法制或是地方法制系统中都是一个缺失的存在。制定和完善公民参与的法律法规已经刻不容缓，建议先在国家层面出台"公民参与条例"，各省级地方再出台"贯彻公民参与条例的办法或规定"，等到条件成熟可以在国家层面制定"中华人民共和国公民参与法"，系统性地规定公民参与的概念与属性、公民参与的目的与原则、公民参与的范围与程序、公民参与的内容与形式、公民参与的方法与路径、公民参与的责任与救济等。

2. 构建充分的参与披露机制

我国公民参与的信息披露制度和机制，无论是制度供给，还是实践操作，都存在不尽如人意的地方，信息披露制度的位阶不高、约束力不强、操作性不够，导致地方贯彻不力，公众信息不对称，影响了公民参与的范围、能力、效率和成本。从公共行政层面讲，为公民公开信息和提供信息是地方各级党委和政府的法定职责，完整充分的信息公开是公民参与的基础和必要条件；从公民权利行使层面讲，公民知情权是公民参与公共事务的基本权利，是公民参与的首要权利诉求，信息公开和公民知情权的双向保障已经成为公民参与的生命，缺一不可，犹如车之两轮、鸟之两翼。除加快和加强公民参与的信息公开制度外，最重要的是形成促进公民参与的信息公开机制，将信息公开为常态、不公开为例外的制度约束转化为机制约束，诸如构建公民参与的信息公开清单机制、公民参与的信息公开更新机制、公民参与的信息公开反馈机制、公民参与的信息公开强制机制、公民参与的信息公开追责机制、公民参与的信息公开满意度评价机制、公民参与的信息公开救助机制等。

3. 构建有效的参与评估机制

地方法治建设的效果如何,由谁来进行评价,我国各地都在进行探索:要么是体制内的考核,各地方和部门封闭式的自我考核和评价;要么是体制外的评估,各高校科研院所或咨询机构进行调研型评估。但是这两个方面的评价机制和方式的共同点是都缺乏充分和有效的公民参与型评价,没有公众的充分参与,所谓的评估结果很难有说服力,评估机制亟待完善和创新。如果将公民作为地方法治建设绩效的主要评估主体之一,将会产生非常积极的且具有机制创新的效果,一是有可能促使地方法治建设工作进行价值转型,由只注重工作的主观设计和对上负责机制向注重工作的实效性、可持续性和向公民负责的价值形态转变;二是有可能促使公民更加积极和有效地参与地方法治建设,发挥参与的主动性和创新性,提升公民参与的公共意识和社会责任[①],构建有效的公民参与地方法治建设的评估机制。首先要解决好为什么人的问题,要让公众充分享受到地方法治建设的成果,分享到改革创新的红利,那就要树立以人民为中心的理念和思维。其次是要解决好如何让公众满意的问题,地方法治建设是每个公民责无旁贷的事业,并不是哪个地方和部门的工作,地方法治建设需要每个人的参与和力量,更需要公众的满意度评价,公众是地方法治建设效果最客观、最直接的评判者。最后是要解决好参与如何保障的问题,"以人民为主体"的理念就是要在地方党委领导和组织地方法治建设过程中,真正做到让公众参与,制定好公众参与地方法治建设的实体制度和程序制度,将地方法治建设绩效评价的公众满意度评价作为地方党委领导区域内法治建设考核的强制性前置条件。

4. 构建良好的参与生态机制

公民参与既需要主观条件又需要客观环境,需要营造和构建良好的参与环境,形成有利于公民参与的生态机制:一是构建良好的参与法治

---

① 参见朱未易《地方法治建设过程中公民参与的法理分析与制度进路》,《南京社会科学》2010年第10期。

化生态环境。诸如营造公民参与的制度环境，规制公权力滥用或不当扩张的约束制度和机制，特别是对阻碍公民参与的公权力进行有效的规范、约束和控制，要建立有利于公民参与的法治环境。二是构建良好的参与开放型生态环境。诸如营造公民参与的信息环境，公开与公民直接或间接利益相关的各类信息，构建有利于公民参与的信息直供系统。三是构建良好的参与保障型生态环境。诸如构建有利于公民参与的行政、司法救济机制，为公民参与提供外部性和有效性的行政和司法保障体系。四是构建良好的参与转化型生态环境。诸如构建有利于公民从非制度化参与向制度化参与转变的环境氛围，为公民参与提供风险预防、冲突预警和冲突化解的矛盾与纠纷解决机制。五是构建良好的参与组织型生态环境。诸如构建有利于公民参与的各类社群组织与参与共同体，为公民参与构建合法、高效、便利和有序的社会自组织参与系统。六是构建良好的参与增长型生态环境。诸如营造有利于参与的规则遵守、知识学习、技能培训、信息利用的公共平台，不断提高公民参与的整体水平和能力。七是构建良好的参与协同型生态环境。诸如构建有利于公民参与的协调、协商和协议的渠道和机制，有利于参与的权益表达、维护、评价和平衡，为参与提供有效的减压阀和避震器。

第六章

地方法治建设的监测指标

提出地方法治建设监测数据指标体系构建这样一个命题，是借用环境科学的生态环境监测以及经济发展的指标监测的原理与方法而来，法治能够被评估已经是一个具有共识的结论，而法治是否能够被监测也已经不是一个学理性问题，而是一个法治的实践性问题，似乎无须去证明而只需去实践，因为它是法治评估的根基和条件。构建我国地方法治建设监测数据指标体系的目的，是对地方法治建设的能力与状况进行动态和静态的观察与检视，也是在为法治评估提供全方位的数据支撑和基础条件，也为了使当前全国各地的法治评估能够从主观主义和形式主义的乱象中解脱出来，同时也想尝试能够为法治建设寻找一条更具科学与理性的评估方法与路径。

第一节 地方法治建设监测数据指标体系构建背景

地方法治建设监测数据指标概念的提出是基于这样一个基本的事实，自 2007 年开展《"法治余杭"量化评估体系》的十多年中，我国掀起了一场声势浩大的法治建设指标评估的热潮，就目前我国正在进行的地方法治评价体系来看，呈现两种不同运作模式，一种是自上而下的体制内回应型法治考评模式，或者说是一种党委政府的法治考评模式，也可以认为是一种"管理型法治评估模式"[①]，从全国各省到市再到县

---

① 参见钱弘道、杜维超《法治评估模式辨异》，《法学研究》2015 年第 6 期。

(区），各级地方党委和政府出台的法治考评实施办法已经进入全面的操作阶段，这种考评模式具有在体制内封闭运作的特点。另一种则是先行先试的体制外试验型法治评估模式，或者说是一种以研究机构为主的法治评估模式，也可以认为是一种"治理型法治评估模式"①，实施的主体是多元的，运行的环境是开放的，该模式最早借鉴了"香港法治指数"的设计经验与操作方法。两种模式因评价方法、评价内容、指标设置存在很大的差异，就目前的情况而言似乎既无法统一也无法衔接，但存在相互借鉴的可能。这两种法治评估模式，特别是面广量大的各地方党委和政府出台的法治考评办法，其中最值得研究的是法治评估数据来源的科学性和正当性问题，这是进行法治评估的基础性前提。

  法治评估既可以是定性式的，也可以是定量式的，这大概也已经成为学界比较一致的看法，特别是从大数据发展和运用的趋势来看，法治与数据的结合越来越紧密，比如司法大数据建设就是一个典型的例子，可以说数据是可以反映法治状况的，这已经是一个不争的事实，而且在法治的许多领域也是可以进行定量评估的，但对于法治评估的数据客观性问题似乎讳莫如深，实际上这是评估指标体系构建的基础性或者说源头性的问题，它关系到法治评估的真实性和有效性。目前，很多地方党委和政府制定的法治评估指标的绝大部分评判标准并不具有客观测度的属性，其主观地规定某个衡量指标和权重也缺乏一定的科学性和正当性。如以"法治江苏建设指标体系"为例，其中一级指标"法治政府建设"设定了9个二级指标21项具体评估内容，人为分配的考评权重为18%（也就是18个分值），其中具有客观性评估的指标只有2项，如行政机关负责人重大行政复议案件出席率95%以上、行政机关负责人行政诉讼出庭率90%以上，其他19项均为主观性价值判断的评估指标②。再以"广东省法治政府建设指标体系"为例，其中二级指标"行政执法"的量化指标规定，"社会公众对行政执法的总体满意度（满意

---

① 参见钱弘道、杜维超《法治评估模式辨异》，《法学研究》2015年第6期。
② 参见《江苏法治建设纳入政绩考核》，《新华日报》2015年3月31日；侍鹏主编《法治建设指标体系解读》，南京师范大学出版社2016年版，第379页。

率+基本满意率）达80%以上"①，社会公众的满意度评价会因满意度调查的范围、对象和数量的不同而使结果差异很大，其效度如何也是一个需要研究的问题。而且，全国各地的法治建设指标体系的种类与模式千差万别，缺乏统一规范与标准，再加上主观指标过多客观指标严重不足，导致了一些地方法治评估的失范和失真，遭到了来自各方面的质疑：一是指标体系设定的分数是否具有科学性与正当性依据？二是指标体系规定的标准是否能够体现法治建设的现实需求？三是指标体系得出的结论是否能够与地方法治建设的现状相吻合？笔者认为，这三个方面的质疑也是我国目前地方法治建设评价指标体系还没有很好解决的几个重要问题，也是法治评估需要深入进行探索和研究的重要问题。

  国内最早也最有影响的法治评估要数"余杭法治指数"与"成都法治城市评估指标"的定量分析了，而我国台湾和香港的"台湾公共治理指标"及"香港的法治指数"则更加早些。②后来全国各地出台的各种各样的地方法治建设评估与考核指标基本上都源于此，但已经发展得更加主观化。到目前为止，各地党委和政府出台的法治评估办法基本上都是属于体制内考评而主观设定的分值，总分往往是100分，再按照二级指标进行分值的权重分配和层层分解，但这些分数能够在多大的程度和意义上真实体现法治现状，这些形式各异的法治评估方法，也引发了广泛和热烈的争议，甚至是批评，看来确实有必要对法治评估的方法进行再评估了。③如果将人为设定的分数作为评估分值的话，那么，目前的法治评估或考核办法恐怕陷入了一个源头性或基础性的误区——用主观分数来对客观现实进行主观评判，很容易产生"我认为好，不好也好；我认为不好，好也不好"的主观臆断，因此，在非定量和无客观数

---

① 参见广东省人民政府令《广东省法治政府建设指标体系（试行）》（2013年3月27日，第184号）；《广东打造法治政府 量化考核行政执法》，《中国青年报》2013年6月4日。
② 参见《台湾公共治理指标》（1998）、《香港法治指数》（2005）、《"法治余杭"量化评估体系》（2008）、《成都市创建全国法治城市考核评估指标与测评体系（试行）》（2010）。《香港法治指数》对"法治余杭"与"成都法治城市"的指标体系的构建影响较大，但是后来的各地法治评估指标体系已经大都成为体制内进行考核评价的内部管理办法。
③ 参见孟涛、江照《中国法治评估的再评估——以余杭法治指数和全国法治政府评估为样本》，《江苏行政学院学报》2017年第4期；陈林林《法治指数中的认真与戏谑》，《浙江社会科学》2013年第6期。

据的情况下如何真实和客观评估地方法治建设的成效与问题，这恐怕是一个亟待研究和解决的问题。

但不可否认的另一面却是，在人为主观设定评判分数的同时往往忽视了另一些至关重要的客观数据，那就是地方各涉法部门在受理与办理案件、处理事件和办理事务中所产生的台账数据和统计数据，这些数据能够直观和真实地反映地方法治建设和运行的成效，这些数据能够更加直接和客观地说明一个地方法治运行的状况，但这些具有很重要价值的巨量数据往往在法治评估过程中被有意或无意地忽略和遮蔽了。毫无疑问，只有那些客观、真实地发生过的并自然生成的数据才能够反映事物的本来面目，那些涉法部门的立法、行政、执法、司法等法治工作数据相较于人为设定的评判分数而言，无疑更具分析价值、更能体现地方法治的面貌，关键在于如何选取和利用这些数据并构建科学的数据群和数据指标，将客观产生的数据作为法治评估的基础性工作来对待。通过客观数据的统计或模型分析所得出的评估结果或结论，或许能够更加清晰或准确地描述法治的当下状况与发展趋势。从法治发展的规律性来看，地方法治建设不是要不要进行评估的问题，而是如何进行评估的问题，监测数据指标体系是否能够运用于法治建设领域，这确实是一个需要进行理论和实践相结合研究并证成的命题，如何在地方法治建设评估中更多地运用客观数据替代主观分数、客观描述替代主观评价，这是作者提出建构法治建设监测数据指标体系的背景和出发点。

第二节　地方法治建设监测数据指标体系构建可能

地方法治建设现有的评估指标体系确实存在这样或那样有待完善的问题，避免这样的局限与不足，需要在法治评估的指标构建思路和方向上有所突破，思路决定出路，如果能将环境生态或经济发展监测数据指标的基本原理或监测方法运用到地方法治建设领域或许是一种可能的路径选择。

1. 实践法治观的提出与发展

从最早提出规范法治观向实践法治观转型的观点[①]到中国法治实践学派[②]形成与发展的十几年时间里，中国法治实践学派的实践法治观从观点的萌发到概念的提出、从范式的建构到体系的完善，都高度契合了中国法治建设的问题场域和本土特质，已经成为中国法治实践学派的核心理念与行动范式。实践法治观的特点可以归纳为：在价值目标上是实践主义的，在理论框架上注重法治构成要素，在路径模式上采取渐进式实验主义模式，在知识体系上是单学科体系，在研究范式上采取实证主义，在历史情境上具有法治的本土意蕴，在参与主体上为公众参与，可以说，实践法治观提供的是一种以实践为导向的认知模式。[③] 或者说，实践法治观是一种解决中国问题的具有中国特色的法治思维观与法治行动观。具体而言，在法治实践的目标指向上，瞄准的是中国法治建设的问题，带有强烈的解决问题的意识；在法治实践的研究方法上，采用的是实证主义与实验主义的研究工具，努力在规范与现实的张力中寻找一种联结；在法治实践的价值取向上，追求的是良法善治、控制公权、保障私权的法治目标；在法治实践的行动路径上，是要为法治建设提供中国思路、中国理念、中国思维、中国设计与中国方案。

从规范法治观向实践法治观的范式转移更加强调和关注行动中的法，而不是纸面上的法，从而摆脱了法治"知易行难"的困境与尴尬。实践法治观旨在提倡一种行动的理念，法治本身就是一种行动，只有依

[①] 中国政法大学郑永流教授于 2007 年 11 月 18 日上午在福建政法管理干部学院作了题为《从规范法治观到实践法治观》的报告，当时提出了从规范法治观到实践法治观的命题，认为实践法治观强调更多的是实践，是在行动中去反思、完善法治，但并没有进行详细的论证和展开。参见郑永流《从规范法治观到实践法治观——从养路费案观察中国法治之道》，《福建政法管理干部学院学报》2007 年第 4 期。

[②] "中国法治实践学派"概念最先由钱弘道教授于 2012 年提出，此后的若干年，武树臣、邱本、钱弘道、郑永流、付子堂、武建敏等学者就中国法治实践学派从理论到实践进行了较为系统的论证，"中国法治实践学派"的提出，符合当今中国法学的研究趋势，适应中国社会发展的现实要求。学者与政府、社会各界合作，形成合力，能够实质性地推动中国法治；并且，此类研究也最符合"协同创新"的需要。

[③] 参见康兰平《法治评估的开放空间：理论回应、实践样态与未来转型》，《甘肃政法学院学报》2016 年第 6 期。

靠行动才能促进法治的实现。① 这十几年来，法治中国建设的理论研究与实践运作如火如荼，各种实践模式及其先行先试的经验层出不穷，甚至从地方性试验转变成为地方性政策或规范性文件，其中最为典型的案例就是各地方党委和政府法治评估指标体系的全面实施，虽然很难说目前这种较为广泛的法治评估方式是成熟或具有体系化的，其中也需要进一步的完善，但有一点无须怀疑，那就是对法治建设的效果需要一种测量与检验，以便能够克服或修正自身在发展过程中的某种局限与偏差，地方法治建设的指标体系建设在构建过程中采取的确实也是一条渐进的实验主义路径，实践法治观的提出能够为法治概念实现从抽象层面向经验层面的层层递进，使在此基础上构建的法治建设指标体系得以凸显其实践、实证和实效的鲜明特色，实践法治观作为联系抽象理论与具体生活事实的媒介，为法治概念的操作化提供了更为恰切的理论向度与视域。② 法治评估作为舶来的理论、方法和技术，要有效回应当前地方法治建设中的实质症结和问题所在，其评估的目标设定和功能定位就应当避免简单机械的主观主义或形式主义倾向，同时也要在制度话语范围内反映共同体内部的个体差异性，防止价值取向的单一性，③ 这也是规范法治观所无法达致的一种局限。因此，地方法治建设的监测数据指标体系构建作为评估体系的重要基础与核心组成部分，其无论是设计理念还是具体运作都需要实践法治观的领航与指导。

2. 法治监测数据的跨学科引入

数据也称数值，是我们通过观察、实验或计算得出的结果，是对客观事物的逻辑归纳，是用于表示客观事物尺度的未经加工的原始素材。监测数据指标最早是用于对水、大气和土壤等生态环境领域的监测与评估，同时也在自然科学与工程技术等许多领域进行广泛运用，后来又较

---

① 参见武树臣、武建敏《中国传统法学实践风格的理论诠释——兼及中国法治实践学派的孕育》，《浙江大学学报》（人文社会科学版）2013 年第 5 期。
② 参见康兰平《法治评估的开放空间：理论回应、实践样态与未来转型》，《甘肃政法学院学报》2016 年第 6 期。
③ 参见康兰平《法治评估理论的跃升空间：实效法治观与我国法治评估实践机制研究》，《法制与社会发展》2017 年第 4 期。

多地运用于经济发展、教育科学、社会保障及社会舆情等社会科学领域,这些领域监测数据指标的运用已经建立了一套相对完整和成熟的评估范式与实践模式。无论是自然科学领域,还是社会科学领域的监测数据理论与实践模型,都包含如下几个方面的基本要素,这些抽象和归纳而成的基本要素,为跨学科引入地方法治建设领域提供了一般性的方法论观照,也为构建法治建设监测数据指标体系提供了理论预设与实践可能。

一是监测指标的框架设计。设计什么样的监测指标对于整体监测与评估要达到的目的和效果至关重要,指标的设定要最能够体现被监测对象内在结构要素的本质或实质。比如经济发展状况可以通过对经济运行中一系列数据或指标进行分析得出结论,即对经济运行中能够反映经济增长和结构变动、社会总供给与总需求变动、市场行情和社会总供求平衡、国民经济效益变动等状况的数据或指标来判定经济发展的景气与否。再比如空气的好和坏可以通过对空气中各主要污染物含量进行测定,即对空气中存在的二氧化硫、二氧化氮、臭氧、可吸入颗粒物PM10或PM2.5的浓度值来判定空气质量的优劣。根据这一原理和方法,如果我们要对行政权力监督是否有效进行监测指标的设计,有几个主要监测指标是不可缺少的,诸如各级党委、人大、政协、司法、媒体、公众对依法行政的监督情况,行政复议或行政诉讼案件审理情况,行政部门内控机制执行情况,行政权力清单目录公布情况,行政不作为或乱作为案件、失职渎职案件、滥用职权案件以及严重损害群众利益案件查处情况等主要监测数据指标与范围。这些监测数据指标与范围的设置是否能够较为有效地反映出对行政权力的监督效果,除了考虑监测指标设计的框架是否系统与完整之外,还必须考虑到这些监测指标是否能够从具有监督职能的部门与机构工作中获得客观而真实的数据。也就是说,监测指标框架建构的可行性与数据获得的实在性构成了地方法治建设评估的两大基础性要素。

二是监测数据的采集利用。监测数据是选定目标或对象的量化表达,是客观存在事物变化的测度结果,也是评估一个事物水平与质量的基础,其根本要求是客观真实性。这些经过科学技术方法获得的监测数据是不以人的意志而客观存在的,其真实性毋庸置疑,根据其他学科监测数据采集与利用的原理和方法，如果衡量地方司法质量与效率可以通过司法实践中一系列数据或指标来反映，诸如司法基本数据、审判流程数据、裁判文书数据、庭审活动数据、执行案件数据以及诉讼服务信息数据，这些有关司法质量与效率的数据，可以从公检法监等司法行政机关的办案台账和年度报送的统计数据中获得，在现代司法大数据发展过程中获得这些数据不是一件难事，关键问题是选取的数据首先是否能够客观和真实地反映地方司法质量与效率的总体面貌和现状；其次是能否形成数据间的相互证伪或证成，构成一个完整而系统的数据链，单独一个数据往往无法说明问题。比如单单一个法院审理案件数的高低并不能说明一个确定的问题，审理案件数量大可能表示效率高，或可能表示审理案件质量不能保证，或可能表示社会矛盾冲突加剧，还有可能表示诉讼成本较低等情况。但如果将案件审理数与一审案件服判数、二审案件数、二审案件维持数、再审案件数、申诉案件数、执行案件数、执结案件数、冤假错案立案审查数与纠正数等数据放在一起分析，形成一个完整的能够相互印证的数据链或数据群，这就能够较为客观地分析审理案件的质量与效率，并为地方司法质量与效率评估提供良好的基础性条件，这些数据的证明力无疑要优于一些主观性的考评标准。

三是监测数据的基础作用。监测数据并不是一个孤立的存在，数据服务于和服从于评估，因此，监测数据作为评估的基础作用不可低估，监测数据为构建评估指标和评估标准提供了客观与真实的基础性条件，如果说数据是客观形成的，那么评估指标和标准则是在客观与真实基础上的主观设计，数据与标准之间是一种客观形成与主观构建的关系。因此，监测数据的基础作用，首先表现在监测数据能够服务于法治评估，并为评估提供基础条件。比如我们要对科学民主立法现状进行监测，并不是先对科学民主立法提出几条主观的评价标准或设定一个主观的考评分值，而是要确定科学民主立法在客观上包含了哪些内容，并根据这些内容确定能够客观体现其内容的一系列监测数据指标，比如地方性法规和政府规章立法情况，地方立法的协商、论证和听证情况，听取和征求党派、团体与民众意见情况，立法备案与审查、立法评估等情况的监测数据指标，并通过这些数据指标的分析为地方法制化建设的评估提供一个实证的基础。其次表现在监测数据能够营造法治评估的生态环境，引导评估走向以数据为实证的法治评估之路，从而摒弃或改变主观判定的形式主义倾向，逐步形成用客观数据分析替代主观标准与判断进行评估的手段与方法。最后表现在监测数据能够为法治建设的大数据构建提供数据支撑和操作经验，地方法治监测数据是地方法治建设评估的基础，也具有地方法治晴雨表的作用，是我国法治建设大数据系统构建的一个极其重要的组成部分。

3. 法治监测数据的特性与功能分析

构建监测数据指标体系本身必须遵循科学的方法和原则，它是一个尊重科学规律和原理的过程，但前提是应该对监测数据所表现出来的特性或功能有一个清晰的理解和把握，基于地方法治建设监测数据指标体系的构建，该监测数据既具有形式层面的若干特性，也具有实质层面的若干主要功能。

（1）监测数据的形式特性。监测数据的形式特征主要体现在四个方面：一是它的体量性，监测数据的体量取决于监测的范围、对象和时间，如果监测的范围广、对象多、时间长，自然会导致监测数据的体量庞大。二是它的类型性，监测数据指标涉及面广，具有很明显的类型化特点，监测数据既包含基础性数据和专业性数据，又包含质化数据和量化数据，还包含着各类模块化数据。三是它的稳固性，监测数据是一种延时性数据而非实时性数据，它是对过往事件的量化刻录，因此具有恒定性和不可变更性，而且可以永久被追溯，并可以被反复提取和使用。四是它的可靠性，监测数据应该是真实、可信任、安全以及可追溯的数据，或者说可靠的数据应该是简单、可用、安全和规范的，"简单"说明数据的生成、格式和使用是简化甚至是自动化的过程，"可用"说明数据的获取、处理和存储具有复制性，"安全"说明数据的提取和采集可以在一种开放的环境中获得而没有壁垒与门槛，"规范"说明数据在生成、采集、处理和分析等过程中，必须有严格的科学规范和操作逻辑。

（2）监测数据的主要功能。监测数据的主要功能体现在四个方面：

一是监测数据的开放性。地方法治建设监测数据源于应该主动公开或依申请公开的信息，数据是信息的重要组成部分，因此监测数据是在开放的环境中获取的,来源并不限于司法部门的单一渠道,可以是所有涉法性部门或机构,因此地方法治建设监测数据的开放性不但体现在获取数据的渠道上是公开的,而且体现在获取数据的程序上也是公开的,还体现在获取数据的指标设定、统计分析等技术层面也都是公开的。如果说地方法治建设监测数据获取的开放性特征只是一种表象或规范的话,那么其监测数据的开放性更深层次的体现在于,一方面地方法治建设监测数据具有自主选择性,对于同一个数据群,不同研究目的的主体可以根据研究目的对数据进行自主性选择和组合,在不改变数据值的前提下取舍是自主的,可以服务于不同的研究目的和目标;另一方面地方法治建设监测数据具有可介入性,监测主体可以对数据进行符合目的性的组合、建模并深度解读,可以利用数据及数据背后的解释作为研究论证的证明和证据,监测数据的可介入性还表示,数据可以留给人们很多的操作性空间,并拓展更多的研究领域。但这种体现开放性的自主选择性、可介入性也有可能影响研究的科学性、结论或结果的公正性,因此需要对监测数据指标进行研究目标的科学假定和程序预设。比如对于法律服务的数据,既有各类法律服务机构与人员情况(律所、公证处、调解机构等)、城市常住人口情况、村(居)社区情况等基础性数据,又有法律援助案件与受援人情况、免费法律服务提供情况、政府对公共法律服务投入经费情况等专门性数据,这些数据都可以从信息公开渠道中获得,说明数据获取的渠道和路径都是开放的。另外,不同问题的研究者可以对这些数据进行选择性使用,比如要想监测一个城市中律师服务的覆盖程度,可以选择律师人数与城市人口数来获得;比如要想监测政府对公共法律服务人均投入程度,可以选择政府投入经费数和城市人口数来获得,因此数据利用具有良好的选择性和介入性。

二是监测数据的关联性。地方法治建设监测数据应该是一个较为庞大的数据群或数据链,不同模块的数据之间会形成相互印证的数据链接关系和数据因果关系,有些单一和孤立性的数据能够通过与其他相关数据的联系,最大化地反馈数据背后的信息或问题,为监测的目标和任务提供丰富的潜在内容,并揭示监测数据背后地方法治建设的状况及其事实真相。监测数据的关联性应该体现在两个方面,一个是监测数据的纵横向关联性。如果以行政诉讼的公开年度数据为例来说明，以上海市为例，如果只是就 2017 年全市一审行政诉讼案件共 2625 件来看，① 这一数据从面上看也只是说明当年行政诉讼案件数量的多少，就这一监测数据而言，其监测的意义和作用并不大，因为它无法体现出更加重要和深入的行政诉讼实际状况，如果能够再监测到同年度行政诉讼案件审结数、行政诉讼被告（行政机关负责人）到庭数，那么就会发现，通过这一组监测数据之间的关联性分析，三组监测数据之间的关系将产生行政诉讼案件审结率、行政诉讼被告（行政机关负责人）到庭率两个重要的具有分析价值的评估指标。如果要监测行政诉讼案件纵向变化的情况，还可以连续比较几个年度的监测数据，从纵向时间段上获得更多的有意义的评估指标，如受理行政诉讼案件年度变化率、审结行政诉讼案件年度变化率等。再一个是监测数据的大数据关联性，地方法治建设监测数据指标体系涉及的门类和数据众多，所有与法治建设相关的直接数据与间接数据都将被纳入监测的范围或对象，比如司法大数据建设就是一个具有创新意义的尝试，以后在地方法治政府建设、法治社会建设、科学民主立法等领域都可以进行大数据构建，这些不同的大数据模块相互之间因为共同作用于地方法治建设而产生密切的数据关联，也会因为法治评估构建的函数关系而使得各类大数据之间派生出更多和更加丰富的跨越各数据模块的关联性指标。

三是监测数据的动态性。地方法治建设监测数据的设计将着眼于能够跟踪若干年甚至中长期的地方或区域法治建设的发展动态，因此监测数据具有很强的动态跟踪性与年度变化性，用静态的数据指标分析法治建设状况，用静态分析工具揭示法治建设的动态变化或发展趋势，从数据的动态变化中寻找和总结地方法治建设变化发展规律。监测数据作为一个量化的数据体系，能够通过对报送的各指标数值的变化分析，有效地监测地方法治建设的运行状态与运行结果，能够及时发现问题，并寻求解决路径。监测数据的核心是数据，如何设计数据、采集数据、取舍数据、测量数据、分析数据、组合数据、利用数据等都有很多主客观的因素，数据的动态和静态变化也非常复杂，从某个时间断面上来看数据

---

① 参见《上海行政诉讼案件 6 年连增后出现首降》，《法治周末》2019 年 6 月 12 日。

是固定不变的，但如果从历时性视角来看数据又是变动不居的。因此，我们所分析的监测数据所体现的动态性：首先表现在数据的历时性上，数据会随着时间的变化而变化，对于同一监测目标也会随着时间的延长而使数据产生变化；又随着周期的变化而变化，每个不同年度同一指标的监测数据也会有所变化。其次表现在数据的随机性上，数据会随事件本身的变化而变化，如果增加或减少了某些法治建设的工作内容，则监测数据也将会随之发生变化，也会随着外部的干预而发生变化。最后表现在数据的离散性上，数据的离散性是指数据没有固定发生地，数据零散分布、相互间关联才有完整或明确的意义。比如我们选择"行政处罚是否规范文明"这样一组监测数据，即各年度行政处罚案件数、经集体讨论做出的较重行政处罚案件数、实施行政裁量权基准制度的行政处罚案件数、举行听证程序的行政处罚案件数、发生违反罚缴分离和收支两条线管理制度的案件数、发生下达或变相下达罚没指标的案件数、发生罚没收入与部门利益挂钩或变相挂钩等行为的案件数等监测数据指标。通过对不同年度之间同一监测数据的纵向比较，能够动态地反映出一个地方行政处罚是否依法而行的总体实施情况。也可以对同一年度内横向监测数据间通过函数关系获得评估指标，如较重行政处罚案件集体讨论率、实施行政裁量权基准制度的案件占有率、行政处罚案件听证率、违反罚缴分离和收支两条线管理制度的案件发生率、下达或变相下达罚没指标的案件发生率、罚没收入与部门利益挂钩或变相挂钩等行为的案件发生率等数据指标，这些评估性数据指标能够较为准确地解释和评判一个地方行政处罚是否依法而行的法治化程度。

四是监测数据的再创性。地方法治建设监测数据指标体系是由一个个涉法性数据构成的，每一个数据表面看起来似乎没有确定的意义，但是经过关系函数的处理所获得的第三方数据值就具有了指向性和确定性，会揭示事物发展的性状或运行的规律，由计算获得的第三方数据超出了原单个数据无法揭示或证明的事实真相，可以说监测数据具有再创的功能，这种数据的再创性体现在对监测数据的再加工过程之中，目的是找出隐藏在监测数据背后的真相和痕迹。比如我们设定"行政诉讼审理数与行政机关负责人行政诉讼出庭应诉数"这样一组监测数据，这虽然仅仅是两个孤立的数据，单独一个数据的大小并没有什么意义，也无法说明什么问题，但如果将这两个数据通过关系函数的计算，得出行政机关负责人行政诉讼出庭率这样一个显性指标值时，这一再创数据所包含的意义却会变得丰富起来，其指标值就具有了较为确定的解释力，甚至可以揭示官民关系及其利益博弈的真相，假设这个指标很低，那就反映出行政机关负责人出庭确实存在所谓的"四怕三不"现象："怕丢面子、怕当被告、怕输官司、怕引起不良连锁反应，不愿应诉、不敢应诉、不懂应诉"[①]。而且也说明这些行政机关负责人不但法治意识淡薄、不尊重法律和法官，而且对行政诉讼的拒斥感很强，揭示出一些行政机关负责人自我形象的保护意识超过了对法律尊严的维护。如果这一指标经过数年的追踪统计仍然较低，那么可能会揭示一个地区法治建设存在着代表性和典型性问题——行政部门领导法治意识并没有因为地方法治建设而改变，行政权力的扩张与傲慢也没有因为法治建设而有所收敛，该地方的法治建设效果并不好。这种监测数据背后所揭示的问题，正是监测数据的再创性功能所在。

第三节 地方法治建设监测数据指标体系构建原则

地方法治建设监测数据指标体系的构建应遵循以下若干基本原则。
1. 系统性原则

构建地方法治建设监测数据指标的目的，是通过数据监测能够全面、系统和客观地反映出地方或区域法治建设的状态和发展趋势，因此，监测数据指标的设定或数据的采集应该采取全方位、多角度、多层次的路径和方法进行，尽量减少观察的盲区或布点的遗漏，各数据模块内部或相互之间彼此既相互联系又互为条件，整个数据系统或其中各模块应该具有较强的开放性和吸纳性，使得地方法治建设监测数据指标无论是模型的构建，还是指标的运用都能够成为一个较为完整化和体系化的数据平台或分析工具。

---

① 参见《广东全面推进行政首长出庭应诉》，《法制日报》2016年11月10日。

2. 真实性原则

地方法治建设监测数据指标要能够真正反映地方法治建设的实质特征和发展趋势，关键在于监测和获取数据的真实，现实数据的真实与监测指标的正确之间存在着相互依赖关系，数据是指标科学判断的命门，但获取真实数据又要依靠监测数据指标的统摄和选择机制。因此，地方法治建设监测数据指标构建的真实性既包括数据生成本身的客观真实，也包括监测和获取数据程序的客观真实，还包括数据统计与分析的客观真实。如果说地方法治建设监测数据指标能够真实反映地方法治建设的状况与效果的话，那就说明现实数据与指标之间具有一种内在的互治机制；或者说如果通过对地方法治建设典型数据所进行的函数关系计算，能够展示出地方法治建设的能力状态、绩效水平与发展趋势的话，那么就说明现实数据与监测指标之间具有真实的匹配关系。真实性原则要求，一是这些监测指标的设置应该是符合实际需要的和真实的，不是虚构和无中生有的，是能够全面反映客观现实的；二是监测到或者说获取到现实中这些相应的数据是真实发生的，而不是为了应付检查或考评而编造或篡改生成的数据。如果现实数据和监测指标这两者都是真实的，那么检验或评估地方重点领域立法的作用和效果才会是真实有效的。

3. 规范性原则

地方法治建设监测数据指标体系的构建无论从指标的名称设定、获取渠道、统计口径，还是分析模型的构建或计算方法的运用，都必须力求符合统计与分析规范。地方法治建设监测数据指标的规范性既包括必须遵循数据与统计应用的技术规范或相关制度规范，也包括研究中必须遵循数据构建、采集和分析的学术规范，还包括实践中必须遵循分析结果的应用规范。上述规范性原则要求，一是各类监测数据指标的设计、提法、标准和格式等都要符合数据的一般性规范；二是对获取各类数据后的计算与分析、函数关系等要符合科学研究的学术性规范；三是对监测数据指标在评估中的实践运用等要符合应用性规范。

4. 公开性原则

地方法治建设监测数据指标作为公共信息的重要组成部分应该纳入信息公开的范畴，其获取的数据既可来源于政府统计公开出版物或公告，也可以来源于各部门按照国家信息公开法律法规规定的应该主动公开或依申请公开的资料或数据，还可以来源于国家或地方城乡调查所获得的应该或可以公开的相关数据，以及来源于地方有关部门或条口（如司法部门以及具有垂直领导或指导属性的部门）向上级部门汇总的统计数据，或者党和政府工作报告、两院一委工作报告等公开文件中的报告数据。公开性原则要求，一是这些所列的监测数据本身是可以作为主动公开或依申请公开的信息；二是这些数据信息的来源都可以通过规范的公开渠道获得；三是这些数据可以作为服务于法治建设大数据的重要基础性数据。

5. 稳定性原则

地方法治建设监测数据指标的稳定性强调的是，对监测时段、监测周期或监测对象所获得数据的固定性和不可变更性；稳定性还需强调的是，地方法治建设监测数据指标的采集与获取、统计与分析都能够以一个统一的标准或尺度进行，没有足够的科学依据或理由不得随意变更或调整。稳定性不是绝对的而只能是相对的，因此，地方法治建设监测数据指标的稳定性既包括监测标准的稳定性，也包括数据指标设定的稳定性，还包括数据维护的稳定性，以及数据分析模型的稳定性。稳定性原则体现在，一是数据提供要有持续性，不宜有频繁的变更和调整；二是不同的监测时段或周期监测数据的标准和口径应该具有一致性；三是数据设定指标以及分析模型的可靠性。

6. 准确性原则

地方法治建设监测数据指标的准确性，是指监测数据的测定值与真实值之间的符合程度，监测数据的准确性来源于法治建设实际工作的非虚假性，如果说实际工作中虚假成分较少，那监测到的数据的准确度就较高。另外，根据概率论原理，监测的数据越多、面越广就会越接近真实。因此，地方法治建设监测数据指标的准确性应该体现在三个方面：一是监测数据指标设定的准确度，即设计的监测数据指标与真实状况之间相融合的程度；二是监测数据采集的准确度，即获取并选定的数据与真值之间相符合的程度；三是监测数据统计的准确度，即对获取的数据进行的指标统计分析所得出的结论与真实状况之间相匹配的程度。

7. 操作性原则

地方法治建设监测数据指标通过对监测的数据进行定量为主和定性

为辅的统计与分析，能够对地方法治建设的现状作出正确评估，并依据监测数据的模型分析，在评估地方法治建设现状的基础上，预测地方法治建设的发展、检视地方法治建设的规律、提供地方法治建设的路径，让宏观的法治建设战略能够通过监测数据的分析转化成为看得见、摸得着、可评估、能操作的实际工作手段与方法，并且使地方法治建设监测数据指标体系能够获得良好的平行性、重复性和再现性。因此，操作性原则要求，一是监测数据指标体系的建构要与实践中的地方法治建设现状具有良好的融合度与契合性；二是监测数据指标体系的建构要体现监测指标数据与现实发生数据的匹配度与耦合性；三是监测数据指标体系的建构要体现对地方法治建设现实的证成性与证伪性；四是监测数据指标体系的建构要体现对地方法治建设发展的预测性与前瞻性；五是监测数据指标体系的建构要体现对地方法治建设的普适性与应用性。

第四节　地方法治建设监测数据指标体系构建方式

构建监测数据指标体系的目的在于能够解决长期以来在评估地方法治建设成效的操作过程中只能定性分析而无法定量分析的难题，克服一般性的评估指标因为内容的空泛、定性的模糊而缺乏考量依据，弥补地方法治建设成效无法用数据来进行测量和评估的缺陷，使得地方法治建设评估的模式和方法也能够像经济、社会、文化和生态建设那样可以进行数据统计和测量，最终可以在许多地方法治建设的领域获得较为准确的评估效果。地方法治建设可以借鉴环境生态监测，经济发展监测、社会舆情监测，以及教育质量监测等原理和方法来创新自身的监测数据指标体系，使得地方法治建设的成效和状态能够用一系列客观生成的数据和客观评估的指标来进行科学和理性的判定。因此，监测数据指标体系构建的价值体现在：一是用监测到的数据来观察地方法治建设的状态，能够体现其运行的规律性；二是用监测到的数据来评估地方法治建设的效果，能够体现其检验的客观性；三是用监测到的数据来分析地方法治建设的问题，能够体现其存在的真实性；四是用监测到的数据来测量地方法治建设的对象，能够体现其内容的规范性；五是用监测到的数据来预测地方法治建设的未来，能够体现其发展的前瞻性。

1. 在构建思路上

该监测数据指标体系试图构建一个不依赖于主观判断或自我评判的客观性测量体系，试图通过让数据说话来反映各地法治建设的真实状况和趋势，因此，监测数据的指标要能够体现事实的客观性和真实性，监测数据的指标项目可以进行人为设定，但是所获得监测数据是不能够进行人为设定的，其客观性也无法改变，构建这些监测数据指标要能够较为全面地体现一个地方的法治建设状况，因此，一是要体现监测数据指标体系建构的可能性和正当性；二是要体现监测数据指标体系建构的必要性和重要性；三是要体现监测数据指标体系建构的实用性和再现性，一套地方法治监测指标体系可以适用于全国各个地方的法治建设评估，并可以重复应用。

2. 在数据获取上

随着大数据的普及与运用以及云计算的技术支持，数据处理和应用更加快捷与便利，应该全面构建地方法治建设监测大数据体系，充分发挥法治大数据的支持功能，将"地方法治"与"数字法治"紧密连接，将大数据楔入地方法治建设过程之中，创新法治建设的战略布局。由此，监测数据指标体系中的数据采集就可以较为系统和完整地从各地方和各部门内外部的统计数据中获取，因为监测性数据是各部门或各单位在工作过程中自然形成的统计台账，这些数据往往较为真实可靠，这些统计数据虽然是海量的，但可以根据监测数据指标的目录指引进行筛选，应该说，通过从统计数据中获得的监测数据，其真实性和客观性上往往优于局部的调查访谈数据、群众打分数据、社会问卷数据、专家评估数据或考核设定数据。

3. 在框架结构上

通过对全国各地法治建设评价指标或考核办法的梳理、归纳与分析，比较完善的具有覆盖功能的监测数据指标的框架结构大致应该包括七个方面：科学民主立法、法治政府建设、公正廉洁司法、法治宣传教育、法治社会建设、法治队伍建设、法治建设保障等。这七个方面既相互独立又相互联系，既是模块化的又是融合性的，七个方面构成了整个监测数据指标的顶层框架或一级指标体系，无论是对监测数据的采集指标而言，还是对监测数据的评估指标而言都具有统摄作用和统一功能。并在每一个一级监测数据指标项下再细分并设置若干二级监测数据指标，最后形成更加细项的监测数据指标目录。

4. 在监测对象上

纳入地方法治建设监测的部门应该包括以下几类，一是地方性法规和政府规章的立法及其监督部门，如各地方人大和政府法制部门等；二是各级地方政府具有行政决策、行政管理、行政审批、行政执法、行政监督等部门，如政府的各行政职能部门；三是地方各级司法部门，如各级法院和检察院等；四是各地方党委和政府具有法治宣传和教育职能的部门，如党委宣传部门、政法部门以及政府司法行政部门等；五是各地方履行社会保障、社会治理和社会建设的部门、机构或组织，如街道社区、非政府机构、调解组织、信访部门、公安部门、法律服务机构或组织、公共事业服务部门等；六是各地方国有和非公企业；七是各地方涉及法治队伍建设的部门，如立法、执法、司法、监察等部门；八是各地方法治建设组织、领导和保障部门，如党委的政法部门、人大政协相关职能部门、依法治理工作职能部门等。

5. 在操作路径上

随着中央全面依法治国领导小组的成立到地方依法治理领导机构的调整，也为地方法治建设提供了制度层面的顶层设计和操作层面的统一管理。笔者在这里提出法治建设大数据概念，并建议能够在国家一级的平台上建立法治建设大数据库，目的是在这样一种体制变革中，能够为法治建设的考核与评估提供一种更加实证的可行性路径，而目前这种自上而下的纵向回应性体制也为构建法治建设大数据提供了可能，法治监测数据作为法治建设大数据的重要组成部分，能够在大数据平台上汇总、建模和处理各地方、各部门和基层法治建设的统计及台账数据，为进一步的评估分析奠定重要的数据基础，如果经过几年甚至更长时间的数据累积，法治建设大数据将会为整个国家或地方的法治建设与发展提供趋势性和预测性数据分析，也有助于对一定时期地方法治建设的成效、问题和预期进行较为全面而准确的跟踪与把握。

第五节　地方法治建设监测数据模型的基础构造

该监测模型的数据指标体系由7大类、33小类、253项、1157个指标构成，贯彻基础性数据与专门性数据相结合、定量数据与定性数据相结合、宏观性数据与微观性数据相结合的构成原则。

一　科学民主立法

（一）完善地方立法体制

1. 党委领导立法体制机制是否健全、地方立法工作中重大问题决策程序是否完善、人大制定五年立法规划是否报同级党委批准、人大对地方立法涉及本区域内重大体制和重大政策调整等问题是否报同级党委讨论决定、人大对地方性法规制定或修改的重大问题是否向同级党委报告、党委领导立法体制机制健全率。

2. 党委领导立法体制机制的规范性文件制定数、地方立法工作中制定和实施重大问题决策程序规定的规范性文件数、党委提出立法建议数、党委召开立法会议次数、党委领导立法的制度化实施率

3. 人大主导地方立法体制机制是否健全、人大是否依据五年立法规划制订年度立法计划、人大相关委员会组织起草地方立法的制度是否健全和落实、人大代表列席人大常委会会议制度是否健全完善并有效落实、人大主导立法体制机制健全率

4. 人大主导立法体制机制的规范性文件制定数、人大相关委员会负责起草综合性、全局性、基础性重要地方立法草案的件数、人大牵头组织起草地方立法的件数、人大代表列席人大常委会会议人数

5. 是否建立地方性法规和政府规章及规范性文件备案审查制度、所有备案文件是否纳入审查范围、制定规范性文件是否符合法定权限及程序合法、是否制定有立法性质的文件、备案审查制度实施率

6. 党委、政府严格按照法定权限和规定程序制定出台的规范性文件的件数、纳入备案审查的规范性文件数、未及时纳入备案审查的规范

性文件数，制定带有立法性质的规范性文件数

（二）推进科学民主立法

1. 地方性法规制定数、已纳入备案审查数，政府规章制定数、已纳入备案审查数，党委制定的规范性文件数、纳入备案审查数，政府制定的规范性文件数、纳入备案审查数

2. 地方性法规立法项目征集和论证制度是否完善、列入立法规划或计划的项目是否都有立项论证报告、是否建立向下级人大征询立法意见制度、是否建设基层立法联系点制度、地方性法规起草征求人大代表意见制度是否完善、是否在探索建立委托第三方起草地方性法规草案机制、是否健全法规草案公开征求意见和公众意见采纳情况反馈机制、是否建立地方立法中涉及的重大利益调整论证咨询机制、是否建立立法评估制度，地方立法的制度化、程序化、民主化健全率

3. 立法计划项目数，其中地方性法规立法计划项目数、政府规章立法计划项目数，立法评估论证数、其中地方性法规立法评估论证数、政府规章立法评估论证数，地方性法规立法后评估论证数、政府规章立法后评估论证数

4. 地方立法民主协商次数，其中地方性法规民主协商次数、政府规章民主协商次数

5. 开展地方立法调研次数，其中地方性法规立法调研次数、政府规章立法调研次数

6. 进行地方立法协调次数，其中地方性法规立法协调次数、政府规章立法协调次数

7. 组织地方立法听证次数，其中地方性法规立法听证次数、政府规章立法听证次数

8. 组织地方立法论证次数，其中地方性法规立法论证次数、政府规章立法论证次数

9. 通过媒体和信息网络向社会公布的地方性法规数、政府规章数，地方性法规立法座谈会征求意见次数、政府规章立法座谈会征求意见次数，地方性法规征求意见收到的公众意见数、采纳公众意见数，政府规章征求意见收到的公众意见数、采纳公众意见数

10. 地方性法规立法征求本级人大代表意见人数、政府规章立法征

求本级人大代表意见人数

11. 地方性法规立法征求本级政协委员意见人数、政府规章立法征求本级政协委员意见人数

12. 地方性法规立法征求本级民主党派意见人数、政府规章立法征求本级民主党派意见人数

13. 地方性法规立法咨询专家人数、参与地方性法规立法论证咨询次数，政府规章立法咨询专家人数、参与政府规章立法论证咨询次数

（三）加强重点领域立法

1. 重点领域地方性法规立法数、向社会公布数，重点领域政府规章立法数、向社会公布数

2. 创制性地方性法规立法数、向社会公布数，创制性政府规章立法数、向社会公布数

3. 地方性法规修改数、向社会公布数，政府规章修改数、向社会公布数

4. 地方性法规废除数、向社会公布数，政府规章废除数、向社会公布数

5. 地方性法规解释数、向社会公布数，政府规章解释数、向社会公布数

二 法治政府建设

（一）依法履行政府职能

1. 现有政府行政组织（或机构）数、依"三定"方案设立的行政组织（或机构）数、未完成"三定"方案的行政组织（或机构）数，行政管理体制改革任务计划项目数、已完成行政管理体制改革年度任务项目数

2. 落实清单制度和编码规则的行政机构数

3. 政府清单制度已列明的行政权力事项数、向社会公布数，年度行政权力事项调整数、向社会公布数

4. 政府清单制度已列明的行政许可事项数、向社会公布数，新增行政许可事项数、新增行政许可前置中介服务项目数、向社会公布数，行政许可违法违纪行为案件数、责任追究数

5. 政府清单制度已列明的行政处罚事项数、向社会公布数，新增行政处罚事项数、向社会公布数，行政处罚违法违纪行为案件数、责任追究数

6. 政府清单制度已列明的行政强制事项数、向社会公布数，新增行政强制事项数、向社会公布数，行政强制违法违纪行为案件数、责任追究数

7. 政府清单制度已列明的行政事业性收费事项数、向社会公布数，出现不符合法律法规设定管理与收费和罚款项目的案件数、责任追究数

8. 政府清单制度已列明的行政检查事项数、向社会公布数，新增行政检查事项数、向社会公布数，行政检查违法违纪行为案件数、责任追究数

9. 政府清单制度已列明的政府部门专项资金管理事项数、向社会公布数

10. 政府及部门法外设定权力案件数、责任追究数，没有法律法规依据作出减损公民与法人和其他组织合法权益或增加其义务的案件数、责任追究数

11. 发生因执法不当引发的侵犯公民合法权益的重大案件数、责任追究数

（二）依法决策机制健全

1. 落实依法决策行政程序规定的行政部门数、依法进行行政决策的行政部门数，其中健全和进行行政决策公众参与的部门数、专家论证的部门数、风险评估的部门数、合法性审查的部门数、集体讨论决定的部门数、完善听证制度的部门数

2. 重大行政决策事项数、重大行政决策合法性审查数、重大行政决策过程记录和立卷归档件数，涉及群众利益的重大行政决策事项数、听取群众意见人次、收集各方反馈意见数、采纳群众意见数

3. 落实重大行政决策后评估制度的部门数、实施重大行政决策后评估事项数

4. 政府法律顾问数、政府法律顾问参与政府事务事项数，其中提供的法律意见数，参与法规规章以及规范性文件的起草论证数，参与合作项目的重大合同数，提供的法律服务数，参与处理的各类法律事务数

5. 重要公建项目数（包括重要的民生工程项目数）、纳入决策论证的重要公建项目数

6. 征求公众意见的重要公建项目数（包括重要的民生工程项目数，下同）、纳入听证的重要公建项目数、纳入环境评价的重要公建项目数、纳入评估的重要公建项目数

7. 制定有效的规范性文件数、已通过备案审查数、向社会公布数、进行第三方评价数

8. 已定期清理的政府规章数、向社会公布数，已定期清理的规范性文件数、向社会公布数

（三）执法规范公正文明

1. 行政执法机构数，其中经依法授权或委托行使行政执法权的机构数、未经依法授权或委托行使行政执法权的机构数、实施资格管理制度的行政执法机构数

2. 行政执法人员数、持证上岗执法人员数

3. 制定城管执法改革的地方立法及规范性文件数、城管执法涉及的执法部门数、城管执法具有相对集中处罚权的执法部门数

4. "两法"衔接机制是否健全、信息共享平台是否完备、案件移送制度是否完备、移送标准和程序是否完善、信息共享机制是否健全、案件通报是否顺畅、"两法"衔接机制和程序达标率

5. 行政执法案件数、案件通报数，其中行政执法机关依法向公安机关移送涉嫌犯罪案件数、及时查处关系群众切身利益的重点领域违法行为的案件数、检察机关对公安机关接受行政执法机关移送案件的处理情况进行立案监督的案件数

6. 监察机关查处执法机关违法违规案件数，向检察机关移送执法机关违法案件数，对执法机关违法违规行为进行法律监督、行政监督和行政执法监督的案件数，追究责任的案件数

7. 行政许可行为执法程序和操作流程是否规范、行政处罚行为执法程序和操作流程是否规范、行政强制行为执法程序和操作流程是否规范、行政收费行为执法程序和操作流程是否规范、行政检查行为执法程序和操作流程是否规范、行政执法责任制的情况是否纳入政府目标管理考核体系、是否建立行政裁量权基准制度、行政执法程序规范和具体操

作流程规范达标率

8. 行政处罚案件数、经集体讨论做出的较重行政处罚案件数、实施行政裁量权基准制度的行政处罚案件数、举行听证程序的行政处罚案件数

9. 未及时查处严重损害群众切身利益的重大案件数，发生违反罚缴分离和收支两条线管理制度的案件数，发生下达或变相下达罚没指标的案件数，发生罚没收入与部门利益挂钩或变相挂钩等行为的案件数，发生无执法证执法和滥用职权、违法执法的案件数

10. 行政强制执行的案件数、行政机关申请人民法院强制执行的案件数

11. 重点领域（食药、安全、环保、治安、劳保等）行政执法案件数，其中重大案件立案数、查处数

12. 行政执法行为被上级行政复议撤销、变更、确认违法的案件数，因行使行政权力清单事项内容被行政相对人提起行政复议的案件数、行政相对人提起行政诉讼的案件数

13. 行政执法程序瑕疵（执法过程未全程记录的、重大行政执法决定未审核的、行政执法人员未建档的、未建立行政执法案卷评查的等）案件数，未实行柔性执法方式（行政指导、说理式执法、行政监管劝勉、执法事项提示、轻微问题告诫、突出问题约谈、重大案件回访等）的事件数

14. 发生执法不作为、乱作为、执法不当引起群众不满的案件数，发生行政裁量不当、处理畸轻畸重、同案异罚、宽严失度等问题的案件数

15. 因执行上级机关决定、命令而发生执法过错的案件数，下级机关拒绝执行超越法律、法规规定以及职责范围以外指令的行政执法案件数，对行政执法问题已经自查自纠、并已依法追究执法过错责任的案件数

（四）权力制约监督有效

1. 依法行政考核工作是否落实、是否建立依法行政档案、纪检监察机关党风联络员是否健全落实、特邀监察员工作制度是否健全落实、严肃财经纪律若干规定是否落实、行政权力制约监督机制落实率

2. 各级党委监督和检查依法行政情况的次数，提出整改问题数、整改数

3. 人大监督依法行政提出需整改的突出问题数、整改数

4. 政协监督依法行政提出需整改的突出问题数、整改数

5. 对依法行政提出司法建议案的件数、采纳数

6. 群众、媒体举报或投诉依法行政问题的事件数、改正数

7. 实施行政权力的行政部门数，实行分事行权、分岗设权、分级授权等内控机制的部门数，行政许可的监督检查数、行政处罚的监督检查数、行政强制的监督检查数

8. 公共资金、国有资产、国有资源等管理部门机构数，对公共资金、国有资产、国有资源等管理部门及其领导干部实施经济责任情况审计的部门数、人次数

9. 行政不作为、失职渎职、滥用职权、严重损害群众利益等违纪违法案件数，查处案件数

10. 违纪违规的重要公建项目数、查处案件数

（五）政务公开全面推进

1. 政府所属部门和有公共管理职能的企事业单位依法应当公开信息和事项的部门数、实际公开信息和事项的部门数

2. 公民、法人及其他组织申请公开政府信息的申请数、公开数，信息不宜公开的回复数，因信息公开而提起行政复议或诉讼的案件数

3. 政府及其工作部门行政权力网上公开部门数，行政监察等事项纳入网上运行系统的部门数，落实行政权力动态调整管理办法以及证照联动监管办法的部门数

4. 已公开政府信息、政府预决算信息及"三公"经费的部门或单位数，未公开政府信息、政府预决算信息及"三公"经费的部门或单位数

5. 各级政府具有行政审批事项的部门数、事项数，其中省级部门数、事项数，市级部门数、事项数，区县级部门数、事项数，乡镇级部门数、事项数

6. 政务服务中心的数量，其中省级数、市级数、区县级数、乡镇级数

7. 落实行政审批"三集中三到位"的部门数，其中省级部门数、市级部门数、区县级部门数、乡镇级部门数，未落实行政审批"三集中三到位"的部门数，其中省级部门数、市级部门数、区县级部门数、乡镇级部门数

8. 省级行政审批事项进驻行政服务中心的事项数、部门数，市级行政审批事项进驻行政服务中心的事项数、部门数，区县级行政审批事项进驻行政服务中心的事项数、部门数，乡镇级行政审批事项进驻行政服务中心的事项数、部门数

9. "12345"政务热线受理事项数，其中首次受理数、二次受理数、按时办结数、投诉数

10. 行政许可文书总件数、行政许可文书公开数，行政处罚文书总件数、行政处罚文书公开数

11. 行政审批前的重要公共工程（包括重要的民生工程）建设项目向社会公示数

（六）行政争议依法解决

1. 设置行政复议受理窗口的政务服务中心数、未设置行政复议受理窗口的政务服务中心数、政务服务中心受理行政复议案件数

2. 行政复议案件数、行政机关负责人行政复议出席数

3. 行政诉讼案件数、行政机关负责人行政诉讼出庭数

4. 党政机关及时履行人民法院生效裁判数、未履行生效裁判数

5. 因执行规范性文件导致的上访案件数、行政复议案件数、行政诉讼案件数

三　公正廉洁司法

（一）司法权力依法行使

1. 党政机关或领导干部支持检察院依法独立公正行使检察权的案件数、党政机关或领导干部支持法院依法独立公正行使审判权的案件数、党政机关或领导干部支持法院生效裁判依法履行的案件数

2. 严格落实以党政机关或领导干部名义干预司法活动的司法机关数，以党政机关或领导干部名义干预司法活动的事件数，领导干部违法干预司法造成冤假错案或其他严重后果的案件数，查处党政机关或领导

干部干预司法活动的案件数

3. 贯彻司法人员履行法定职责保护机制意见的司法机关数，调离、辞职、免职或降级等法官、检察官人数，其中法官、检察官非因法定事由、非经法定程序被调离、辞退、免职或降级的人数

（二）司法职权依法配置

1. 省、市、县、区司法机关数，其中省级法院数、检察院数，市级法院数、检察院数，县级法院数、检察院数，设区城市区级法院数、检察院数

2. 制定司法改革配套制度及其实施文件的司法机关数、已完成年度司法改革重点任务目标的司法机关数

3. 实现检察机关与监察机关职责衔接与协调的检察机关数、落实查办职务犯罪案件协作配合制度和机制的检察机关数、实现纪检监察和刑事司法办案标准和程序衔接的检察机关数、探索提起公益诉讼的检察机关数

4. 推行审判权和执行权相分离体制改革试点的法院数、已完成审判权和执行权相分离体制改革试点的法院数、实行立案登记制的法院数

5. 查处司法机关"不收材料、不予答复、不出具法律文书"等事件数，查处司法机关"有案不立、拖延立案、人为控制立案、年底不立案、干扰依法立案"等事件数

6. 最高院巡回法庭审理地方跨行政区域重大行政和民商事案件数

（三）严格司法客观公正

1. 各级法院庭审数，人大代表、政协委员、人民监督员等观摩庭审人次数，其中人大代表观摩庭审人次数、政协委员观摩庭审人次数、人民监督员观摩庭审人次数、其他人员观摩庭审人次数

2. 减刑、假释、暂予监外执行数，查处减刑、假释、暂予监外执行中违反程序规定和规范管理的案件数

3. 落实主审法官、合议庭、主任检察官办案责任制改革实施办法的司法机关数，发生并查处违反办案责任制改革实施办法的案件数

4. 进入侦查程序的刑事案件数、对刑事案件侦查程序进行司法审查的案件数、对刑事案件证据进行司法审查的案件数

5. 冤假错案申诉数、立案审查数、纠正数、违反司法程序规定办

案申诉数、立案审查数、纠正数,违规处理涉案财物申诉数、立案审查数、纠正数

(四)提高司法质量效率

1. 治安案件立案数、撤案数,刑事案件立案数、破案数、撤案数,其中刑事案件"零口供"破案数、刑事案件批捕数、刑事自诉案件数

2. 检察机关批准逮捕案件数、提起公诉案件数

3. 检察机关审查案件数、审查各类判决与裁定数,检察机关立案监督数、撤案数,当事人申请检察监督案件数、受理数

4. 检察机关提起抗诉案件数,其中提起刑事抗诉案件数、民事抗诉案件数、行政抗诉案件数

5. 提出检察建议数,其中非诉讼检察建议数、诉讼检察建议数,民事检察建议数、行政检察建议数、再审检察建议数

6. 法院各类案件受理数、立案数,其中当场立案数、网上立案数,案件审结数,其中判决数、裁定数、一审服判息诉案件数、二审案件数及维持数、再审案件数及维持数、申诉案件数及维持数、执行案件数、执结案件数,知识产权案件受理数、立案数、审结数

7. 法院受理检察监督案件数、审结抗诉案件数、办结检察建议数

8. 行政诉讼案件受理数、行政诉讼案件立案数、行政诉讼案件审理数、行政诉讼案件审结数、行政诉讼案件调解结案数、行政诉讼案件执行数,其中判决支持案件维持数,判决行政机关撤销或重新作出行政行为、履行法定职责、变更行政处罚等案件数

9. 提出司法建议总件数、司法建议办结数

10. 检察机关以及其他主体提起公益诉讼案件数、法院审理案件数、审结案件数

(五)人民群众参与司法

1. 司法调解案件数、司法听证案件数、处理涉诉信访案件数

2. 人民陪审员人数、建立人民陪审员信息库和完善随机抽选机制的法院数、未完成人民陪审员信息库建设和完善随机抽选机制的法院数、人民陪审员参审案件数,人民监督员人数、建立人民监督员信息库和完善选任机制的司法行政机关数、未完成人民监督员信息库建设和选任机制的司法行政机关数

3. 法院庭审案件数，其中公开庭审案件数、有组织的公众旁听庭审人次数

4. 制定审判公开制度及规范性文件数，法院法律文书数、网上公开数，可公开查询数，依申请公开信息的申请数、公开数、不公开数，审理的重大案件数、审理的重大案件公开数

5. 制定检务公开制度及规范性文件数，检察院法律文书数、网上公开数，可公开查询案件数，依申请公开信息的申请数、公开数、不公开数，办理的重大案件数、办理的重大案件公开数

6. 制定警务公开制度及规范性文件数，警务法律文书数、网上公开数，可公开查询案件数，依申请公开信息的申请数、公开数、不公开数，侦办的重大案件数、侦办的重大案件公开数

7. 制定狱务公开制度及规范性文件数，狱务法律文书数、网上公开数，可公开查询案件数，依申请公开信息的申请数、公开数、不公开数

8. 制定公证实务公开制度及规范性文件数，公证法律文书数、网上公开数，依申请公开信息的申请数、公开数、不公开数

9. 制定仲裁事务公开制度及规范性文件数，仲裁法律文书数，依申请公开信息的申请数、公开数、不公开数

10. 其他司法行政机关法律文书数、网上公开数，依申请公开信息的申请数、公开数、不公开数

11. 完善办案信息查询系统的机关数，其中省、市、县（区）三级完善办案信息查询系统的公安机关数、检察院数、法院数，网上办案信息查询的公开信息数、上网查询信息的点击数，网上办案信息依申请公开的申请数、公开数、不公开数

12. 开展法律文书释法说理的司法机关数、适合进行释法说理的法律文书数，其中开展法律文书释法说理的省、市、县（区）三级检察院数、法院数，进行法律文书释法说理的检察官数、法官数，召集当事人、申诉人、赔偿请求人以及其他公民或组织进行针对性法律文书释法说理的人数，进行法律文书释法说理公开情况评估次数

（六）人权司法保障有效

1. 诉讼当事人和其他诉讼参与人因知情权、陈述权、辩护辩论权、

申请权、申诉权等诉讼权利而提起的申诉与控告数、上诉数、检察监督纠正数、上级法院撤销或发回重审数

2. 发生超期拘押、刑讯逼供、非法取证、徇私枉法等违法办案的案件数，当事人申诉与控告数，检察监督纠正数

3. 建立对所有讯问活动、重要取证活动全程同步录音或录像制度文件数、涉及案件数，录音录像资料建档数、移送数

4. 发生律师会见权、阅卷权和调查取证权无法有效保障的案件数，当事人申诉与控告数，检察监督纠正数

5. 发生冤假错案的案件数、当事人申诉与控告数、检察监督纠正数

6. 发生违规查封扣押、冻结、处理涉案财物、侵犯当事人合法权益的案件数，当事人申诉与控告数，检察监督纠正数

7. 办理司法救济案件数、投入救济金总额、司法救济财政预算保障额，办理司法救助案件数、投入救助金总额、司法救助财政预算保障额

8. 依法处理涉法涉诉信访案件数，其中首次涉法涉诉信访案件数、二次涉法涉诉信访案件数，因工作失误、徇私枉法导致进京非正常越级上访的涉法涉诉信访案件数，律师代理申诉和参与化解涉法涉诉信访案件数，全市建立完善和规范的涉法涉诉联合接访中心数

9. 国家赔偿依法及时足额赔偿案件数、未足额赔偿案件数

（七）司法活动监督到位

1. 侦查机关立案的重大与疑难案件数，听取并采纳检察机关意见或建议数

2. 人民监督员实施监督的案件数，其中人民监督员可监督的 11 种情形案件数、人民监督员不同意检察机关意见的案件数、人民监督员提出不同意检察机关意见数

3. 建立司法机关内部人员过问案件的记录制度和责任追究制度等规范性文件数，查处司法机关人员私下过问案件数、责任追究数，查处司法人员与案件当事人不正当交往的案件数、责任追究数

4. 党委政法机关执法检查数、整改问题数、及时通报案件数，党委政法机关案件评查数、整改问题数、及时通报案件数，党委政法机关

执法巡视数、整改问题数、及时通报案件数

5. 对"不规范、不公正、不文明、不廉洁、不作为和乱作为"专项整改中基层反馈的问题数,其中执法检查专项整改中基层反馈的问题数、案件评查专项整改中基层反馈的问题数、执法巡视专项整改中基层反馈的问题数

6. 发生司法人员"不规范、不公正、不文明、不廉洁、不作为和乱作为"违法违纪案件数

四 法治宣传教育

(一) 领导干部尊法守法

1. 领导干部法治教育的制度措施是否落实,党委(党组)中心组学法制度是否落实,领导干部任前法律知识考试制度是否完善,述职述廉述法制度是否全面深化,领导干部尊法学法守法用法制度措施落实率

2. 人大和非人大任命的领导干部人数、任前法律知识考试应参加人数、实际参加考试人数

3. 党委或党组及部门领导班子每年集体学法活动次数、举办综合性学法报告会次数、参加各类学法活动的领导干部人数

4. 领导干部年度参加考核人数,其中领导干部学法用法情况向上级报告工作的人数、领导干部学法用法情况纳入年度考核重要内容的人数

5. 省市县(区)所管辖各部门正职以上领导干部总数、发生违纪违法犯罪案件人数,省市县(区)所管辖各部门副职领导干部总数、发生违纪违法犯罪案件人数,其他省市县(区)所管辖各部门干部总数、发生违纪违法犯罪案件人数,省级领导干部数、发生违纪违法犯罪案件人数,市级领导干部数、发生违纪违法犯罪案件人数,县级领导干部数、发生违纪违法犯罪案件人数,区级领导干部数、发生违纪违法犯罪案件人数,重要岗位科级干部数、发生违纪违法犯罪案件人数,企业领导干部数、发生违纪违法犯罪案件人数

(二) 营造诚信守法环境

1. 政府行政执法部门数,重点落实"谁执法谁普法"责任制的政府行政执法部门数,完善监督检查考核的部门数

2. 建立法官、检察官、行政执法人员、律师等以案释法制度的部门数、进行以案释法的人员数，其中基层以上法院数、法官人数，检察院数、检察官人数，行政执法部门数、行政执法人员数，律师事务所数、律师人数

3. 制定普法制度及规范性文件数、现有普法队伍人数、普法志愿者人数、媒体公益普法节目数、网络普法节目数

4. 省市县属大中专学校数、学生数，法治教育在省市县属大中专学校列入教学计划的学校数、接受法治知识教育的大中专学生数，辖区内中学数、学生数，法治教育在辖区内中学列入教学计划的学校数、接受法治知识教育的中学生数，辖区内小学数、学生数，法治教育在辖区内小学列入教学计划的学校数、接受法治知识教育的小学生数

5. 各级各类党校（行政学院）数、在校学员数，法治教育纳入各级各类党校（行政学院）数，接受法治知识教育的学员数

6. 科以上干部人数、科以上干部每年学法不低于 40 学时的达标人数

7. 建立信用代码制度的单位数、信用信息基础数据库建成数、信用信息记录制度和服务平台数，企业信用信息基础数据库建成数、数据库信息归集数，个人信用信息基础数据库建成数、数据库信息归集数

8. 在案登记的失信法人或其他组织个数、失信自然人个数，失信被执行人（法人或其他组织）数、列入信用监督与处置的人数，失信被执行人（自然人）总数、列入信用监督与处置的人数

9. 进入信用信息共享平台中的法人或其他组织个数、自然人个数，法人或其他组织失信惩戒数、守信受益数，自然人失信惩戒数、守信受益数，联动查处和惩戒重点领域违法失信行为案件数、定期公示严重失信黑名单数

10. 政府部门及其工作人员数、查处发生失信行为以及严重损害政府公信力的政府部门及其工作人员数，发生酒驾、赌博、嫖娼、吸毒等违背公序良俗的政府部门及其工作人员数，受党纪政纪处分的政府部门及其工作人员数，政府不履行法院生效裁判事件数

（三）繁荣发展法治文化

1. 制定加强法治文化建设和发展的政策制度及规范性文件数、投

入扶持法治文化建设和发展的经费数（万元），已建法治文化设施或基地数，其中省建设法治文化设施或基地数、市建设法治文化设施或基地数、县（区）建设法治文化设施或基地数，乡（镇）个数、乡（镇）建设法治文化设施或基地数，街道个数、街道建设法治文化设施或基地数，城镇社区个数、城镇社区建设法治文化设施或基地数，农村社区个数、农村社区建设法治文化设施或基地数

2. 群众性法治文化活动场次数、人次数，组织开展法治人物和事件评选活动次数、评选法治人物数、评选法治事件数，法治文化作品数，法治文化专题活动场次数、人次数

3. 法治文化工作者队伍人员数，其中省法治文化工作者队伍人数、市法治文化工作者队伍人数、县法治文化工作者队伍人数、区法治文化工作者队伍人数、乡镇和街道法治文化工作者队伍人数、城乡社区法治文化工作者队伍人数

五　法治社会建设

（一）推进社会依法治理

1. 乡镇和街道社区数、已开展社区依法自治的乡镇和街道社区数

2. 城乡村（居）民委员会数，已开展"四民主两公开"的村（居）民委员会数

3. 村民委员会数、实施依法自治的村民委员会数，居民委员会数、实施社区依法自治的居民委员会数，省级民主法治示范村或社区创建数

4. 依法登记的各类社会组织机构数、当年发展登记的社会组织机构数、依法登记并履行职责的社会组织机构数、违法违规被撤销的社会组织机构数，其中社会团体机构数、依法登记并履行职责的社会团体机构数、违法违规被撤销的社会团体机构数，基金会机构数、依法登记并履行职责的基金会机构数、违法违规被撤销的基金会机构数，民办非企业单位机构数、依法登记并履行职责的民办非企业单位机构数、违法违规被撤销的民办非企业单位机构数

5. 乡镇和街道基层党组织数，实施党的基层建设与基层社会治理共建共治的基层党组织数

6. 合法的群众性自治组织数、基层政府管理与群众性自治组织有

效衔接和良性互动的案（事）例数

（二）依法化解矛盾纠纷

1. 公调对接调解数、公调对接调解成功数，诉调对接调解数、诉调对接调解成功数，市、县（区）、乡镇（街道）、村（社区）四级调解组织数、成功调解数、调解失败提起诉讼数、调解失败转成刑事案件数，其中市级调解组织数、成功调解数、调解失败提起诉讼数、调解失败转成刑事案件数，县（区）级调解组织数、成功调解数、调解失败提起诉讼数、调解失败转成刑事案件数，乡镇（街道）级调解组织数、成功调解数、调解失败提起诉讼数、调解失败转成刑事案件数，村（社区）级调解组织数、成功调解数、调解失败提起诉讼数、调解失败转成刑事案件数

2. 专业性人民调解组织数、调解案件数、成功调解数、调解失败提起诉讼数

3. 公安机关警情数、调处数，发生医患纠纷、劳动争议、交通事故等九类社会专项矛盾纠纷事件数，矛盾纠纷事件在街道或村（社区）妥善解决数

4. 人民群众来信来访案件数，其中九类社会专项矛盾纠纷的上访案件数、非正常上访案件数、进京上访案件数、涉法涉诉信访案件数

5. 群体性事件发生数、重大群体性事件发生数，个人极端事件发生数、妥善处置数

6. 宗教场所数、健全民主管理机制的宗教场所数、发生民族或宗教矛盾纠纷事件数、成功调解数，邪教事件发生数、妥善防范和处置数

（三）法律服务便捷有效

1. 纳入经济社会发展和政府公共服务范围的法律服务组织和机构数、新培育公共法律服务组织和机构数、公共法律服务专业人员数

2. 公共法律服务窗口规范化建设达到省定标准的法律服务组织和机构数，达到每个村居（社区）聘请一名法律顾问标准的村居（社区）数，其中村民委员会（社区）达标数、居民委员会（社区）达标数

3. 制定扶持和促进法律服务业发展的政策措施等规范性文件数，已实现公共法律服务提供主体和提供方式多元化和规范化的法律服务组织和机构数

4. 法律援助案件数、法律援助受援人数、为受援群众挽回经济损失数（万元），法律援助实际使用经费数（万元）、法律援助政府投入经费数（万元）

5. 公共法律服务热线电话接待人次数，公共法律服务网站和微信公众号受众人数、点击数，乡镇（街道）法律服务组织和机构数、免费提供法律咨询数、为群众提供法律服务的人次数，公共法律服务站点和窗口数、为群众提供法律服务的人次数

（四）民生权益依法保障

1. 城乡劳动力人数、登记失业人数，城乡基本养老保险应保人数、已办理城乡基本养老保险人数，城乡基本医疗保险应保人数、已办理城乡基本医疗保险人数，失业保险应保人数、已办理失业保险人数，城乡贫困人口数、已脱贫人口数，70岁以上老年人数、各类养老机构床位数

2. 公共文化体育基础设施面积［主要指图书馆、文化馆、体育场（馆）、博物馆、影剧院、美术馆、音乐厅等］、公共文化体育基础设施数

3. 城乡户数、成套住宅数，农村总户数、成套住宅数，城乡公共停车位数，公交车数量（辆）、行政村数、乡村客运班车数量（辆）、通达行政村站点数，村村通公路里程

4. 各级医疗机构数、医生总数、医院床位数，其中三级医院数，各市、县（区）三级医院分布数

5. 达到二级空气质量标准的天数、PM2.5达标优良天数，全市河湖数、地表水好于Ⅲ级水质河湖数、Ⅳ类水以下水质河湖数，全市绿地总面积（平方米）、公共绿地面积（平方米）

6. 食品安全监测抽查批次数、合格批次数，药品安全监测抽检批次数、合格批次数

（五）社会治安综合治理

1. 社会治安综合治理领导责任制是否落实、社会治安防控体系建设是否达到省定标准、社会治安综合治理达标率

2. 八类案件发案数（指故意杀人、故意伤害致人重伤或者死亡、强奸、抢劫、贩卖毒品、放火、爆炸、投毒等刑事案件）

3. 推行网格化管理的村居（社区）数，流动人口、特殊人群服务管理制度完善的村（居）社区数

4. 刑释、社区服刑人员数，刑释、社区服刑人员当年重新犯罪数

5. 发生重大安全事故和公共安全事故的事件数、各类事故死亡人数，其中工矿商贸就业人员安全事故死亡人数、道路交通死亡人数、火灾死亡人数、特种设备死亡人数

6. 警力数、一线警力数、基层警力数、基层辅助警力数，省际治安卡点数、市际治安卡点数、城市出入口查报站点数，卡点及查报站点警力配备数、辅助警力配备数，机关、团体、企事业单位总数，单位治安保卫人员配备数，城乡治安防控摄像探头安装数（个）、治安卡点机动车号牌自动识别比对系统安装数（台套）、有线或无线指挥调度系统使用数（台）、区域电脑报警系统安装使用数（台套）、GPS 移动目标定位系统安装使用数（台套）

7. 发生知识产权侵权案件数、发生重大影响的知识产权侵权案件数、发生生产销售假冒伪劣商品或重大产品质量问题的案件数

8. 环保案件数，其中环保刑事案件发案数、提起公诉数、自诉数，行政案件发生数、处罚数，因环境污染造成恶劣影响事件的发生数

9. 食药案件数，其中食药刑事案件发案数、提起公诉数、自诉数，行政案件发生数、处罚数

10. 交通案件数，其中交通刑事案件发案数、提起公诉数、自诉数，行政案件发生数、处罚数

11. 违反治安管理处罚法的发案数、处罚数，重要节庆假日或重大活动期间治安事件发生数

12. 城乡治理案件发案数，其中城乡治理刑事案件发案数、提起公诉数和自诉数，行政案件发生数、处罚数，其中查处违法建筑发案数与处罚数、违规倒运垃圾发案数与处罚数、破坏城乡市政设施发案数与处罚数、影响城乡道路交通发案数与处罚数、违反停车设施管理规定发案数与处罚数、违规设置户外广告发案数与处罚数、城管人员违法执法案件发案数与处罚数

（六）企业依法经营管理

1. 企业数（家）、规模以上企业数，其中规模以上国有及控股企业

数、规模以上非公企业数、25 人以上非公企业数、25 人以下非公企业数

2. 组建工会的规模以上国有及控股企业数、组建工会的规模以上非公企业数、组建工会的 25 人以上企业数、组建工会的 25 人以下非公企业数

3. 已建立工资集体协商制度的企业数，落实劳动保障、环境保护、职业安全卫生等法律法规的企业数

4. 建立法律顾问的规模以上企业数、规模以上企业法律顾问人员数

5. 部省市属企业集团数、建立法律顾问的集团数

6. 部省市属企业集团重要决策、经济合同、规章制度等重要文件印发数，其中经过法律审核的重要文件数

7. 企业发生扰乱市场经济秩序、侵害职工权益等违法犯罪案件数，未及时查处企业违法犯罪案件而产生较大影响的案件数

（七）依法解决劳动争议

1. 企业劳动争议案发数，其中劳动争议"五位一体"调解中劳调组织调解成功数、人民调解成功数、行政调解成功数、仲裁调解成功数、司法调解成功数

2. 规模以上企业职工数，规模以上企业劳动合同签订数、劳动合同履行数

3. 企业职工数，企业职工因劳动保障、环境保护、职业安全等产生纠纷事件数，职工提起仲裁或诉讼案件数

4. 规模以上企业劳动争议案件数，其中提起劳动争议仲裁案件数、提起劳动争议诉讼案件数

5. 已建工会的企业集体合同签订数、集体合同履行数

6. 已建工会的企业劳动争议案件数，其中提起劳动争议仲裁案件数、提起企业劳动争议诉讼案件数

7. 25 人以上企业劳动合同签订数、劳动合同履行数，25 人以上企业劳动争议案件数，其中提起劳动争议仲裁案件数、提起企业劳动争议诉讼案件数

8. 25 人以下企业劳动合同签订数、劳动合同履行数，25 人以下企

业劳动争议案件数,其中提起劳动争议仲裁案件数、提起企业劳动争议诉讼案件数

9. 部省市属企业集团劳动合同签订数、劳动合同履行数

10. 部省市属企业集团劳动争议案件数,其中提起劳动争议仲裁案件数、提起劳动争议诉讼案件数

六 法治队伍建设

(一) 提高法治队伍素质

1. 法治专门机构数(立法、行政执法、司法机构、监察机构等)、法治专门队伍人员数,其中立法工作人员数、拥有法律专业的立法工作人员数,行政执法人员数、拥有法律专业的行政执法人员数,各级法官数、入额法官数、司法辅助人员数、司法行政人员数、法院系统中拥有法律专业的司法人员数,各级检察官数、入额检察官数、司法辅助人员数、司法行政人员数、检察院系统中拥有法律专业的司法人员数,各级监察机构监察人员数、监察辅助人员数、监察行政人员数,各级警员数、辅警人员数、拥有法律专业的警员数

2. 依法查处法治专门队伍违法犯罪案件数、查处人员数,法治专门队伍人员因违法履职受到处罚的案件数,终身禁止从事法治专门职业的人员数

3. 法律服务机构数(律师、公证、司法鉴定、专职人民调解、仲裁、劳动人事争议仲裁、社区矫正等法律服务机构)、法律服务队伍人员数(律师、公证员、司法鉴定人员、基层法律服务人员、法律服务志愿者、专兼职人民调解员、仲裁员、劳动人事争议仲裁员、社区矫正专职工作者等)、拥有法律专业的法律服务人员数,其中律师人数、拥有法律专业的人数,公证员人数、拥有法律专业的人数,司法鉴定人员数、拥有法律专业的人数,基层法律服务人员数、拥有法律专业的人数,法律服务志愿者人数、拥有法律专业的人数,专兼职调解员人数、拥有法律专业的人数,仲裁员人数、拥有法律专业的人数,劳动人事争议仲裁员人数、拥有法律专业的人数,社区矫正专职工作者人数、拥有法律专业的人数

4. 依法查处法律服务队伍违法犯罪案件数、查处人员数,法律服

务队伍人员因违法履职受到刑事处罚的案件数、终身禁止从事法律服务职业的人员数

5. 法官、检察官、律师中通过国家法律职业资格考试（包括原司法考试）人数，其中法官人数、检察官人数、律师人数，其他法治队伍人员（除法官、检察官、律师之外）中通过国家法律职业资格考试（包括原司法考试）的人数，其中立法人员通过资格考试人数、行政执法人员通过资格考试人数、警员通过资格考试人数、公证人员通过资格考试人数、司法鉴定人员通过资格考试人数、基层法律服务人员通过资格考试人数、法律服务志愿者通过资格考试人数、专兼职人民调解员通过资格考试人数、仲裁员通过资格考试人数、劳动人事争议仲裁员通过资格考试人数、社区矫正专职工作者通过资格考试人数

（二）规范法律服务行为

1. 法律服务机构建立党组织数、制定规范法律服务行为的制度及其规范性文件数、制定法律服务行业协会自律规则的法律服务机构数、落实法律服务机构负责人问责办法的机构数、严格执行违法违纪执业惩戒制度的法律服务机构数

2. 法律服务人员在履行职责时发生群众投诉事件数，其中律师服务的群众投诉数、公证服务的群众投诉数、司法鉴定服务的群众投诉数、基层法律服务的群众投诉数、法律服务志愿者服务的群众投诉数、专兼职人民调解员服务的群众投诉数、仲裁员服务的群众投诉数、劳动人事争议仲裁员服务的群众投诉数、社区矫正专职工作者服务的群众投诉数

3. 发生违规执业或停业整顿的法律服务机构或组织数，其中律师服务机构违规执业或停业整顿数、公证服务机构违规执业或停业整顿数、司法鉴定服务机构违规执业或停业整顿数、基层法律服务组织违规执业或停业整顿数、专职人民调解服务机构违规执业或停业整顿数、仲裁服务机构违规执业或停业整顿数、劳动人事争议仲裁服务机构违规执业或停业整顿数、社区矫正专职服务组织违规执业或停业整顿数

（三）培养法治队伍人才

1. 法治人才培养或培训基地机构数、法治工作人员接受行业职业教育与培训的人次数

2. 法学类学会及研究会个数、入会人数，法律服务类行业协会个数、参加协会的机构数、入会人数

3. 开展法治理论研究和法治实践研讨活动的次数、参与人数

4. 法治理论与法治实践精品研究成果数，其中出版法治理论或法治实践研究专著数、学术期刊刊发法治理论或法治实践研究学术论文数、市级以上法治理论或法治实践研究课题成果数、市级以上领导对法治理论或法治实践研究成果肯定性批示数、法治理论或法治实践研究成果获得市级以上奖励数、法治理论或法治实践研究转化成决策和政策的成果数

5. 法治理论或法治实践研究工作者队伍人数，其中国家级和省市级突出贡献的专家学者数、法治理论或法治实践研究学科带头人数、高级职称人数，其中副教授或副研究员以上专家学者数、高级法官数、高级检察官数、高级律师数、高级警官数、高级公证员数、高级司法鉴定人员数、高级仲裁员数、其他高级法律服务人才数

6. 法治实务工作人员数、法治实务工作人员业务骨干和技术标兵数、国家和省市法治先进工作者人数、从事法治工作的硕博士学历人数

七　法治建设保障

（一）提高依法执政水平

1. 制定依法决策制度及其规范性文件数、完善依法决策机制的基层党委数、未制定依法决策制度及其规范性文件的基层党委数、发生党员干部特别是领导干部不带头遵守法律及不依法办事的案件数

2. 党委听取同级人大、政府、政协、法院、检察院党组工作汇报的次数，党委政法机关就本行政区域内重大事项向党委报告次数，在法治南京建设中协调并处理各类法治建设问题数、发现并提出整改问题数、解决并落实各类群众反映强烈的法治建设问题数

3. 人大、政府、政协、司法机关的党组织是否在宪法法律制度规定的范围内活动、是否领导和监督本单位模范遵守宪法法律制度、依法执政落实率

4. 党内规范性文件制定数、党内规范性文件报备数、党内规范性文件及时报备数、党内规范性文件规范报备数，党内规范性文件公开

数、党内规范性文件未公开数

5. 应落实党委主体责任和纪委监督责任的单位数、已落实党委主体责任和纪委监督责任的单位数、未落实党委主体责任和纪委监督责任的事件数

6. 应落实党风廉政责任制的单位数、已落实党风廉政责任制的单位数，未落实党风廉政责任制的事件数

7. 应落实有关事项报告制度的领导干部数、已落实有关事项报告制度的领导干部数、未落实有关事项报告制度的领导干部数

8. 依纪依法严肃查处各级领导干部违纪违法案件数、查处各级领导干部违纪违法人数，其中查处市级领导干部人数、局级领导干部人数、处级领导干部人数、其他领导干部人数

（二）加强人大监督力度

1. 人大及其常委会对法律法规实施情况进行监督检查的次数、提出整改问题数、解决整改问题数，开展专项执法检查和督查的次数

2. 听取和审查本级政府、法院、检察院的工作报告和专项报告次数，提出审查意见数，对本级政府全部收支及执行情况纳入"全口径"预决算审查监督次数、提出审查监督意见数

3. 经人大及其常委会选举或决定任命的国家工作人员数、正式就职时公开向宪法宣誓的人数

4. 人大代表全年议案和建议件数、有关法治建设的议案和建议件数、办理议案和建议件数、落实议案和建议件数、办理议案和建议满意件数

5. 听取和审查本级人民代表大会常务委员会的工作报告、提出审查意见数

6. 本级人民代表大会常务委员会不适当决议数、改变或者撤销本级人民代表大会常务委员会不适当决议次数，本级人民政府的不适当决定和命令数、撤销本级人民政府的不适当决定和命令次数

7. 人大代表对政府年度工作报告表决的赞成票数、反对票数、弃权票数，人大代表对检察院年度工作报告表决的赞成票数、反对票数、弃权票数，人大代表对法院年度工作报告表决的赞成票数、反对票数、弃权票数

8. 人大对下级人大及同级政府报备的规范性文件的审查数、报备数

9. 纳入人大监督的重要公建项目数，以及其他重要的民生工程项目数

（三）发挥政协履职效能

1. 党委重大事项向政协通报的次数、政协机关每年开展协商民主专题调研视察活动次数、政协参与的有关法治建设重大决策事项的协商数

2. 对国家宪法法律、地方性法规和规章的实施向党委或政府提出意见与建议次数，对重大事项及方针政策的贯彻执行向党委或政府提出意见与建议次数

3. 政协通过常务委员会或主席会议向党委或政府提出的建议案件数，其中提出的有关法治建设的建议案件数

4. 政协各专门委员会提出的建议或有关视察与考察报告件数，其中提出的有关法治建设的视察与考察报告件数

5. 政协提出有关法治建设的重要议案或调研报告数、党委或政府主要领导肯定性批示意见数

6. 政协开展参政议政调研视察活动次数，其中开展涉及法治建设的参政议政调研视察活动次数

7. 政协参加党委或政府有关部门组织的调查和检查活动次数，其中参加有关法治建设的调查和检查活动次数

8. 政协委员全年提案件数，其中有关法治建设的提案件数、办理提案件数、落实提案件数、满意提案件数

9. 政协视察和监督的重要公建项目数，以及其他重要的民生工程项目数

（四）落实法治建设目标

1. 依法治省、市、县（区）领导机构召开工作会议并研究部署法治建设工作次数，其中参加会议部门数、参会人数

2. 依法治省、市、县（区）领导小组及其办公室组织机构是否落实，规章制度是否健全、职能是否充分发挥，依法治理领导小组督查、考核、通报、报告等制度是否落实，党委领导和支持工会、共青团、妇

联等人民团体和社会组织在法治建设中是否发挥了积极作用，依法治理工作落实率

3. 常委会听取本区域法治建设工作汇报的次数、研究本区域法治建设重大问题的次数、及时解决本区域法治建设重大问题的件数，党委和政府制定法治建设目标推进和落实的制度和规范性文件数

4. 履行法治建设第一责任人职责并担任领导小组组长的党政主要负责人人数、签订法治建设目标责任状份数

5. 法治为民办实事计划项目数、按期完成法治为民办实事项目数、法治为民办实事解决实际问题件数

6. 基层法治机构和队伍建设中专职队伍人数、兼职队伍人数，法治工作保障经费（万元）

7. 法治建设纳入本地区经济社会发展规划的权重，法治建设成效纳入政绩考核的权重、纳入年度综合目标考核的权重

8. 法治建设创建达到目标进度的市、县（区）数，获得国家级法治创建创先示范点数，获得省级法治创建创先示范点数，获得市级法治创建创先示范点数

参考文献

一 著作类

陈金钊：《法治及其意义》，法律出版社2017年版。

费孝通：《乡土中国》，上海世纪出版集团、上海人民出版社2007年版。

封丽霞：《中央与地方立法关系法治化研究》，北京大学出版社2008年版。

葛洪义等：《我国地方法制建设理论与实践研究》，经济科学出版社2012年版。

胡建淼：《行政法学》，法律出版社2003年版。

贾西津：《中国公民参与案例与模式》，社会科学文献出版社2008年版。

姜士林等主编：《世界宪法全书》，青岛出版社1997年版。

吕晓杰：《入世十年 法治中国——纪念中国加入世贸组织十周年访谈录》，人民出版社2011年版。

吕志奎：《区域治理中政府间协作的法律制度：美国州际协议研究》，中国社会科学出版社2015年版。

罗豪才等：《软法与公共治理》，北京大学出版社2006年版。

《马克思恩格斯选集》第4卷，人民出版社1995年版。

秦奥蕾：《基本权利体系研究》，山东人民出版社2009年版。

任东来、陈伟、白雪峰：《美国宪政历程：影响美国的25个司法大案》，中国法制出版社2013年版。

任进：《和谐社会视野下中央与地方关系研究》，法律出版社2012年版。

沈宗灵主编：《法理学》，高等教育出版社2004年版。

侍鹏主编：《法治建设指标体系解读》，南京师范大学出版社2016年版。

苏力：《法治及其本土资源》，中国政法大学出版社2004年版。

孙韡:《黔东南苗族村寨村规民约研究》,西南交通大学出版社 2014 年版。

王名扬:《美国行政法》,北京大学出版社 2016 年版。

王希:《原则与妥协——〈联邦宪法〉的精神与实践》(增订版),北京大学出版社 2014 年版。

王锡锌:《公众参与和中国新公共运动的兴起》,中国法制出版社 2008 年版。

王锡锌主编:《行政过程中公众参与的制度实践》,中国法制出版社 2008 年版。

吴德星:《行政程序法论》,载罗豪才主编《行政法论从》第 2 卷,法律出版社 1999 年版。

谢晖、陈金钊:《法理学》,高等教育出版社 2005 年版。

薛刚凌主编:《中央与地方争议的法律解决机制研究》,中国法制出版社 2013 年版。

杨海坤、章志远:《中国行政法基本理论研究》,北京大学出版社 2004 年版。

应松年主编:《当代中国行政法》(上卷),中国方正出版社 2005 年版。

俞可平:《敬畏民意——中国的民族治理与政治改革》,中央编译出版社 2012 年版。

俞可平:《论国家治理的现代化》,社会科学文献出版社 2014 年版。

章剑生:《现代行政法基本理论》,法律出版社 2008 年版。

赵颖坤:《当代中国立法的社会背景分析》,载周旺生主编《立法研究》(第 4 卷),法律出版社 2003 年版。

周光辉:《论公共权力的合法性》,吉林出版集团有限责任公司 2007 年版。

周濂:《现代政治的正当性基础》,生活·读书·新知三联书店 2008 年版。

周少来:《人性、政治与制度:应然政治逻辑及其问题研究》,中国社会科学出版社 2004 年版。

朱未易:《城市法治建设的法理与实证》,中国社会科学出版社 2014 年版。

朱未易：《地方法治建设的法理与实证研究》，东南大学出版社 2010 年版。

朱未易：《地方治理法治化的实践与路径研究——以城市管理执法体制改革与地方公建项目运行机制为例》，东南大学出版社 2016 年版。

［美］阿纳斯塔普罗：《美国 1787 年〈宪法〉讲疏》，赵雪纲译，华夏出版社 2012 年版。

［英］伯特兰·罗素：《权力论》，商务印书馆 1991 年版。

［德］费希特：《自然法权基础》，商务印书馆 2004 年版。

［英］弗里德利希·冯·哈耶克：《法律、立法与自由》（第一卷），邓正来等译，中国大百科全书出版社 2000 年版。

［英］弗里德利希·冯·哈耶克：《通往奴役之路》，王明毅、冯兴元等译，中国社会科学出版社 1997 年版。

［英］弗里德利希·冯·哈耶克：《自由秩序原理（上）》，邓正来译，生活·读书·新知三联书店 1997 年版。

［美］汉密尔顿、杰伊、麦迪逊：《联邦党人文集》，程逢如、在汉、舒逊译，商务印书馆 1980 年版。

［美］克利福德·格尔茨：《地方知识——阐释人类学论文集》，杨德睿译，商务印书馆 2014 年版。

［美］克利福德·吉尔兹：《地方性知识》，邓正来译，载梁治平编《法律的文化解释》，生活·读书·新知三联书店 1994 年版。

［美］麦迪逊：《美国制宪会议记录》，尹宣译，辽宁教育出版社 2003 年版。

［美］庞德：《通过法律的社会控制》，商务印书馆 1984 年版。

［法］托克维尔：《论美国的民主》（上卷），董果良译，商务印书馆 1988 年版。

［美］约瑟夫·F. 齐默尔曼：《州际合作：协定与行政协议》，王诚译，法律出版社 2013 年版。

二　论文类

鲍禄：《"法律 3.0 时代"背景下的"法治中国"》，《政法论丛》2014 年第 1 期。

常凯：《WTO、劳工标准与劳工权益保障》，《中国社会科学》2002 年第 1 期。

陈驰：《习近平新时代法治中国思想的内在逻辑》，《四川师范大学学报》（社会科学版）2018 年第 1 期。

陈丹：《我国区域法制协调发展的若干宪法问题思考》，《云南大学学报法学版》2008 年第 4 期。

陈光：《论区域立法协调委员会的设立与运行——兼评王春业〈区域行政立法模式研究〉》，《武汉科技大学学报》（社会科学版）2012 年第 1 期。

陈金钊：《实施法治中国战略的意蕴》，《法商研究》2016 年第 3 期。

陈金钊：《法治能力及其方法论塑造》，《上海师范大学学报》（哲学社会科学版）2017 年第 2 期。

陈金钊：《法治中国建设需要"法治之理"》，《西南民族大学学报》（人文社会科学版）2016 年第 9 期。

陈金钊：《"法治中国"所能解决的基本矛盾分析》，《学术月刊》2016 年第 4 期。

陈林林：《法治指数中的认真与戏谑》，《浙江社会科学》2013 年第 6 期。

陈柳裕：《法治中国、法治体系与法治国家的关系——一项关于依法治国"总目标"的文案整理》，《浙江学刊》2015 年第 4 期。

陈新民：《论中央与地方法律关系的变革》，《法学》2007 年第 5 期。

陈书全：《区域经济一体化背景下跨区域行政立法模式研究》，《中国海洋大学学报》（社会科学版）2011 年第 1 期。

陈玺名、刘清华：《美国教师解聘中的"正当程序"原则及其启示》，《教育学术月刊》2009 年第 11 期。

陈云良：《加快建设法治中国可走的四条捷径》，《法制与社会发展》2013 年第 5 期。

陈云良：《法治中国 可以期待——2003 年法治盘点》，《社会科学论坛》2004 年第 3 期。

程信和：《硬法、软法与经济法》，《甘肃社会科学》2007 年第 4 期。

党秀云、彭晓祎：《我国基本公共服务供给中的中央与地方事权关系探析》，《行政论坛》2018 年第 2 期。

董婷等：《现代医院评审理论研究》，《中国卫生质量管理》2013 年第 3 期。

董玉明：《区域经济法律调整的二元结构解析》，《山西大学学报》（哲学社会科学版）2004 年第 3 期。

范进学：《"法治中国"析》，《国家检察官学院学报》2014 年第 4 期。

范忠信：《传统法治资源的传承体系建设与法治中国化》，《学习与探索》2016 年第 1 期。

方世荣、王春业：《经济一体化与地方行政立法变革》，《行政法学研究》2008 年第 3 期。

封丽霞：《中央与地方立法权限的划分标准："重要程度"还是"影响范围"?》，《法制与社会发展》2008 年第 5 期。

付子堂：《论法治中国的原生文化力量》，《环球法律评论》2014 年第 1 期。

付子堂、张善根：《地方法治建设及其评估机制探析》，《中国社会科学》2014 年第 11 期。

付子堂：《法治中国的"一个中心，两个基本点"》，《法制与社会发展》2013 年第 5 期。

高其才：《通过村规民约保障人权——以贵州省锦屏县为对象》，《南京社会科学》2017 年第 7 期。

葛洪义、江秋伟：《中国地方司法权的内在逻辑》，《南京社会科学》2017 年第 1 期。

葛洪义：《"法治中国"的逻辑理路》，《法制与社会发展》2013 年第 5 期。

公丕祥：《全球秩序重构进程中的法治中国建设》，《法律科学》（西北政法大学学报）2016 年第 5 期。

古戴：《县域法治与县域治理——第三届县域法治高端论坛录音剪辑》，《云梦学刊》2016 年第 2 期。

郭道晖：《公民的政治参与权与政治防卫权》，《广州大学学报》（社会科学版）2008 年第 5 期。

郭道晖：《法治新思维：法治中国与法治社会》，《社会科学战线》2014

年第 6 期。

郭道晖：《尊重公民的司法参与权》，《国家检察官学院学报》2009 年第 6 期。

郭星华：《纠纷解决机制的变迁与法治中国的转型》，《探索与争鸣》2016 年第 10 期。

韩春晖：《论法治思维》，《行政法学研究》2013 年第 3 期。

韩春晖：《社会主义法治体系中的软法之治——访著名法学家罗豪才教授》，《国家行政学院学报》2014 年第 6 期。

韩大元：《简论法治中国与法治国家的关系》，《法制与社会发展》2013 年第 5 期。

韩大元：《"法治中国"的宪法界限》，《环球法律评论》2014 年第 1 期。

韩业斌：《法治中国与地方法治互动的路径选择》，《法学》2015 年第 9 期。

郝银钟：《法院去地方化改革的法理依据与具体路径》，《法律适用》2013 年第 7 期。

何勤华：《法治国家建设战略的全面升级与关键性突破》，《环球法律评论》2014 年第 1 期。

何渊：《美国的区域法制协调——从州际协定到行政协议的制度变迁》，《环球法律评论》2009 年第 6 期。

何渊：《环渤海地区行政协议的法学思考》，《北京交通大学学报》（社会科学版）2008 年第 4 期。

何渊：《论美国〈宪法〉"协定条款"的法律变迁及对中国区域法律治理的启示——从二元联邦主义到合作联邦主义再到新联邦主义》，《比较法研究》2016 年第 2 期。

何渊：《论区域法律治理中的地方自主权》，《现代法学》2016 年第 1 期。

何渊：《试论区域一体化中的公法》，《中国矿业大学学报》（社会科学版）2006 年第 2 期。

何渊：《我国区域协调发展的法制困境与解决路径》，《南京社会科学》2009 年第 11 期。

何渊:《州际协定——美国的政府间协调机制》,《国家行政学院学报》2006年第2期。

何志鹏、尚杰:《中国软法研究:成就与问题》,《河北法学》2014年第12期。

胡弘弘、邓晓静:《公民的司法参与权研究》,《现代法学》2007年第6期。

胡税根、黄天柱:《政府规制失灵与对策研究》,《政治学研究》2004年第2期。

胡玉鸿:《论我国宪法中基本权利的"级差"与"殊相"》,《法律科学》(西北政法大学学报)2017年第4期。

胡玉鸿:《法治中国建设的三维解读》,《环球法律评论》2014年第1期。

黄文艺:《对"法治中国"概念的操作性解释》,《法制与社会发展》2013年第5期。

黄文艺:《认真对待地方法治》,《法学研究》2012年第6期。

黄文艺:《法治中国的内涵分析》,《社会科学战线》2015年第1期。

季卫东:《问题导向的法治中国构思》,《法制与社会发展》2014年第5期。

季卫东:《法治中国的可能性——兼论对中国文化传统的解读和反思》,《战略与管理》2001年第5期。

江必新:《热话题与冷思考——关于加快建设法治中国的对话》,《当代世界与社会主义》2014年第5期。

江必新:《以法治思维和方式推进法治中国建设》,《人民论坛》2013年第11期上。

姜明安:《论法治国家、法治政府、法治社会建设的相互关系》,《法学杂志》2013年第6期。

姜明安:《论法治中国的全方位建设》,《行政法学研究》2013年第4期。

姜明安:《软法的兴起与软法之治》,《中国法学》2006年第2期。

姜明安:《以"五位一体"的总体布局推进法治中国建设》,《法制与社会发展》2013年第5期。

姜明安：《再论法治、法治思维与法律手段》，《湖南社会科学》2012 年第 4 期。

姜涛：《法治中国建设的社会主义立场》，《法律科学》（西北政法大学学报）2017 年第 1 期。

蒋传光：《法治中国建设需要成熟法学理论的引领》，《环球法律评论》2014 年第 1 期。

蒋国长、徐向群、施峥：《新的历史起点上"枫桥经验"的时代内涵》，《公安学刊》（浙江警察学院学报）2009 年第 1 期。

蒋晓伟、饶龙飞：《城市治理法治化：原则与路径》，《甘肃社会科学》2014 年第 4 期。

金亮新：《中央与地方关系法治化原理与实证研究》，《浙江学刊》2007 年第 4 期。

康兰平：《法治评估的开放空间：理论回应、实践样态与未来转型》，《甘肃政法学院学报》2016 年第 6 期。

康兰平：《法治评估理论的跃升空间：实效法治观与我国法治评估实践机制研究》，《法制与社会发展》2017 年第 4 期。

李步云：《法治中国八大特征——我看十八届四中全会〈决定〉》，《人民论坛》2014 年第 11 期上。

李海亮、任进：《中央与地方关系的宪法文化解析》，《国家行政学院学报》2012 年第 2 期。

李林：《关于立法权限划分的理论与实践》，《法学研究》1998 年第 5 期。

李林：《推进法制改革　建设法治中国》，《社会科学战线》2014 年第 11 期。

李萍：《从管理到治理：城市社区管理模式的转型》，《理论学习》2017 年第 11 期。

李石：《实践理性和自治行为——基于"内在理由论"的分析》，《世界哲学》2009 年第 1 期。

李德顺：《关注法治中国的顶层设计》，《中国政法大学学报》2014 年第 2 期。

李文玺：《当代美国冲突法理论》，《中外法学》1988 年第 2 期。

李小红：《法治职业共同体的内涵及其构建——中国法治建设人才资源问题初探》，《四川理工学院学报》（社会科学版）2017年第5期。

李亚虹：《对转型时期中央与地方立法关系的思考》，《中国法学》1996年第1期。

李瑜青：《传统文化与法治：法治中国特色的思考》，《社会科学辑刊》2011年第1期。

李增元：《协同治理及其在当代农村社区治理中的应用》，《学习与实践》2013年第12期。

梁志学：《费希特〈自然法权基础〉评述》，《云南大学学报》（社会科学版）2003年第2期。

廖凡：《论软法在全球金融治理中的地位和作用》，《厦门大学学报》（哲学社会科学版）2016年第2期。

林来梵：《法治的个别化模式》，《环球法律评论》2014年第1期。

刘爱龙：《全民守法是法治中国的基石》，《苏州大学学报》（哲学社会科学版）2015年第1期。

刘海波：《中央与地方政府间关系的司法调节》，《法学研究》2004年第5期。

刘鹤挺：《略论推进我国基层法治文化建设》，《理论导刊》2013年第8期。

刘松山：《地方法院、检察院人事权统一管理的两个重大问题》，《法治研究》2014年第8期。

刘旺洪、束锦：《社会管理创新与民主参与的法制建构》，《学海》2013年第5期。

刘文华：《也论事权与财权的统一》，《法学研究》2008年第1期。

刘武俊：《勾勒一个"法治中国"》，《南风窗》2002年第1期上。

刘小兵：《中央与地方关系的法律思考》，《中国法学》1995年第2期。

刘小平：《法治中国需要一个包容性法治框架——多元现代性与法治中国》，《法制与社会发展》2015年第5期。

刘勇：《公民法治意识培养的内在逻辑及其路径——以社会主义核心价值观为视角》，《四川理工学院学报》（社会科学版）2015年第1期。

刘云甫、朱最新：《论区域府际合作治理与区域行政法》，《南京社会科学》2016 年第 8 期。

吕志奎：《州际协议：美国的区域协作管理机制》，《太平洋学报》2009 年第 8 期。

罗豪才：《人民政协与软法之治》，《中国人民政协理论研究会会刊》2009 年第 1 期。

罗豪才、周强：《软法研究的多维思考》，《中国法学》2013 年第 5 期。

马长山等：《"法治中国"建设的时代使命与渐进路径》，《上海师范大学学报》（哲学社会科学版）2015 年第 3 期。

马长山：《法治中国建设的"共建共享"路径与策略》，《中国法学》2016 年第 6 期。

马长山：《"法治中国"建设的问题与出路》，《法制与社会发展》2014 年第 3 期。

马长山：《"法治中国"建设的战略转向与自主发展道路的探索》，《浙江社会科学》2014 年第 6 期。

马长山：《"法治中国"建设的转向与策略》，《环球法律评论》2014 年第 1 期。

马春茹：《法律工具主义观念的历史发展及其原因分析》，《山西高等学校社会科学学报》2016 年第 1 期。

马金芳：《我国社会组织立法的困境与出路》，《法商研究》2016 年第 6 期。

马万利：《反联邦党人与 1787 年费城制宪会议》，《中国政法大学学报》2008 年第 1 期。

孟涛、江照：《中国法治评估的再评估——以余杭法治指数和全国法治政府评估为样本》，《江苏行政学院学报》2017 年第 4 期。

苗连营：《"法治中国"的宪法之道》，《法制与社会发展》2013 年第 5 期。

苗连营：《作为"地方性知识"的宪政及其当下中国的历史境遇》，《政法论坛》2012 年第 6 期。

莫纪宏：《论"法治中国"的价值目标》，《北京联合大学学报》（人文社会科学版）2013 年第 3 期。

牛睿：《加强区域立法协调 构建东北老工业基地振兴的法治环境》，

《理论界》2007 年第 8 期。

彭向刚、张杰：《论我国公共服务创新中公民参与的价值及路径》，《吉林大学社会科学学报》2010 年第 4 期。

钱弘道、杜维超：《法治评估模式辨异》，《法学研究》2015 年第 6 期。

上官莉娜：《合理分权：内涵、地位及路径选择——以中央与地方关系为视角》，《中南民族大学学报》（人文社会科学版）2014 年第 4 期。

沈宁：《新闻出版青年创新人才培养激励的探索与思考——以山东省新闻出版行业青年人才培养为例》，《出版广角》2018 年第 10 期。

石佑启、陈可翔：《论互联网公共领域的软法治理》，《行政法学研究》2018 年第 4 期。

石佑启：《论平等参与权及其行政法制保障》，《湖北社会科学》2008 年第 8 期。

史浩林：《法治中国结构解析》，《长白学刊》2015 年第 2 期。

宋方青、朱志昊：《论我国区域立法合作》，《政治与法律》2009 年第 11 期。

苏力：《"法治中国何以可能"背后：伪假定 VS 真命题》，《探索与争鸣》2016 年第 10 期。

孙波：《论地方事务——我国中央与地方关系法治化的新进展》，《法制与社会发展》2008 年第 5 期。

孙波：《论地方专属立法权》，《当代法学》2008 年第 2 期。

孙波：《试论地方立法"抄袭"》，《法商研究》2007 年第 5 期。

孙笑侠：《局部法治的地域资源——转型期"先行法治化"现象解读》，《法学》2009 年第 12 期。

孙笑侠：《"法治中国"的三个问题》，《法制与社会发展》2013 年第 5 期。

孙笑侠、钟瑞庆：《"先发"地区的先行法治化——以浙江省法治发展实践为例》，《学习与探索》2010 年第 1 期。

谭英俊：《公共事务合作治理模式反思与探讨》，《贵州社会科学》2009 年第 3 期。

汤秀娟：《"收容"到"救助"：社会治安防控模式的转型》，《贵州大学学报》（社会科学版）2014 年第 5 期。

田玉敏等：《十八大以来中国共产党法治中国建设理念研究》，《理论月刊》2017年第7期。

童之伟：《美国中央与地方间的双向作用方式》，《武汉大学学报》（社会科学版）1991年第4期。

童之伟：《社会主要矛盾与法治中国建设的关联》，《法学》2017年第12期。

汪建昌：《区域行政协议：概念、类型及其性质定位》，《华东经济管理》2012年第6期。

汪建昌：《区域行政协议：理性选择、存在问题及其完善》，《经济体制改革》2012年第1期。

汪习根：《论法治中国的科学含义》，《中国法学》2014年第2期。

汪习根：《论法治中国的实践之维》，《江西社会科学》2014年第8期。

王彬：《法治中国建设中的矛盾样态与应对策略》，《河北法学》2018年第4期。

王晨光：《建立权力制约和监督机制是法治中国建设的关键》，《环球法律评论》2014年第1期。

王承志：《美国第三次冲突法重述之萌动》，《时代法学》2004年第1期。

王春业：《论区域性行政立法协作》，《当代法学》2007年第3期。

王春业：《论省际区域行政立法协作》，《行政法学研究》2007年第2期。

王海洋、朱未易：《私人所有公共财产标准的宪法分析》，《江海学刊》2018年第3期。

王林敏：《法治中国理想模式的思辨与记载——谢晖教授学术访谈录》，《甘肃社会科学》2013年第6期。

王鹏：《跨域治理视角下地方政府间关系及其协调路径研究》，《贵州社会科学》2013年第2期。

王万华：《统一行政程序立法的破冰之举》，《行政法学研究》2008年第3期。

王旭：《"法治中国"命题的理论逻辑及其展开》，《中国法学》2016年第1期。

王月晶：《树立法治思维　增强法治观念》，《法制博览》2015 年第 30 期。

韦志明：《法律习惯化与习惯法律化（下）》，《青海民族研究》2009 年第 3 期。

魏治勋等：《新兴（新型）权利研究的最新进展——以首届"新兴（新型）权利与法治中国"研讨会入选论文为分析对象》，《东北师范大学学报》（哲学社会科学版）2017 年第 1 期。

魏治勋等：《"法治中国"如何吸收和融通西方制度文化资源》，《西北大学学报》（哲学社会科学版）2016 年第 6 期。

魏治勋：《中央与地方关系的悖论与制度性重构》，《北京行政学院学报》2011 年第 4 期。

吴传毅：《法治中国建设的政治、司法与社会逻辑》，《中国党政干部论坛》2017 年第 11 期。

吴家清：《法治中国建设的战略构想》，《江西社会科学》2014 年第 8 期。

武树臣、武建敏：《中国传统法学实践风格的理论诠释——兼及中国法治实践学派的孕育》，《浙江大学学报》（人文社会科学版）2013 年第 5 期。

夏锦文：《"法治中国"概念的时代价值》，《法制与社会发展》2013 年第 5 期。

肖金明：《法治中国建设从宪法出发》，《法学论坛》2016 年第 3 期。

肖永平、王承志：《第三次冲突法重述：美国学者的新尝试》，《武汉大学学报》（哲学社会科学版）2004 年第 1 期。

谢明敏：《习近平同志建设法治中国思想探析》，《毛泽东思想研究》2015 年第 4 期。

邢鸿飞等：《法治中国：中国法治的高级形态》，《河海大学学报》（哲学社会科学版）2015 年第 5 期。

熊文钊：《论中国中央与地方府际权力关系的重构》，《河北法学》2005 年第 9 期。

熊英：《"法治中国"的主体信仰维度》，《学习与实践》2013 年第 12 期。

徐晨光、王海峰：《中央与地方关系视域下地方政府治理模式重塑的政治逻辑》，《政治学研究》2013年第4期。

徐孟洲：《论区域经济法的理论基础与制度构建》，《政治与法律》2007年第4期。

徐清飞：《我国中央与地方权力配置基本理论探究——以对权力属性的分析为起点》，《法制与社会发展》2012年第3期。

徐向华：《论中央与地方的立法权力关系》，《中国法学》1997年第4期。

徐昕等：《中国司法改革年度报告（2017）》，《上海大学学报》（社会科学版）2018年第2期。

徐以祥：《公众参与权利的二元性区分——以环境行政公众参与法律规范为分析对象》，《中南大学学报》（社会科学版）2018年第2期。

薛刚凌：《论府际关系的法律调整》，《中国法学》2005年第5期。

闫桂芳、张慧平：《公民参与权剖析》，《理论探索》2004年第2期。

严存生：《规律、规范、规则、原则——西方法学中几个与"法"相关的概念辨析》，《法制与社会发展》2005年第5期。

杨成良：《美国州际协定法律背景的变迁》，《山东师范大学学报》（人文社会科学版）2005年第5期。

杨成良：《论美国联邦体制下的州际合作》，《世界历史》2009年第5期。

杨春福：《法治中国建设的路径探寻》，《法制与社会发展》2013年第5期。

杨海坤、蔡翔：《行政行为概念的考证分析和重新建构》，《山东大学学报》（哲学社会科学版）2013年第1期。

杨海坤、金亮新：《中央与地方关系法治化之基本问题研讨》，《现代法学》2007年第6期。

杨利敏：《关于联邦制分权结构的比较研究》，《北大法律评论》2002年第5卷第1辑。

杨清望：《"法治中国"提出的现实意义与理论意义》，《法制与社会发展》2013年第5期。

杨小军等：《法治中国的内涵与时代特征》，《社会主义研究》2014年第

5 期。

杨彦如:《高职院校著作评价标准探析》,《中国现代教育装备》2017 年第 23 期。

姚国建:《中央与地方双重视角下的司法权属性》,《法学评论》2016 年第 5 期。

姚建宗:《法治中国建设的一种实践思路阐释》,《当代世界与社会主义》2014 年第 5 期。

叶必丰:《长三角经济一体化背景下的法制协调》,《上海交通大学学报》(哲学社会科学版) 2004 年第 6 期。

叶必丰:《区域合作的现有法律依据研究》,《现代法学》2016 年第 2 期。

叶必丰:《我国区域经济一体化背景下的行政协议》,《法学研究》2006 年第 2 期。

叶海波:《法治中国的历史演进——兼论依规治党的历史方位》,《法学论坛》2018 年第 4 期。

叶青:《从冤假错案的纠正看中国刑事司法体制的改革动向》,《探索与争鸣》2011 年第 12 期。

叶青:《中国城管:历程、实践与和谐导向的重整》,《中国治理评论》2014 年第 2 期。

叶舒宪:《地方性知识》,《读书》2001 年第 5 期。

易凌、王琳:《长三角区域法规政策冲突与协调研究》,《浙江社会科学》2007 年第 6 期。

易益典:《差序格局的变迁与法治公共性建设》,《探索与争鸣》2016 年第 10 期。

殷洁:《区域经济法的学理解析及其体系构架》,《社会科学》2008 年第 7 期。

应松年、薛刚凌:《地方制度研究新思路:中央与地方应用法律规范》,《中国行政管理》2003 年第 2 期。

应松年、薛刚凌:《论行政权》,《政法论坛》(中国政法大学学报) 2001 年第 4 期。

于立深:《地方行政程序法的实施与实效分析——以福建、广西、湖南为例》,《江汉论坛》2014 年第 9 期。

于立深:《区域协调发展的契约治理模式》,《浙江学刊》2006 年第 5 期。

于立、肖兴志:《规制理论发展综述》,《财经问题研究》2001 年第 1 期。

俞可平:《官本主义引论——对中国传统社会的一种政治学反思》,《人民论坛·学术前沿》2013 年第 5 期上。

喻少如:《区域经济合作中的行政协议》,《求索》2007 年第 11 期。

喻中:《法治中国建设进程中的五大关系》,《学习与探索》2014 年第 7 期。

袁海平等:《从传统治理到农民参与式治理——绍兴乡村治理模式的创新与启示》,《中国管理信息化》2011 年第 8 期。

袁曙宏:《奋力建设法治中国》,《求是杂志》2013 年第 6 期。

翟小波:《"软法"及其概念之证成》,《法律科学》(西北政法学院学报) 2007 年第 2 期。

张彪:《地方政府跨域合作的法治化治理》,《南京社会科学》2016 年第 8 期。

张成福、李昊城、边晓慧:《跨域治理:模式、机制与困境》,《中国行政管理》2012 年第 3 期。

张国钧:《伦理豁免:法治中国的传统因子》,《浙江大学学报》(人文社会科学版) 2010 年第 1 期。

张晋藩:《综论百年法学与法治中国》,《中国法学》2005 年第 5 期。

张康之:《论新型社会治理模式中的社会自治》,《行政学研究》2003 年第 9 期。

张礼洪:《经济制度的法律规范基础和民法典功能的考察》,《广东社会科学》2018 年第 4 期。

张文显:《全面推进依法治国的伟大纲领——对十八届四中全会精神的认知与解读》,《法制与社会发展》2015 年第 1 期。

张文显:《新时代全面依法治国的思想、方略和实践》,《中国法学》2017 年第 6 期。

张文显:《法治的文化内涵——法治中国的文化建构》,《吉林大学社会科学学报》2015 年第 4 期。

张文显：《法治中国建设的前沿问题》，《中共中央党校学报》2014 年第 5 期。

张艳：《我国中央与地方关系困境与出路》，《内蒙古大学学报》（哲学社会科学版）2008 年第 4 期。

章剑生：《行政程序中行政相对人参与权界说》，《杭州商学院学报》2003 年第 4 期。

赵相林、刘英红：《美国州际法律冲突与我国区际法律冲突比较》，《比较法研究》2000 年第 1 期。

郑成良：《法治中国的时空维度》，《法制与社会发展》2013 年第 5 期。

郑永流：《从规范法治观到实践法治观——从养路费案观察中国法治之道》，《福建政法管理干部学院学报》2007 年第 4 期。

郑钟炎：《论法治行政》，《中国法学》1999 年第 6 期。

支振锋：《规范体系：法治中国的概念创新——"法治中国下的规范体系及结构"学术研讨会综述》，《环球法律评论》2016 年第 1 期。

周大智、马欣：《高校工会工作的法治思维研究》，《内蒙古师范大学学报》（哲学社会科学版）2018 年第 1 期。

周汉华：《法治中国建设的三大要求》，《环球法律评论》2014 年第 1 期。

周尚君：《地方法治试验的动力机制与制度前景》，《中国法学》2014 年第 2 期。

周尚君：《国家建设视角下的地方法治试验》，《法商研究》2013 年第 1 期。

周叶中、曹阳昭：《我国区域法制建设简论》，《当代法学》2012 年第 2 期。

周叶中等：《论党领导法治中国建设的必然性与必要性》，《法制与社会发展》2016 年第 1 期。

周叶中：《关于"法治中国"内涵的思考》，《法制与社会发展》2013 年第 5 期。

周永坤：《法律工具主义及其对司法的影响》，《学习论坛》2006 年第 7 期。

周佑勇：《逻辑与进路：新发展理念如何引领法治中国建设》，《法制与社会发展》2018 年第 3 期。

朱丘祥：《中央与地方行政分权的转型特征及其法治走向》，《政治与法律》2009 年第 11 期。

朱最新：《区域合作视野下府际合作治理的法理界说》，《学术研究》2012 年第 9 期。

朱未易：《城市法治的要义与结构分析》，《法制与社会发展》2014 年第 6 期。

朱未易：《地方法治何以可能和正当》，《广东社会科学》2016 年第 5 期。

朱未易：《地方法治建设的结构要素、能力再造与机制创新》，《江海学刊》2016 年第 2 期。

朱未易：《地方法治建设过程中公民参与的法理分析与制度进路》，《南京社会科学》2010 年第 10 期。

朱未易：《对中国地方纵横向关系法治化的研究》，《政治与法律》2016 年第 11 期。

朱未易：《构建地方法治建设监测数据指标体系的可能、原则与途径》，《政法论丛》2018 年第 5 期。

朱未易：《基于权利视角的中国社会救助制度建构之法理》，《江海学刊》2009 年第 2 期。

朱未易：《论城市治理法治的价值塑型与完善路径》，《政治与法律》2015 年第 2 期。

朱未易：《试论我国区域法制的系统性建构》，《社会科学》2010 年第 10 期。

朱未易：《我国地方法治建设的实践、问题及其路径》，《政法论丛》2017 年第 3 期。

［美］拉夫·迈克尔：《美国冲突法革命的衰落与回归》，袁发强译，《华东政法大学学报》2011 年第 6 期。

三　报纸类

邓聿文：《将公民参与权作为一项公共品向社会提供》，《学习时报》

2009 年 5 月 4 日。

郭道晖：《全面理解"法治中国"》，《检察日报》2013 年 12 月 4 日。

蒋惠岭：《中央司法事权的八项"基本待遇"》，《法制日报》2015 年 12 月 8 日。

罗豪才：《公域之治中的软法》，《法制日报》2005 年 12 月 15 日。

徐汉民：《提高领导干部的法治能力》，《湖北日报》2014 年 12 月 10 日。

后　记

　　本书是继我的《地方法治建设的法理与实证研究》（2010）、《城市法治建设的法理与实证》（2014）、《地方治理法治化的实践与路径研究——以城市管理执法体制改革与地方公建项目运行机制为例》（2016）三本专著后，在主持和承担国家社科基金项目"法治中国视野下地方法治建设的理论与实践研究"（14BFX006）结项文本基础上进行再精简的一本较为系统论述地方法治建设理论与实践的专著。

　　本书虽然只有20多万字，只占据国家社科基金项目结题文本总量的近60%，但体现了本项目的核心内容，从地方法治建设的宏观视野和实践探索，到地方法治建设的结构功能及其纵横关系，再到地方法治建设的公民参与和监测指标，六章内容涵盖了法治中国视野下地方法治建设的理论与实践。地方法治建设是一个宏大而又庞杂的系统工程，要研究的内容非常多，远不是笔者区区几本专著所能包括和展现的，再加上笔者学术涵养与功底有限，且观点也只是一家之言自圆其说罢了，好在课题项目结项顺利并被省内外专家评为优秀项目，这也让我有了一种如释重负之感，今能得以付梓内心非常感动。

　　在有生之年能有机会和时间专注于地方法治研究于我而言确是一件幸事，有亲人朋友的支持，能在这一方向上，经过近二十年锲而不舍的努力，出版四本专著和近二十篇核心期刊论文于我的学历而言已经是超常发挥，可以告慰九泉之下的父母了。他们的儿子因父母"反右"和"文化大革命"时期遭遇的不幸而从小到大没有经过系统性知识的学习，知识结构是碎片化的，万幸在法学研究领域中捡了个漏，就一直抱着不放，出了些成果也只是信念和目标、毅力和勤奋使然，别无他法，所谓的成功也完全不可复制，只求一种心安罢了。

这项课题能够得以出版我要感谢的人很多，南京市社科院原院长叶南客以及现任南京市社科院曹劲松院长、季文副院长都对我鼎力相助，将拙著纳入社科学术文库规划项目；科研处负责此项工作的同志也是热情主动、高效率地协调出版事项；中国社会科学出版社认真又专业的编校，让本书得以完美呈现，恕不能一一罗列，所有给予我帮助的，我都将铭记于心、感念不尽！